Bernd Dewe

Beratende Wissenschaft

Unmittelbare Kommunikation zwischen Sozialwissenschaftlern und Praktikern

S:V

Beratende Wissenschaft

Unmittelbare Kommunikation zwischen Sozialwissenschaftlern und Praktikern

Von

Privatdozent
Dr. Bernd Dewe

Verlag Otto Schwartz & Co. · Göttingen 1991

Diese Arbeit lag als Habilitationsschrift mit dem Titel „Erzeugungs- und Vermittlungsbedingungen sozialwissenschaftlichen Wissens im Kontext praktischer Handlungsmuster. Erkenntnistheoretische, methodologische und berufssoziologische Überlegungen zum Problem der Beratungskommunikation" dem Fachbereich Sozialwissenschaften der Universität Osnabrück vor.

Als Habilitationsschrift auf Empfehlung des Fachbereichs Sozialwissenschaften der Universität Osnabrück gedruckt mit Unterstützung der Deutschen Forschungsgemeinschaft.

CIP-Titelaufnahme der Deutschen Bibliothek

Dewe, Bernd:

Beratende Wissenschaft : unmittelbare Kommunikation zwischen Sozialwissenschaftlern und Praktikern / von Bernd Dewe. — Göttingen : Schwartz, 1991

Zugl.: Osnabrück, Univ., Habil.-Schr., 1988

ISBN 3-509-01526-6

ISBN 3-509-01526-6

Verlag Otto Schwartz & Co. · 1991

Gesamtherstellung: Otto Schwartz & Co. · 3400 Göttingen

Inhaltsverzeichnis

I. Beratungskommunikation. Erzeugung und Vermittlung sozialwissenschaftlicher Erkenntnisse: uno actu

Die Diskussion um das Selbstverständnis — und damit verbunden — um eine erhöhte Selbstreflexion der Soziologie — als Repräsentantin der beratenden Sozialwissenschaften überhaupt — hat in der letzten Zeit einen gewissen Aufschwung genommen. Zwar hat es seit den Anfängen der Soziologie immer wieder Auseinandersetzungen um ihre theoretische Grundlegung, ihre Methodik und ihre gesellschaftliche Relevanz gegeben, ebenso wie auch der Konflikt um das Verhältnis von Wissenschaft und Gesellschaft bzw. Politik die gesamte Entwicklung der Disziplin begleitet hat. Gerade aber in jüngster Zeit haben beide Problembereiche wieder an Aktualität gewonnen (Bonß/Hartmann 1985).

Natürlich fragt man nach den Ursachen. Neben einer mittlerweile zur Mode gewordenen Kritik an Wissenschaft und Rationalität[1]) im allgemeinen (u. a. Liesmann 1983) ist die Rede von einer allgemeinen Akzeptanzkrise der Wissenschaften (Böhme 1980; Lübbe 1982), von einem zunehmenden Glaubwürdigkeitsverlust, einer Anti-Science-Bewegung und Technikkritik, wobei diese sich nicht nur in bekannter Weise gegen eine bestimmte *Anwendung* wissenschaft-

---

[1]) Für diesen Zusammenhang ist jener Prozeß des „Reflexivwerdens von Wissenschaft" relevant, der zunehmend zur Erkenntnis der sozialen Konstituiertheit von Wissenschaft geführt und damit tiefsitzende Wahrheits- und Rationalitätsüberzeugungen in Frage gestellt hat. Auf der Ebene der wissenschaftstheoretischen Diskussion ist eine „nachdrückliche Relativierung" — so Bonß/Hartmann (1985) — des Wahrheitsbegriffs zu notieren, der zunehmend „konstruktivistische und relativistische Züge" erhält: Wahrheit erscheint nicht mehr als Identität von Begriff und Gegenstand, sondern als „Resultat eines spezialisierten Sprachspiels unter den Bedingungen der praktischen Handlungsentlastetheit", das sich eher durch einen partikularen Gegenstandsbezug auszeichnet und zu sozial akzeptierten, folglich auch sozial veränderbaren Wahrheiten führt. Parallel zur Rücknahme des emphatischen Wahrheitsbegriffs ist eine Relativierung ‚harter' Methodenvorstellungen zu beobachten. Selbst konsequente Verfechter derartiger Konzepte betonen den konstruktivistischen Charakter von Objektivierungsstrategien etwa nach dem nomologisch — deduktiven Modell, und in Reaktion auf deren nur bedingte Adäquanz gewinnen auch ‚weiche' Strategien mit einem abgeschwächten (bzw. besser: mit einem anderen) Wissenschaftsanspruch an Boden. Angesichts eines ‚relativistisch' geprägten Objektivitätsverständnisses scheint heute eine uneingeschränkte wissenschaftliche Fortschrittsorientierung, ein unterstellter wissenschaftlich überlegener Wirklichkeitszugang, die eindimensionale, objektivistische Eindeutigkeitsunterstellung von sozialer Wirklichkeit sowie schließlich das objektivistische Postulat einer verzerrten und somit ‚richtigen' Erkenntnis

licher Ergebnisse in Form von sozialen Technologien richtet, sondern zunehmend ebenso den *Forschungsprozeß* selbst in die Kritik einbezieht (vgl. Weingart 1983), während auf der anderen Seite Umfragen ergeben haben, daß die Wissenschaften noch immer einen hohen Stellenwert in der Wertschätzung der Bevölkerung einnehmen (Kommission der Europäischen Gemeinschaft 1988).

Die zunehmende selbstreflexive Theorieproduktion (vgl. etwa Bonß/Hartmann 1985) und Verwendungsforschung (vgl. etwa Beck 1982; Beck/Bonß 1989) in den Sozialwissenschaften können jedoch als ein weiteres Symptom für diese Entwicklung genommen werden, wobei die Soziologie in einer besonderen Weise betroffen ist. Sie gerät nach einer Phase der übersteigerten Erwartungen, die sich mit der raschen Expansion des Faches verbanden, unter den zunehmenden Druck der ernüchterten Geldgeber und der öffentlichen Meinung, nun endlich auch „verwertbare" Ergebnisse zu erbringen, zumal in den achtziger Jahren die Zeit angebrochen ist, in der der Rotstift regiert (vgl. Dreitzel/Kamper 1983, Russ-Mohl 1983).

Fortsetzung Fn. 1.

zunehmend weniger akzeptabel. Weil der wissenschaftliche Fortschrittsglaube, der sich sowohl ‚technokratisch' als auch ‚kritisch' ausbuchstabieren läßt, Risse bekommen hat, „und zwar außerhalb wie innerhalb der scientific community", werden die Wissenschaften inzwischen selbst „entzaubert" (Bonß/Hartmann 1985, 10f). Die „Fiktion des rationalen Wirklichkeitsverständnisses und -verhältnisses" (Matthes 1983) wird als eine kontrafaktische Unterstellung bewußt. Wenn aber der rationalistische Objektivitätsanspruch von Wissenschaft bzw. die „Präponderanz" rationalistischer Weltsicht bezweifelt wird und der soziale Konstruktionscharakter sowie die Relativität von wissenschaftlichen Deutungsmustern ins Bewußtsein gehoben werden, dann gewinnt vor einem solchen Hintergrund die Frage nach dem epistemologischen Status von Wissenschaft neue Brisanz. Es geht letztlich um die epistemologische Relativierung und Brechung eines Privilegs, das die wissenschaftliche Erfahrungs- und Erkenntnisdefinition vor allen anderen Erfahrungsweisen hervorhebt und das wissenschaftliche Wissen einzig mit wahrheitsgemäßer Geltung ausweist. Die Vorstellung, daß Wissenschaft per se ein überlegendes, weil objektiv-eindeutiges Wissen etwa gegenüber dem lebenspraktischen Handlungswissen repräsentiere, läßt sich kaum noch halten. Vor dem Hintergrund einer epistemologischen Relativität wissenschaftlicher Deutungsmuster geht es also darum, die allzu zweckrationalistische Unterscheidung von Zulässigem und Unzulässigem etwa bezüglich der Wissens-Erfahrung im Wissenschaftsbetrieb ein Stück weit aufzuweichen und dem Differenten gegenüber dem Allgemeinen einen neuen Platz zuzuweisen (Lyotard 1982; 1985).

Mit der Destruierung des institutionalisierten Anspruchs auf ‚Wahrheit' des wissenschaftlichen Wissens werden gleichsam wissenschaftliche Aussagen auf die Begrenztheit und Relativität ihres Geltungsanspruchs verwiesen. Im Lichte dieser Relativierung des älteren Wahrheitsmonopols im Wissen ist nunmehr eine Pluralisierung unterschiedlicher Wissens-Rationalitätsformen, Erkenntnisprinzipien etc. möglich, die der Vielfalt der Sprachspiele als soziale Lebensform inklusive ihrer wahrheitsspezifischen Rationalitäten eher gerecht werden als die Idee einer wissenschaftlich universalistischen oder ubiquitären Wahrheit. Mit einer solchen Aufweichung oder gar Entgrenzung wird ein dynamischer Relationismus eingeleitet, weil die jeweils thematisierten Wirklichkeitsaussagen nur kontextbezogen rational formulierbar sind.

Es wird eine „Irrelevanz der Sozialwissenschaften" (Nowotny 1975) festgestellt und über die allgemein konstatierte Politisierung und Deinstitutionalisierung der Wissenschaft — als die Kehrseite der Verwissenschaftlichung der Gesellschaft (Weingart 1983) — hinaus, scheint namentlich die Soziologie dem Sog der politischen Stellungnahmen und Entscheidungszwänge ausgesetzt zu sein, insofern sie es nicht geschafft hat, gegenüber ihrem Gegenstand eine sichere professionelle Autonomie zu erringen (vgl. Beck 1980; K. Weber 1980).

Dieser Problemkontext ist nun Ansatzpunkt für eine Vielzahl von Studien über die Prozesse der Nutzung sozialwissenschaftlichen Wissens in der Praxis gewesen, um die Frage nach der Relevanz oder Irrelevanz genauer diskutieren zu können und ein differenzierteres Bild der Verwendungsmöglichkeiten zu erarbeiten. (Siehe z. B. die im Schwerpunktprogramm der DFG „Verwendungszusammenhänge sozialwissenschaftlicher Ergebnisse" geförderten Projekte: Soziale Welt, Heft 4, 1984 sowie Beck/Bonß 1989). Auf der anderen Seite zeigt die fortdauernde Diskussion an der „Theoriefront", daß es sich bei diesen Fragen nicht nicht um säuberlich eingrenzbare Spezialprobleme handelt, sondern daß hier eine Reihe von Argumentationslinien zusammenlaufen, die die Grundlagen der sozialwissenschaftlichen Theoriebildung und Methodologie betreffen. So werden alte Auseinandersetzungen um die angemessene Erfassung der Alltagswirklichkeit erneut aktuell, jedenfalls soweit diese keine wirklichen Lösungen, sondern nur Problemver- und -aufschiebungen erbracht hatten.

Eine sich mittlerweile als prekär verstehende Soziologie versucht nun selbstreferentiell zu erkennen, worin ihre eigentliche Funktion besteht.

Im folgenden sollen nun am Gegenstand der Beratungskommunikation Überlegungen zur Systematisierung der grundlagentheoretischen Diskussion um das Verhältnis von Soziologie und alltagsweltlicher Handlungspraxis angestellt werden. Hiermit verbindet sich die Hoffnung, einen Beitrag zur Beschaffung von Voraussetzungen zu leisten, auf denen die fehlende Verbindung zwischen selbstreflexiver Theorie und Methodologie einerseits und praktischer Verwendungsforschung andererseits erarbeitet werden kann.

Ich gehe davon aus, daß innerhalb des allgemeinen Prozesses der Verwissenschaftlichung der Gesellschaft die Sozialwissenschaften eine besondere Rolle einnehmen, da sich ihr Einfluß vornehmlich durch die Verbreitung von Wissensbeständen, soziologischen Erkenntnissen und nicht in Form von „Techniken" geltend macht. Die Bezugswelt soziologischer Forschung besteht im Kern aus Beziehungen und nicht aus einer Welt zuständlicher Merkmale, die Merkmalsträgern anhaften (Matthes 1983).

Soziologische Kategorien und Erklärungen betreffen wesentlich das Handeln und Zusammenleben von Menschen und nicht ihren Umgang mit der Natur und mit Sachen. Demgegenüber macht sich — sehr vorläufig formuliert — der Einfluß der Naturwissenschaften für den Laien in der zunehmenden Technisierung der Welt, in einem zur Gewohnheit gewordenen Umgang mit technischen Apparaten und der dadurch geprägten Lebensweise bemerkbar.

Es wird hier also die Verbreitung sozialwissenschaftlichen Wissens in der Beratungskommunikation ins Auge gefaßt, nicht so sehr seine spezifische Verwendung in besonderen gesellschaftlichen Praxisbereichen (Politik, Institutionen, Organisationen etc.) (vgl. etwa Klages 1977, Wissenschaftszentrum Berlin 1977), die Tatsache also, daß die Gesellschaft anfängt, sich in diesen Kategorien selbst zu interpretieren. Soziologisches Wissen dringt in die gesellschaftlichen Wissensbestände ein und verändert diese. Insofern in diesem Prozeß nicht nur das soziologische, sondern auch das gesellschaftliche Wissen Veränderungen unterliegt, die auf die Soziologie zurückwirken, soll im Fortgang der Argumentation von „Transformationsprozessen" die Rede sein (vgl. zur Diskussion um Transformationsprozesse zwischen Soziologie und gesellschaftlicher Praxis: Corneliesen u. a. 1973; Corneliesen 1976; Dewe 1983; Beck/ Bonß 1985). Die Verwendung soziologischen Wissens ist — so ließe sich vermuten — gebunden an das Problem der Verständigung, während es in naturwissenschaftlich-technischer Perspektive eher um Fragen eines effizienten Transfers von Wissen geht.

Der angedeutete Prozeß wird im folgenden zum Gegenstand alltagstheoretischer, sozialphänomenologischer und wissenssoziologischer Betrachtungen in methodologischer und verwendungsbezogener Perspektive, insofern er sich auf dem Hintergrund des Verhältnisses zweier Formen von Wirklichkeitsdeutungen zueinander interpretieren läßt. So können soziologische Erkenntnisse auf der Folie wissenschaftlichen, systematischen Wissens begriffen werden, wobei es ihre Besonderheiten zu berücksichtigen gilt, während zur Bestimmung und Analyse des gesellschaftlichen Allgemeinwissens, die analytische Kategorie Alltagswissen, das gewissermaßen seine Grundlage darstellt, eingeführt wird. Eine solche Vorgehensweise könnte erkenntnis- und wissenschaftstheoretisch die Chance bieten, bisher getrennte Diskussionen und Forschungsstränge am Fall der Beratungskommunikation zusammenzuführen.

Nach der Kritik des Verfahrens der behavioristisch orientierten Einstellungsmessung und der damit verbundenen Zurückweisung des in Analogie zur Naturwissenschaft gewonnenen kausal-analytischen Verständnisses von sozialem Handeln, ist — im Zuge einer „qualitativen" Re-Orientierung der Sozialforschung (vgl. Hopf 1979, Bryman 1984, Girtler 1985) — in der jüngeren methodologischen Debatte intensiv die Frage der Erzeugung soziologischer Daten diskutiert worden. Das Problem wird in den Rahmen einer sozialphänomenologischen oder auch hermeneutischen Methodologie gerückt, mit deren Hilfe die Möglichkeit einer immanenten Sinnrekonstruktion alltagsweltlicher Handlungsvollzüge thematisiert werden soll. Hingegen ist die Frage der Vermittlung bzw. Applikation soziologischen Wissens, außerhalb methodologischer Erörterungen, zumeist technologisch verkürzt unter dem Imperativ des „Praxisbezuges" von soziologischem Wissen im Sinne einer unmittelbaren politischen Entscheidungsressource in den Blick genommen. „Vermittlung" gilt als Teilaspekt der Innovations- bzw. Diffusionsforschung, oder sie wird im Kontext der sogenannten Aktions- oder Handlungsforschung spontaneistisch zu dem Problem einer sozialwissenschaftlichen Intervention als praktische Lebenshilfe umgedeutet.

Die hier verfolgte Absicht, *Erkenntnisprobleme* der Soziologie unter *Verwendungsgesichtspunkten* zu diskutieren, steht für den Versuch, die Erzeugung und Vermittlung soziologischen Wissens gleichsam als zwei Seiten einer Medaille bzw. als einen zusammenhängenden Prozeß aufzufassen. Wenn gilt, daß eine behavioristisch orientierte oder subsumtionslogisch vorgehende Sozialforschung stets auch eine technokratische Verwendung soziologischen Wissens zur Folge haben muß, können umgekehrt sozialphänomenologische wie auch hermeneutische Prozeduren der Sinnexplikation reflexives Orientierungswissen hervorbringen, welches als Kritik der Alltagspraxis — vermittelt durch eine rhetorisch-professionelle Kompetenz von Soziologen — in der mittelbaren Perspektive einer heuristischen Applikation seine Gültigkeit im Sinne einer alltagsweltlichen Angemessenheit zu beweisen hätte. Denn die Frage, ob eine nichttechnokratische Anwendung sozialwissenschaftlicher Wissensbestände möglich ist (Oevermann 1980), läßt sich nur sinnvoll bearbeiten, wenn man das hermeneutische Problem der soziologischen Rekonstruktion alltagsweltlicher Handlungsstrukturen im Medium professionstheoretischer Überlegungen zur soziologischen Handlungslogik diskutiert, wenn man also die wechselseitige Abhängigkeit von *Forschungslogik und Verwendungslogik* thematisiert. Das heißt, die „handlungspraktische Seite" einer sinnverstehenden Soziologie und Sozialforschung aufschlagen auf Basis der Analyse der direkten Kommunikation von Sozialwissenschaftlern und Praktikern.

Weil die Möglichkeit einer diskursiven *Vermittlung* soziologischen Wissens von den Bedingungen seiner *Erzeugung* abhängt, wird in dieser Arbeit der Versuch unternommen, ausgehend von einer Definition sozialwissenschaftlichen Wissens, das als Explikation alltagsweltlicher Wissensproduktion aufgefaßt wird, die Genese soziologischer Deutungen der sozialen Wirklichkeit aus der Vermittlungsperspektive zu formulieren, um auf diese Weise vorhandene Probleme beratender Sozialwissenschaften (vgl. Weisser 1961) zu lösen.

Es wird letztlich beabsichtigt, die handlungslogischen Voraussetzungen des „klinischen Soziologen", also des personenbezogenen agierenden und beratenden Soziologen, näher zu bestimmen, indem die Bedingungen der Möglichkeiten einer Soziologie als „beratender Rekonstruktion" von gesellschaftlichen Sinnstrukturen erörtert werden, die beansprucht, ihren Adressaten über eine situativ hergestellte distanzierte Einstellung zu ihrem praktischen Handeln im Kontext der „überzeugenden Rede" bzw. in der Form „persuasiver Kommunikation" (Kopperschmidt 1976; Dewe/Radtke 1989) einen Erkenntnisprozeß zu aufgeklärteren Begründungen ihrer Handlungsentscheidungen virtuell zu ermöglichen. Deutet man zudem die aktuelle Rede über die Krise der Sozialwissenschaften als eine Krise des Wissens um Wahrheit, stellt sich die Frage, inwieweit es im Fall der „beratenden Rekonstruktion" verallgemeinerungsfähige Kriterien zur Beurteilung sozialer Realität geben kann.

II. Alltag und Wissenschaft. Mißverständnisse im Verhältnis von Alltags- und Wissenschaftspraxis

Der Begriff Alltag wird in mannigfachen, selten eindeutigen, zumeist sogar diffusen Bedeutungen verwendet. Gleichwohl meint jeder, der ihn gebraucht, sein Sinn sei eindeutig, selbstverständlich und ohne weiteres unmittelbar einleuchtend und bedürfe keiner weiteren Erläuterung. Auf diese Weise wird es nicht schwer, den bedeutungsschwangeren Begriff ‚Alltag' sowohl in ein werbepsychologisches Stereotyp zu verwandeln, als auch ihn zugleich in die anspruchsvollen Abstaktionen der theoretischen Reflexionen zu entführen. Jenseits phänomenologischer Reflexionen gilt Alltag oftmals als langweilig, entfremdet und als immer der „gleiche Trott", zuweilen aber auch als bunt, schillernd, erfrischend, als Neugierde weckend, als „immer für eine Überraschung gut". Im Zwischenbereich des geradezu endlosen „Diskurses" über „das Dickicht der Lebenswelt" (die Begriffe Lebenswelt und Alltag werden in diesem Sinne meist synonym gebraucht; zu den epistemologischen Differenzen: vgl. etwa Grathoff 1978; Matthiesen 1983; Waldenfels 1985) gilt „Alltag" zumindest für „gebildete Menschen", die es gewohnt sind, „sich stets auf den terminologischen Höhen des jeweils aktuellsten modewörtlichen Trends zu halten", als Synonym für alles, was nicht gerade anonyme Bürokratie, Großkapital, Computertechnologie oder schlicht „Menschenfeindlichkeit" assoziiert.

Im diffusen Bedeutungshorizont von gewohnheitsmäßig, heimelig, einheimisch, integriert, unentfremdet, überschaubar, friedlich, lebensfreundlich, ökologisch, sinnvoll und ähnlichem signalisiert Lebenswelt resp. Alltag so etwas wie Lebensmühe, Einfühlungsvermögen und Betroffenheit, rehabilitiert den Laien und weist jenem eine „Expertenrolle" sui generis zu. Lebenswelt/Alltag gilt schließlich als das, was wir mit anderen intersubjektiv teilen, wo wir geborgen sind, wo wir wertkonservativ und emanzipatorisch zugleich sein können. Lebenswelt/Alltag ist hier das, was gegen die „Kolonisation" durch technokratische System- bzw. Makrostrukturen und fremde Expertenherrschaft verteidigt bzw. durchgesetzt werden muß (vgl. Hitzler/Honer 1984, 57). Sich im streng wissenschaftlichen Sinne auf den Alltag einzulassen, sich für ihn zu sensibilisieren, ist inzwischen (post-)modern (Baacke u. a. 1985). Während vor gar nicht so langer Zeit nur wenige wissenschaftliche Außenseiter von sich behauptet hätten, „Alltagstheoretiker" zu sein bzw. eine alltagstheoretische Perspektive in den Human- und Sozialwissenschaften zu verfolgen oder eine solche theoretisch zu entwickeln, ist die Situation heute ganz anders: kaum ein wissenschaftlicher Beitrag, der sich nicht an Lebenswelten, „Alltagsnähe", interaktivem bzw. kommunikativem Handeln, „Alltagsbezogenheit" etc. orientiert.

Wissenschaftlich wiederentdeckt und rehabilitiert wird also in der Theorie der Alltag der „kleinen Leute". Eine Zuwendung zum sogenannten „gesunden Menschenverstand" der „Leute auf der Straße" findet statt, ein Interesse an der Immanenz des Alltäglichen, am Sperrgut des ewig Wiederkehrenden im Alltag (Kade 1984, 83) ist unübersehbar. Einerseits wird das Detail wichtig, ohne deshalb der „Stoffhuberei" zu verfallen, andererseits wird versucht — durchaus im Zusammenhang der Einsicht in die Notwendigkeit abstrahierender Begrifflichkeit — übergeordnete invariante „lebensweltliche Strukturen" zu erschließen, ohne deshalb einem „sterilen Strukturalismus" zu frönen. In den Human- und Sozialwissenschaften hat die methodisch angeleitete systematisierte Ausschaltung alltäglicher Wissensformen und -bestände qua eines empiristisch „verkürzten Tatsachenblicks" rapide an Attraktivität (Weingart 1984) verloren. Es hat sich herumgesprochen, daß sozialwissenschaftliche Analysen den „Dingen" im Alltagsleben nicht von „außen aufgeprägt" werden dürfen (wozu beispielsweise positivistische bzw. empirisch-analytische Vorgehensweisen jedweder Couleur neigen), „sie müssen sich vielmehr auf die in der untersuchten Situation bereits wirksamen Typisierungen beziehen" (Berger/ Kellner 1984, 41), die im gewöhnlichen Alltagsleben in handlungspragmatischer Absicht eine unverzichtbare „Lebenslandkarte" bereitstellen, denn ohne sie wüßten die Leute nicht, „was was ist" (a.a.O., 40). Ein Nebeneffekt solchen Interesses für einen methodisch „nicht zurechtgestutzten alltagsnahen Erfahrungsbegriff" wie auch für eine sorgfältig alltagssensible sinnadäquate „Entzifferung" der „inneren Bedeutungen von sozialen Phänomenen" dürfte sich etwa darin zeigen, daß zeitgeistige Strömungen und Schwankungen viel direkter auf den Zustand und die Hauptthematiken der Wissenschaften vom Sozialen durchschlagen. Krisenpartikel in einem drängen dann fast ohne Gegenwehr in den anderen Bereich hinein, in diesem Falle etwa der Boom von Themen, die die alltägliche Lebenspraxis als stumme Hefe von Geschichte meinen. Falls sich dies als Signatur für breitgefächerte Krisenerfahrungen deuten läßt, ist damit das zivilisatorische Versprechen der Moderne und ihrer Wissenschaften insgesamt berührt (vgl. Sloterdijk 1983). Gleichsam um sich in kritischen Zeiten bei einer sozialen Heimatstruktur rückzuversichern, wenden sich heute unterschiedlichste Zeitgenossen (ihre Bemühungen sind sowohl umgangssprachlicher als auch journalistisch-literarischer, historischer, philosophischer, sozialwissenschaftlicher Provinienz) einem „Strukturniveau menschlicher Welterfahrung" zu, auf dem die neuzeitliche Differenz zwischen „profesioneller" respektive „naiver" Bearbeitung gesellschaftlicher Problemlagen relativiert wird (vgl. Kade 1984).

In dieser Situation scheint es legitim und notwendig zugleich, Analysen neugierig in den Blick zu nehmen, die im wimmelnden Geäst von Lebenswelt, Alltag und Gesellschaft normativ gehaltvolle und gegenstandsadäquate Strukturbeschreibungen zu entfalten suchen. Dabei ist es jedoch schwierig, die vorgängige Strukturierung dieses Erfahrungsfeldes nicht kahlschlagartig mit konzeptuellen Radikalkuren „gesund zu schrumpfen", zugleich auch nicht die rekonstruierten normativen Gehalte tiefer Strukturen schlicht für die Akklamation einer „Neuen Geborgenheit" (Matthiessen 1983, 7) zu verbrauchen.

Denn sozialwissenschaftliche Rekonstruktionen und Interpretationen sind stets — bedient man sich der Sprache von Alfred Schütz — Konstrukte und Typifizierungen „zweiter Ordnung“, während die Konstrukte „erster Ordnung“ solche sind, die auch Soziologen in der alltäglichen, handlungspragmatisch wirksamen Situation bereits vorfinden. Insofern sind sozialwissenschaftliche Konzepte „Idealtypen“, die zwar auf jenen im „natürlichen Alltagsleben“ aufruhen, aber im Grunde genommen nicht „wirklich“ sind, also „derart“ im Alltagsleben nicht vorkommen. Vielmehr sind sie, nachdem Sozialwissenschaftler die alltäglichen Bedeutungen des gewöhnlichen Lebens in eine „andere“ Bedeutungswelt transportiert haben, „für spezifisch (wissenschaftliche) kognitive Zwecke ‚künstlich' hergestellt“ (Berger/Kellner 1984, 42) worden.

Obwohl eine innenperspektivisch ansetzende, aber außenperspektivisch geleitete sozialwissenschaftliche Interpretation Soziales in einer anderen, neuen Weise „verstehen“ kann, die vor der Transponierung, dem Wechsel von der „Innen- zur Außenperspektive“ nicht möglich war, und zudem in der „besonderen Relevanzstruktur“ der Sozialwissenschaften davon ausgegangen wird, daß eben „nicht unbedingt für das Leben taugt, was für die Wissenschaft taugt“ (ebenda, 120), muß im Kontext von wissenschaftlichen Beweisfragen und intersubjektiven Kontrollen (Soeffner 1984) geklärt werden, ob die „künstlichen“ wissenschaftlichen Typisierungen und Konstruktionen „zweiten Grades“ auch tatsächlich in Beziehungen zu den Konstrukten erster Ordnung des alltäglichen, d. h. gewöhnlichen Lebens gesetzt werden (können).

Die Begriffe Lebenswelt, Alltagswissen, Alltagsdenken, Alltagshandeln etc. haben also neben den vielfältigen umgangssprachlichen und journalistisch-literarischen Aufwertungen inzwischen auch zu einem bemerkenswerten Bedeutungszuwachs im Kanon wissenschaftlicher Bemühungen und Reflexionen in verschiedenen Feldern sozialwissenschaftlicher, politikwissenschaftlicher, historischer usf. Analyse und Forschung geführt. In den letzten Jahren hat sich zudem in der Forschungslandschaft ein Wandel vollzogen: von den allzu alltagsfernen, lebensweltabstraktifizierenden und zuweilen auch reduktionistischen Analysen der gesellschaftlichen Strukturen und Entwicklungsgesetze, Großorganisationen und kollektiven Bewegungen wendet sich der Blick der Mikroebene, dem scheinbar Selbstverständlichen, dem Überschaubar-Vertrauten, dem Überkommenen, dem Konkreten, dem Trivialen, den kleinen sozialen Netzen zu.

Aus den vermeintlich „objektiven Größen“ einer als Scheinwelt dechiffrierten Wirklichkeit wird nicht mehr versucht, hinter dem Schein, der „Pseudokonkretheit“ des Alltags die verborgenen Strukturen freizulegen; man will, bevor man die soziale Wirklichkeit entlarvt, sich ihrer erst einmal wieder versichern. Aus den gesellschaftlichen Superstrukturen, die alles mittels gesellschaftlicher Größen, Theoriegebäude etc. erklären sollten, tritt wieder der — nicht vollends vergesellschaftete — Mensch als Subjekt hervor, der seine Wirklichkeit verstehen will. Die eigene Erfahrung wird so zum Rätsel, das gedeutet werden muß, „um nicht wie ein fremdes Geschäft abzulaufen“ (Tenbruck 1984, 25). Insofern rücken zunehmend jene Selbstverständlichkeiten, mit denen quasi routinehaft-unbemerkt bei der Bewältigung und Abwicklung des täglichen Lebens stets schon umgegangen wurde, ins Zentrum von theoretisch-kategorialen, aber auch empirischen Analysen. Es handelt sich so gesehen um einen Perspektivenwechsel, dank dessen sich die „Trivialitäten" der Alltagspraxis plötzlich als kunstvolle, störanfällige und in ihrer sozialen Konstruktion noch recht wenig verstandene Hervorbringungen entpuppen (Patzelt 1984, 3).

Konsequenterweise fand mit der Rehabilitierung des Verstehens insgesamt eine Re-Orientierung an qualitativen Forschungsverfahren statt, die lange Zeit vor allem in den Hochburgen des Positivismus in vorwissenschaftliche Räume abgedrängt und „wissenschaftlich" verpönt waren. Allemal ist inzwischen der Glaubwürdigkeitsverlust einer „nur" quantitativ verfahrenden Sozialforschung (vgl. zur Dichotomisierung von quantitativ und qualitativ orientierter Sozialforschung neuerdings: Wilson 1982, 487ff.; Bryman 1984, 75ff.) unübersehbar, die vor kurzem (noch) als Garant des sozialwissenschaftlichen Durchbruchs gegolten hatte. Die verachtete, am Alltagsleben der Menschen ansetzende „Beobachtung, die verabscheute Introspektion ist wieder da" (Tenbruck 1984, 25).

Mit den im Alltagsleben wurzelnden Wissensvorräten, aus denen Gesellschaftsmitglieder schöpfen, um eine sinnhafte Sozialwelt aufzubauen, rücken zugleich soziale Lebenszusammenhänge, Gruppen und Individuen ins Zentrum einer alltagsorientierten sozialwissenschaftlichen Betrachtung, die bislang eher am Rande des Forschungsinteresses gestanden haben.

Angesichts dieses Trends in den Sozialwissenschaften scheint die Bereitschaft, über die Rolle vorwissenschaftlicher Erfahrungen und Orientierungen in der „Theoriebildung" zu reflektieren, mit der Einsicht verbunden zu sein, daß dieser relativ eigenständige Erfahrungs- und Kommunikationszusammenhang nicht lediglich eine Vorstufe wissenschaftlicher Theoriebildung darstellt, sondern vielmehr eine oftmals vernachlässigte und manchmal sogar vergessene Fundierungsdimension wissenschaftlicher Theoriebildung ausmacht. Als eine Reaktion auf „Hypostasierungsformen wissenschaftlichen Bewußtseins" kann der Rekurs auf lebenspraktische Handlungsmuster gedeutet werden als Versuch, der Dignität der außerwissenschaftlichen Erfahrungsdimension und der von ihr angeleiteten alltagsweltlichen Lebenspraxis im Rahmen einer (wissenschaftlichen) Theorie zum adäquaten Ausdruck zu verhelfen.

Bei aller Unzulänglichkeit und Diffusität scheinen die theoretischen und empirischen Bemühungen in der soziologischen Diskussion darauf hinzuweisen, daß eine verstärkte Selbstreflexion der Sozialwissenschaften erfolgt. Dies ist indes alles nicht neu. Versuche in dieser Perspektive hat es seit den Anfängen der Sozialwissenschaften gegeben, wie auch eine „Theorie der Lebenswelt" ihre Traditionen in der Philosophie u.a. bis Dilthey, Husserl, Heidegger, Gadamer, in der Soziologie vornehmlich bis Schütz und der Ethnomethodologie und schließlich bis zum ‚frühen' Habermas zurückverfolgen kann.

Daß die Fragestellung gegenwärtig erneut an Aktualität gewinnt, ist nicht nur aus Gründen wissenschaftsimmanenter Theorieentwicklungsdynamik und einem Ungenügen der an der positivistischen analytischen Wissenschaftstheorie orientierten Methodologie für die Aufgabestellung der Sozialwissenschaft zu erklären, sondern dürfte sicherlich gleichfalls im Kontext mit gesellschaftlich veränderten Strukturphänomenen und zeitkulturell bedingten Frage- und Problemstellungen gesehen werden, die die Sozialwissenschaften in spezifischer

Weise betreffen, weil sie sich explizit mit „sozialen Prozessen und Tatbeständen" auseinandersetzen und dabei auf einen kommunikativ verstehenden Zugang zu ihrem „Objektbereich ", der „in terms" von Handlungen rekonstruierbar bleiben muß, angewiesen sind.

Darüber hinaus sind massive Problemem der Akzeptanz sozialwissenschaftlicher Deutungen angesichts des sogenannten „gesunden Menschenverstandes" und der Rehabilitierung von Laienvorstellungen entstanden. Hinzu kommen Probleme der Selbstidentität der Sozialwissenschaften angesichts überhöhter, aber auch diffuser Erwartungen der Öffentlichkeit, d.h. auch der fehlenden Autonomie der Sozialwissenschaften gegenüber ihrem Gegenstand (vgl. Lepsius 1973). Schließlich entstehen Probleme, weil etwa verschiedene Gruppen in der Gesellschaft und speziell der (Wohlfahrts-)Staat im Zusammenhang der „Krise der (Erwerbs-)Arbeit", der „Krise der industriellen Entwicklung", der „Finanzkrise der öffentlichen Haushalte" etc. mit „verwertbaren Ergebnissen" rechnen. Auch die Verantwortung der Wissenschaftler für ihre „Ergebnisse" kann zum Problem werden. In diesem Zusammenhang erhalten beobachtbare Tendenzen zur weiteren Versozialwissenschaftlichung von Alltagswissen, auch wenn sie im Namen progressiver und emanzipatorischer Veränderung gesellschaftlicher Praxis auftreten, ein besonderes Gewicht. Es stellt sich nämlich die Frage, inwiefern die Sozialwissenschaften gerade dann, wenn sie in die Lebenspraxis von Zielgruppen intervenieren und praktisch „folgenreich" sein wollen, das Alltagswissen als Basis ihrer Kritik tendenziell destruieren und sich auf diese Weise instrumentell expertrokratisch immunisieren. Dem „Imperativ" der praktischen Veränderung seitens der Sozialwissenschaftler korrespondiert nicht selten eine „Gebrauchsanweisungs-Erwartung" seitens der „Nicht-Experten", der „Laien" (vgl. Oevermann 1980).

Aber auch ohne eine zufriedenstellende und abschließende Antwort auf die Frage geben zu können, wie oder ob überhaupt die wachsende Kluft zwischen praktisch-politischem Urteil und der weitgehend anonymen Geltung der Wissenschaft überbrückt werden kann, hat das Thema „Alltag" resp. „Lebenswelt" durchaus — emphatisch gesprochen — eine „revolutionäre Brisanz". Es ist „keine Verballhornung" (Lenzen 1980), also keine „Synthese von Theorie und Praxis und auch nicht eine Wissenschaft neuen Stils, was sich hier abzeichnet, sondern die vorgängige, praktisch-politische Begrenzung des Monopolanspruchs der Wissenschaft in bezug auf die ‚Wissenschaftlichkeit' der Philosophie selber" (Gadamer 1972, 201).

Alltag/Lebenswelt zielen — als theoretische Orientierung in Wissenschaft und Forschung — nicht zugleich auf eine kritiklose Wiederherstellung dessen, was wir im „wirklichen Leben" immer schon und immer wieder tun. Als grundlagentheoretische Konzeption wenden sie sich dezidiert gegen theoretisch-wissenschaftliche und praktisch-institutionelle Ver- und Überfremdung der Lebenspraxis. In der Rede von der Lebenswelt als Grundlagenfundament der „objektiven Wissenschaften" bzw. als Sinnfundament der Wissenschaften (vgl. Ströker 1979; Kern 1979) geht es um die (Wieder-)Entdeckung vor- und außerwissenschaftlicher Deutungs- und Verstehensvorgänge der gesellschaftlichen Individuen. Es geht um die wissenschaftliche Respektierung dieser „Lebensleistungen“ als Voraussetzung wissenschaftlicher Theoriebildung und wissenschaftlich unterstützer Aufklärung und Veränderung der bestehenden gesellschaftlichen Verhältnisse.

Mit Lebenswelt/Alltag ist allgemein eine Sozial- und Naturwelt umfassende Wirklichkeitsdimension gemeint, die einen höheren Aggregatzustand des Sozialen aufweist, als etwa die Dimension einer historisch-konkreten Gesellschaftsformation samt ihrem materiellen Substrat (polit-ökonomische Strukturen, spezifische Produktionsverhältnisse etc.). Es handelt sich dabei primär um invariante Stukturen der ‚Lebenswelt', des weiteren lassen sich historisch-variante Strukturen der ‚Lebenswelt' unterscheiden von klassenspezifisch geprägten, normativen Lebenswelt-Stukturen. Unter dem Gesichtspunkt sozialer Individuierungsprozesse (Mead 1968) lassen sich spezifische egologische Stukturen von ‚Lebenswelt' soziologisch-sozialisationstheoretisch rekonstruieren.

Stukturen der Lebenswelt sind strukturierte und strukturierende Stukturen (Bourdieu 1979) zugleich, sie sind ihrerseits stukturiert von (möglicherweise) emergenten ontologischen, gattungsspezifischen, naturhaften, ökonomischen etc. Strukturierungsprozessen und strukturieren ihrerseits diese Strukturen (Beispiel: die ‚protestantische Ethik‘ und der Kapitalismus).

Phänomene der Lebenswelt bzw. des Alltags sind neben kulturellen Bedeutungsstrukturen und formal-pragmatischen Regelstrukturen und Rede-, Deutungs- und Handlungsschemata des weiteren Verkehrsformen, soziale Relevanzstrukturen, Habitusformen, Weltbilder, Religionen, Ideologien, Traditionen, Strukturen und Inhalte des Alltagswissens, Mentalitäten, normative Arbeitsorientierungen. Aber auch kultursoziologisch bedeutsame Aspekte der Institutionenbildung, Reproduktionsmechanismus und Symbolstrukturen in Verwandschaftsverhältnissen, Subkulturen, Familienzusammenhänge, Peer-Groups; Strukturen und Normen gesellschaftlicher Bildungsprozesse, Arbeiter-, Jugend- etc, -kulturen; Prozesse des Wertwandels etc. zählen dazu.

Ansätze zu einer lebenswelt- bzw. alltagsbezogenen Soziologie können nicht unvermittelt als ‚praktische Theorien' aufgefaßt werden. Der ‚Alltag' scheint nicht der Königsweg zu sein, der Theorie und Praxis umstandslos konvergieren läßt.

„Auch wer die Alltagswende vollzieht, hat bei seiner Annäherung an die Praxis schon die Theorie bei sich; jeder Begriff, mit dem er etwas über Alltag aussagt, ja die Kategorie des Alltags selbst ist als solche schon hochgradig theoriehaltig“ (Kaiser 1981, 120).

So weist etwa Kaiser treffend darauf hin, daß die Alltagsorientierung — übrigens wie jede andere theoretische Perspektive auch — in einem „Theorie-Praxis-Trilemma“ steckt:

— „auch sie bekommt Praxis nur als Theorie in den Blick (theoriegeleitete Wahrnehmung der Praxis)
— auch sie kann Praxis nur aus der Perspektive der Theorie her aufklären (theoriegeleitete Aufklärung der Praxis)
— auch sie kann — erst recht in ihren dialektischen Varianten — Praxis nur von außen her verändern, indem sie ihrem ‚verdinglichten' Handeln den Entwurf

des Besseren vorhält, einen Entwurf, der zwar an Praxis zurückgebunden bleibt, der aber nicht unmittelbar der Praxis abgelesen werden kann (theoriegeleitete Änderung der Praxis)" (ebenda).

Weil wissenschaftliche Theoriebildung und alltägliche Lebenspraxis „trotz der gemeinsamen Verankerung beider im Handlungs- und Sinnbereich des Alltags nicht verschmolzen werden können, ... es sei denn um den Preis, daß Wissenschaft und alltägliche Lebenspraxis, jeder einzelne und die Gesellschaft als Ganze auf ihre Möglichkeiten verzichten" (Soeffner 1983, 14), ist alltagsbezogene Soziologie nicht im Sinne einer vermeintlich griffigen ‚Praxistheorie' zu verstehen, sondern als eine (soziologische) Perspektive zu deuten, die allenfalls brauchbar zu sein scheint, eine Veränderung der (Sozial-)Wissenschaft als Praxis bzw. als gesellschaftliches Handlungsfeld mittelbar zu bewirken und nicht schon unvermittelt die Veränderung des Handlungsfeldes Alltag selbst. So gesehen geht es um die begründbare Begrenzung des sozialwissenschaftlichen Anspruchs auf (formale kognitive) Rationalität angesichts der real wirksamen (materialen) Rationalität der lebensweltlichen bzw. alltäglichen Lebens- und Handlungspraxis.

Diese steht hier als Chiffre für jenes Abstraktum, in dem die einheitliche, alle sozialen Lebensäußerungen fundierende Schicht praktischen Handelns begriffen ist, die zugleich auch die Basis für eine materialistische Deutung der Gattungsgeschichte und der Erkenntnistheorie abgibt. Für die Lebenspraxis ist konstitutiv, daß sie strukturell durch den nicht auflösbaren Widerspruch von Entscheidungszwang und Begründungszwang geprägt ist. Entscheidungszwang entsteht zwangsläufig auf der Grundlage der Konstruierbarkeit von Alternativen und Möglichkeiten der Reaktion auf Situationsbedingungen. Daß praktische Handlungen immer auf Entscheidungen zurückgehen, die begründet werden müssen, erkennt man schon allein daran, daß jeder Mensch wie selbstverständlich, ohne es eigens jeweils zu bedenken, in Anspruch nimmt, seine Handlungen im Falle der Nachfrage auch explizit begründen zu können. Nun sind Begründungen immer verbesserungsfähig. Wäre es anders, wäre Geschichte als Bewegung der Überwindung und Modifikation jeweils geltender inhaltlicher Maximen rationalen Handelns gar nicht denkbar. Schon aufgrund dieses trivialen Umstandes ergibt sich zwangsläufig, daß angemessene Begründungen nicht in allen Entscheidungssituationen zur Verfügung stehen. Dies wird um so stärker hervortreten, je mehr die historische Ausdifferenzierung von Wissenschaft als einem auf die Erledigung des Begründungszwangs von Lebenspraxis spezialisierten Handlungssystem das Alltagshandeln beeinflußt. Die Unschuld naiver, wie selbstverständlich geltender Entscheidungsroutinen läßt sich dann immer weniger erhalten. Gleichwohl ist Lebenspraxis elementar auf den Vollzug von Entscheidungen angewiesen, sie ist geradezu dadurch geprägt, daß sie Entscheidungen treffen muß, auch dann, wenn Begründungen nicht ausreichen (Oevermann 1981, 121).

In dem Maße, wie Soziologen sich des Umstandes vergewissern, daß selbst ‚wissenschaftliche Rationalität' als relativ zu betrachten ist gegenüber den alltagsweltlichen Erfahrungen, und darüber hinaus wissenschaftliches Wissen die Basis seiner Kritik stets im vorgängigen Alltagswissen der gesellschaftlichen Individuen findet, wird der Boden frei für eine ‚angemessene' — d. h. nicht lebenskompetenzenteignende und die autonome Lebenspraxis der Adressaten nicht expertokratisch verfremdende — Beurteilung und Rekonstruktion der Struktur sozialwissenschaftlicher Interventionen. Auf diese Weise führt eine alltagsbezogene soziologische Perspektive nicht zur ‚reinen Unmittelbarkeit' wirklichen Lebens im Kontext einer naiven Gleichsetzung der ‚Wirklichkeit' mit dem ‚unmittelbar Erfahrenen'; sie führt zudem nicht direkt zur Handlungspraxis der gesellschaftlichen Subjekte jenseits von Wissenschaft(-lichkeit).

Sie ist vielmehr zu begreifen als wissenschaftliche Perspektive, in der der selbstreferentielle, rekonstruktiv-aufklärerische Umgang mit den Handlungsproblemen der in der alltäglichen Lebenspraxis Handelnden auf eine andere Weise thematisch wird als in expertokratischen Konzepten und Handlungsmustern.

Die Differenz von Wissenschaft und Alltag/Lebenswelt ist unter verschiedenen Aspekten und in kontroversen Theorieströmungen betont worden. Auffällig daran ist, daß die unterschiedlichsten Autoren zu bemerkenswert ähnlichen Ergebnissen gekommen sind.

„So etwa in Hegels Unterscheidung zwischen Philosophie (Wissenschaft) und Leben, in Webers These von der notwendigen ‚Wertfreiheit' der Wissenschaft, in Schütz' Analyse der Sinnbereiche ‚Alltag' und ‚Wissenschaft' und in seiner Unterscheidung zwischen dem ausgezeichneten umgreifenden Sinnbereich des Alltags und dem spezifischen Sinnbereich der Wissenschaft, in Marx' Bestimmung der Sonderstellung wissenschaftlicher Praxis im Gesamtbereich gesellschaftlicher Arbeit und schließlich in Poppers Analyse der unterschiedlichen Leistungen und Hypothesen des Alltagsverstandes und der Wissenschaft" (Soeffner 1983, 14).

Was hier thematisch wird, ist eine Art Selbstreflexivität der gesellschaftlichen Praxis. Sie ermöglicht es, „daß man aus ihr lernen kann, daß sie sich weiter zu vermitteln und zu entwickeln in der Lage ist, *ohne* daß ihr *zuvor* ein theoretisch-wissenschaftliches Aufkärungsprogramm verordnet werden müßte. Die reflexiven Möglichkeiten der gesellschaftlichen Praxis systematisch wieder zu entdecken, bevor diese wissenschaftlichen Interpretations- und Bearbeitungsprozessen unterworfen wird, ist das Ziel" (Lippitz 1980, 19). Kritiker einer alltagsweltlichen Orientierung wie beispielsweise Geulen vermuten nun, daß im Zusammenhang einer Alltagsorientierung eine Preisgabe der utopischen und normativen Dimensionen der wissenschaftlichen Problemstellung stattfinden könne. Solch eine Vermutung beruht allerdings auf einem Mißverständnis. Denn im Rahmen einer solchen vor- oder außerwissenschaftlichen Rückführung auf den „Boden der Lebenswelt" wird erstens nicht davon ausgegangen, daß etwa die Lebenswelt als eine homogene und in sich stabile zu denken ist. Auf die Fragilität und Durchlässigkeit von lebensweltlichen Wirklichkeiten weisen ausdrücklich Mehan und Wood (1976) am Falle des „westlichen Alltags" hin, während beispielsweise Waldenfels hervorhebt, daß der Alltag erst durch Sinnkonstitutionen generiert wird, d.h. durch produktive Deutungen, die nicht nach bloßen Vorlagen arbeiten, sondern erst eine Welt entstehen lassen und durch selektive Deutungen, die konkurrierenden Deutungsmöglichkeiten von Wirklichkeiten ausscheiden, „ohne sie als Möglichkeiten zum Verschwinden zu bringen" (Waldenfels 1978, 39). Es kann zweitens nicht ernsthaft behauptet werden, daß — darauf habe ich schon hingewiesen — eine vorwissenschaftliche Lebenspraxis als von jedweder wissenschaftlichen Durchdringung frei und unberührt zu denken ist. Insbesondere weil die Phänomene der Verwissenschaftlichung der Lebenszeit sozusagen auf der Hand liegen, wäre es ein Mythos, eine Fiktion, „eine von den ... technisierten Wissenschaften ablösbare Lebenswelt mit ihrem eigenen inneren historischen Zusammenhang (oder auch mit ihrer spezifischen Evidenz) zu konstruieren, von der aus sich allererst zeigt, was es mit jenen Wissenschaften auf sich hat" (Krüger 1974, 11). Der Hinweis darauf, daß wir mit einer „szientifischen Lebenswelt" zu rechnen haben, in der nicht selten die aus der vorwissenschaftlichen Lebenswelt hervorgegangene wissenschaftliche Denkweise die erstere auch aus eigener Kraft ein Stück weit zu verändern in der Lage ist, kann die phänomenologisch-lebensweltliche Kritik keineswegs erschüttern oder gar ad absurdum führen. Im Gegenteil: Insbesondere der beschleunigende Prozeß der Versozialwissenschaftlichung des Alltgslebens und -wissens macht bemerkenswert deutlich, daß zwar die primär geltenden, die gelebten sozialen Wirklichkeitsvorstellungen ermöglichenden Stabilisierungen sozialen Handelns zunehmend in Konfrontation mit sozialtechnologisch produzierten ‚sekundären Wirklichkeitskonstruktionen' geraten und teilweise aufgelöst werden, aber in diesem Prozeß sich lebensweltliche Handlungs- und Wissensstrukturen nicht selten als resistent erweisen und sich der ‚Logik des expertokratischen Wissenschaftsrationalismus' keinesfalls umstandslos fügen.

Es sollte aus dem Beschriebenen deutlich werden, daß die alltagsorientierten sozialwissenschaftlichen Ansätze dahingehend sensibilisieren, die angesprochenen Resistenzen und Eigenlogiken der vor- bzw. außerwissenschaftlichen Lebenspraktiken in der eigenen wissenschaftlichen Praxis sowie im Beratungsprozeß zwischen Soziologen und Praktikern als ‚autonome' zu respektieren und an ihrer Vielfalt und Tiefgründigkeit die Relativität der dünnen wissenschaftlichen Abstrakta selbstreflexiv zu erkennen. So wäre es von zentraler Bedeutung, etwa bei der soziologischen Reflexion von Therapie-, Beratungs- und Bildungsprozessen darauf zu achten, wo — sowohl jenseits trivialer Bornierungen als auch abseits von bereits technokratisch veränderten Terrains des Alltagslebens — der Alltag über sich hinausweist, ohne sogleich in das blendende Licht einer reinen Vernunftwelt zu rücken. „Bei Husserl ist zu erinnern an die Rehabilitierung der Doxa, deren Relativität konkrete Erfahrung möglich macht, bei Schütz an das Atypische im Hintergrund aller eingespielten Typik, bei Marx an die faktische ‚Welt des Reichtums und der Bildung', die in aller Kritik und Revolutionierung der Verhältnisse vorausgesetzt ist, bei Kosik an das Außergewöhnliche innerhalb eines jeden nicht depravierten Alltags, bei Leithäuser an den ‚Umbau' des Alltagsbewußtseins durch eine neuartige Verarbeitung von Erfahrung" (Waldenfels 1978, 178).

Hiermit könnte der Blick auf eine Lebenswelt gerichtet werden, die im Zeitalter der Verwissenschaftlichung nahezu aller gesellschaftlicher Lebensbereiche nur im transzendalen Sinne noch Basis, ansonsten vielmehr Randzone unserer wissenschaftlich ‚verunreinigten' und institutionell verregelten Welt ist. In diesem Sinne gilt es, das Unalltägliche im Alltäglichen zu entdecken und freizulegen.

„Die Ränder gehören dem (wissenschaftlich abgesteckten) Deutungsfeld selbst zu; sie verkörpern keine andere Welt, sondern das andere der bestehenden Welt, all das, was durch die jeweilige Deutungspraxis unweigerlich ausgeschlossen, zurückgedrängt oder gar verdrängt wird und doch als Möglichkeit fortexistiert, faßbar etwa in Wünschen, Ängsten und Phantasien. Das bedeutet kein Ersetzen der faktischen Welt durch eine andere Welt, eher ein Entsetzen der bestehenden Welt, das ihre Untergründe und Hintergründe bloßlegt und sie nicht übersteigt, sondern durchlässig macht. Auch das Allgemeine oder Ideelle würde hier in verwandelter Gestalt wiederkehren, nicht aufwärts zu suchen in einer wahren Welt, sondern seitwärts in einer Verflechtung von Welten, wie die Bedeutungen, die zwischen den Zeichen angesiedelt sind, zwar nicht ablösbar, aber übersetzbar. Eine solche Randkritik könnte ein kritisches Potential zurückgewinnen, das verschüttet bleibt, solange die Alltagspraxis ihre Horizontale — bewegliche Grenzlinien — zu fixen Barrieren erstarren läßt. Die Einsicht in die Deutungspraktiken, die weit in unsere kollektive Geschichte zurückreichen und wenigstens zum Teil institutionell abgesichert sind, kann einer falschen Eindeutigkeit entgegenwirken und damit auch der Gewaltsamkeit, die in einem solchen Eindeutigmachen, einem vorzüglichen Mittel der Herrschaftsausübung, liegt" (Waldenfels 1978, 41f).

III. Bedingungen sozialwissenschaftlicher Begriffsbildung

Die dilemmatorische Schwierigkeit der Bestimmung dessen, was sozialwissenschaftliches Wissen genuin ausmacht — und erst recht die Probleme seiner Erzeugung und Verwendung — entspringen der Eigentümlichkeit des Gegenstandes dieses Wissens, der „Gesellschaft". Der Gegenstand dieses Wissens tritt zwar der Wahrnehmung eines jeden erkennenden Subjekts irgendwie entgegen, erschließt sich aber als ein objektiver „sozialer Tatbestand" (Durkheim) nur einer „soziologischen Denkweise" (Mills 1963), welche ihrerseits auf einer Handlungslogik beruht, der sich praktisch handelnde Subjekte nicht oder nur unter ganz besonderen Bedingungen verpflichten können:

„Der Gegenstand der Soziologie, die sozialen Beziehungen, ist unmittelbarer Beobachtung nicht zugänglich. Die Beziehung wird verdeckt durch die Regel, den Diskurs, die Ideologie. Die Akteure, vor allem wenn sie in Verhältnisse eingebunden sind, die die großen Orientierungen der Gesellschaft und deren soziale Herrschaftsform einbeziehen, handeln nicht bewußt und organisiert. Entweder rationalisieren sie ihr Handeln, oder sie müssen von jedem Handeln Abstand nehmen und sind dann, ihrer selbst entfremdet, auf ein sichtbares Rückzugsverhalten oder auf Devianz zurückgeworfen. In beiden Fällen stellen sich die Akteure über oder unter den Sinn ihres Handelns, sind sich ihrer allzu sehr oder allzu wenig bewußt, werden sie von der Krise fortgerissen oder in ein Programm eingepfercht — zu keiner Zeit vermögen sie sich über die soziale Beziehung zu definieren, in die sie eingebunden sind"(Touraine 1976, 18).

Die Soziologie produziert ein Wissen, das als Bedingung seiner Möglichkeit das Einnehmen einer distanzierten, handlungsentlasteten, dem Zweifel verpflichteten Beobachterposition (Banton 1960) gegenüber dem alltagspraktischen Handlungsfluß voraussetzt. Soziologische Forschung im strikten Sinn wird erst unter den Bedingungen einer handlungsentlasteten Situation möglich. Dem Flüchtigen muß Dauer verliehen werden, d. h. das ‚Material', die Datenbasis, muß wiederholt verfügbar sein. Unter der Annahme der sprachlichen und textförmigen Strukturiertheit sozialer Prozesse (vgl. etwa Lacan 1973; 1975) muß soziologische Forschung als ‚Datum' alltagssprachlich verfaßte Begründungen und Rechtfertigungen von lebenspraktischen Handlungsentscheidungen, mitgeschriebene Kommunikationssequenzen, schriftlich festgehaltene Beobachtungen, Transkripte oder Videoaufzeichnungen von Akten sozialer Interaktion betrachten. Ziel der Soziologie als Wissenschaft ist die Explikation sozialer Bedeutungszusammenhänge, die aus distanzierter Perspektive des Beobachters wahrgenommen, protokolliert und nach Maßgabe innerdisziplinär vereinbarter Standards der Geltung von Aussagen interpretiert werden (vgl. Dechmann 1976). Doch die Realisierung dieser Explikationsleistung ist aufgrund der (notwendigen) nur mittelbaren bzw. ‚mitweltlichen' (Schütz 1974) Position des Soziologen gegenüber seinem Forschungsobjekt in hohem Maße prekär, wie etwa die häufig vorgetragenen Klagen der forschenden Soziologen über die „Fremdheit" der jeweiligen Alltagskonstruktionen belegen, denen sie sich im Prozeß des Forschers nähern (vgl. etwa Filstead 1979).

Die Rekonstruktion gesellschaftlichen Handelns sowie die Explikation zugrundeliegender Sinnzusammenhänge sind als Gegenstand der soziologischen Analyse vom Eintauchen des Beobachters in eine Lebensform abhängig, wodurch erst die hermeneutische Vermittlung der Sprachspiele bewerkstelligt werden kann (Giddens 1984). Doch dieses „Eintauchen" kann leicht mißverstanden werden, zielt es doch im Kern auf den Umstand ab, daß der soziologische Betrachter keine theoretische Metasprache konstituieren kann, die nicht mit den Kategorien der Alltagssprache verbunden ist, da diese sowohl für die Konstitution von Handlung als „sinnhaft" als auch für den Kommunikationsprozeß in der alltagsweltlichen Interaktion so zentral ist (vgl. Luckmann 1972), daß die Bezugnahme auf sie bei der Erzeugung soziologischer Daten eine Notwendigkeit darstellt (a. a. O., 185). Soziologische Begriffe unterliegen folglich einer ‚doppelten Hermeneutik' (Giddens 1984). Wird „Eintauchen" aber gleichgesetzt mit „voller (d. h. undistanzierter) Mitgliedschaft", geht die für den soziologischen Interpretationsakt notwendige spezifische Dialektik von perspektivischer Distanz und intuitiver thematischer Nähe (Berger/Kellner 1984) bzw. von Askese und Sympathie (Bude 1982) verloren, die der Soziologe gegenüber dem Ausschnitt sozialer Wirklichkeit, den er untersucht, aufrechterhalten muß (vgl. zum Problem der Adäquanz Schütz 1971a). So läßt sich vermuten, daß die von Soziologen beklagte „schwierige Wirklichkeit" nicht den Forschungsgegenständen, sprich: den Subjekten und ihren jeweiligen alltagsweltlichen Handlungsproblemen gleichsam naturhaft anhaftet, sondern wohl eher mit der Erfahrung der „Unwirklichkeit" der in den Forschungsprozeß eingebrachten Begrifflichkeiten und methodischen Mittel erklärt werden muß (vgl. hierzu Heeren/Ross 1971; Jarvie 1974, 205 ff.).

Ausgehend von der Vermutung, daß das beklagte Wirklichkeitsdefizit sich im Prinzip auch als ein ‚Theoriedefizit' (Beck 1980), d. h. als Ausdruck des Operierens mit gegenüber der sozialen Wirklichkeit inadäquaten Begriffen[2]) verstehen läßt, wie möglicherweise auch als Aufgabe ihres spezifischen handlungslogisch zu bestimmenden Erkenntnisstils, wäre der Zirkel von Wissenserzeugung (Thematisierung; Evozieren, Elizitieren etc. von Handlungstexten), Deutung/Interpretation/Begriffsbildung und diskursive Verwendung soziologischen Wissens einer näheren Betrachtung zu unterziehen, an deren Ende möglicherweise besser verstanden werden könnte, warum in der soziologischen Forschung die Empirie allzuoft als Gegner alltagspraktischer Erfahrung auftritt.

---

[2]) Die Begriffe, die der Soziologe bildet, müssen ‚offen' sein für eine Deutung bzw. Interpretation im Sinne des alltagssprachlichen Verständnisses selbst; dies hat jedoch zur Voraussetzung, daß der forschende Soziologe über die professionelle Kompetenz verfügt, die Alltagsbegriffe kontextuell zu erfassen, also die ‚Wirklichkeit' bzw. ‚Lebensform' hermeneutisch zu reflektieren, dessen Strukturen und Prozeßhaftigkeit er analysieren will.

Das hiermit angesprochene Problem verdankt sich letztlich dem Umstande, daß die Soziologie die soziale Wirklichkeit nicht nach dem Muster der Naturwissenschaften gleichsam „voraussetzungslos" analysieren kann.

Die Übertragung des kosmologischen Paradigmas der modernen Naturwissenschaften auf die Sozialwissenschaften hat die wissenschaftstheoretische Begründung der letzteren in zweifacher Hinsicht hintertrieben. Zum einen verdeckte die Übernahme der ‚Logik der Naturwissenschaften' samt ihres Anspruchs auf epistemologische Autonomie wissenschaftlicher Erkenntnis die Begründung dieser wissenschaftlichen Aktivitäten in der alltagsweltlichen Handlungspraxis und zum anderen blieb gerade die spezifisch reflexive ‚Seinsweise' des ‚Materialobjektes' der Sozialwissenschaften[3]), nämlich intersubjektives, stets sinnhaft-intentionales Handeln, zu wenig berücksichtigt (vgl. Bergmann 1981; Luckmann 1980).

In dem ausgedehnten Streit um die Methodologie der Sozialwissenschaften sind von den Wissenschaftstheoretikern eine Reihe von Argumenten aufgebracht worden, die etwa Schütz zwei entgegengesetzten Positionen zuordnet. Auf der einen Seite behaupten die Vertreter des „logischen Positivismus", daß die überprüfbare und objektive sinnliche Beobachtung als einzige Methode wissenschaftlicher Erkenntnisgewinnung zulässig sei, die die Sozialwissenschaften — wollen sie als empirische Wissenschaft anerkannt werden — zur Erforschung ihres Objektbereichs von den Naturwissenschaften übernehmen müßten. Auf der anderen Seite wird behauptet daß die Sozialwissenschaften eigene Methoden entwickeln müßten, da sich der Bereich der sozialen Welt als Gegenstand der Sozialwissenschaften in wesentlichen Hinsichten vom Bereich der Natur als Gegenstand der Naturwissenschaften unterscheide. Die sozialwissenschaftliche Methode wurde dann oft mit dem Weberschen Postulat vom Verstehen des subjektiven Sinns gekennzeichnet, was dieser Position den Vorwurf einbrachte, nur subjektive, nicht überprüfbare Ergebnisse hervorbringen zu können (Schütz 1971a, 7). Mißverständnisse und unzureichende Sachkenntnisse des anderen Forschungsbereichs führten zu einer Polarisierung in der Auseinandersetzung, die eine Beilegung des Streites unmöglich erscheinen ließ.

Schütz versucht nun, eine von der letzteren Position aus zu entwickelnde sozialwissenschaftliche Methode systematisch zu begründen und dabei einige Mißverständnisse aufzuklären. Zunächst einmal betont er — was die Vertreter dieser Position vielfach übersehen —, daß Natur- und Sozialwissenschaften, so-

[3]) Im folgenden soll die Schütz'sche Vorstellung vom Problem der Begriffsbildung und der „Objektivität" sinnverstehender handlungswissenschaftlicher Sozialforschung knapp skizziert werden, wobei ich folgende Einschränkungen machen muß: Soweit ich im weiteren Gang meiner Argumentation den Überlegungen von Schütz ein Stück weit folge und sie direkt auf methodologische Probleme einer „interpretativen Soziologie" (Giddens) beziehe, vernachlässige ich aus pragmatischen Gründen wichtige Hinweise, die darauf hinauslaufen, die hier skizzierten Schütz'schen Überlegungen nicht unvermittelt als forschungslogischen Beitrag zu einer interaktionstheoretisch orientierten Sozialwissenschaft schlechthin zu werten, sondern sie vielmehr als Entwurf einer „phänomenologischen Sozialtheorie" (Grathoff) bzw. eines mundanphänomenologischen Deskriptionsverfahrens zu betrachten, welches eher den Status einer „Proto-Soziologie" (Luckmann 1973) beanspruchen könne.

weit sie empirische Wissenschaften sind, beide bestimmten wissenschaftlichen Verfahrensregeln unterliegen, nämlich des kontrollierten und logischen Schließens, der Verifizierbarkeit und intersubjektiven Nachprüfbarkeit der Ergebnisse, den theoretischen Idealen wie Einheit, Einfachheit, Allgemeinheit und Exaktheit (vgl. Schütz 1971b, 56). In dieser Hinsicht also, daß es sich in beiden Fällen um „Wissenschaften" handelt, die sich durch eine bestimmte Art der Erkenntnisgewinnung auszeichnen, sind Natur- und Sozialwissenschaften keineswegs total verschieden (Schütz 1971a, 7; anders etwa Kamper 1974). Ihre „Wissenschaftlichkeit" ist begründet durch die ihnen gemeinsame Verfahrensweise, die einen systematischen Charakter trägt, in der Mittel, Methoden, Ziele und Bezugsrahmen des wissenschaftlichen Problems genau definierbar sein müssen und die somit die Produktion „systematischen" Wissens garantiert (vgl. Schütz/Luckmann 1984, bes. 297-302).

Wenn es nun auch in beiden Bereichen „wissenschaftlich" zugeht, so müssen doch in den Sozialwissenschaften, nach Schütz, andere Methoden, die ebenfalls den Standards wissenschaftlicher Erkenntnisgewinnung genügen, entwickelt werden als die in den Naturwissenschaften üblichen, da die Objektbereiche beider Wissenschaften einen fundamentalen Unterschied aufweisen. Während es der Naturwissenschaftler mit Tatsachen, Daten und Ereignissen zu tun hat, die er selbst aus dem von ihm bestimmten Beobachtungsfeld auswählt und deren Relevanz für seine Fragestellung er definiert, die er interpretiert und in einen sinnvollen Zusammenhang bringt, die aber selbst keine *Vorinterpretationen* hervorbringen, ist der Forschungsbereich der Sozialwissenschaften bereits von den Menschen vorinterpretiert und strukturiert (vgl. etwa Holzner 1968). Daraus ergibt sich für die Sozialwissenschaft eine eigenartige ‚Zwitterstellung' zwischen ideographisch-individualisierender und nomothetisch-generalisierender Begriffsbildung: Das Beobachtungsfeld des Sozialwissenschaftlers, „die Sozialwelt, ist nicht ihrem Wesen nach ungegliedert. Sie hat eine besondere Sinn- und Relevanzstruktur für die in ihr lebenden, denkenden und handelnden Menschen. In verschiedenen Konstruktionen der alltäglichen Wirklichkeit haben sie diese Welt im voraus gegliedert und interpretiert, und es sind gedankliche Gegenstände dieser Art, die ihr Verhalten bestimmen, ihre Handlungsziele definieren und die Mittel zur Realisierung vorschreiben" (Schütz 1971a, 6).

Sozialwissenschaftliche Interpretationen bauen also auf jenen schon im Alltagsdenken der Menschen konstruierten Deutungen auf. Die Notwendigkeit von besonderen sozialwissenschaftlichen Verfahren „gründet in der Tatsache, daß es einen wesentlichen Unterschied zwischen der Struktur gedanklicher Gegenstände und damit zwischen der Struktur geistiger Konstruktionen gibt, die einmal von den Sozialwissenschaften und zum anderen in den Naturwissenschaften gebildet werden" (Schütz 1971b, 67). Sozialwissenschaftliche Theorien und Interpretationen sind so „Konstruktionen zweiten Grades", nämlich Konstruktionen der alltäglichen Konstruktionen, wohingegen die theoretischen Konstruktionen der Naturwissenschaften „Konstruktionen ersten Grades" genannt werden können (vgl. Schütz 1971a, 6f.). Schütz klärt in mehreren methodologischen Schritten den komplexen Zusammenhang von Interpretationen und Vor-Interpretationen, die die „Daten" des Sozialwissenschaftlers konstituieren (vgl. etwa Luckmann 1973; Berger/Kellner 1984, 41 ff.). Festzuhalten ist hier zunächst, daß die Deutung von Erfahrung (und Handeln) ein konstitutives Element sozialwissenschaftlicher Daten (Luckmann/Gross 1977) überhaupt ist. Doch bleiben gewisse Unklarheiten:

Der Kern der Schützschen Unterscheidung zwischen Natur- und Sozialwissenschaften ist ein recht fruchtbarer Gedanke, den es gilt *weiter zu entwickeln;* hinsichtlich der Wirkungen und Implikationen dieses Unterschieds scheinen mir jedoch in den Ausführungen einige Unklarheiten zu bestehen, die bei weiteren Überlegungen in Schwierigkeiten führen. Sicherlich ist das wesentliche Unterscheidungskriterium zwischen Natur- und Sozialwissenschaften in der Tatsache zu sehen, daß die „Gegenstände" der Sozialwissenschaften Selbstdeutungen hervorbringen und ihre Beziehungen zur Welt mit Sinn belegen, während „natürliche" Gegenstände keine derartigen Interpretationsleistungen vollbringen (vgl. etwa Apel 1972).

Es ist aber nicht von vornherein einzusehen, warum dies gleichzeitig einen *Struktur*unterschied zwischen Natur- und Sozialwelt oder natur- und sozialwissenschaftlichen Konstruktionen bedingt. Diese Aussage erscheint so zunächst einmal als problematisch. Wieso sollte aus diesem Grunde ein Unterschied zwischen den Relevanzstrukturen bzw. den Strukturen der Sinndeutung in der Alltagswelt und den in der Natur auffindbaren Gesetzmäßigkeiten entstehen?

Verständlich wird diese Annahme nur unter Voraussetzung der unausgesprochenen Ansicht, daß die Menschen und ihre vielfältigen Beziehungen untereinander und zu ihrer natürlichen Umwelt nicht dem starren Determinismus von Kausalgesetzen unterworfen sind. Aber selbst in den Naturwissenschaften stellt das Kausalgesetz eine Idealisierung von Wirkungszusammenhängen dar, die spätestens in der Biologie nicht mehr ausreicht, um Lebensprozesse von Organismen beschreiben und erklären zu können (vgl. Brown 1963).

Richtet man die Argumentation auf den Unterschied zwischen sinnlicher, objektiver Beobachtung in den Naturwissenschaften einerseits und einer „Phänomenologie der natürlichen Einstellung" andererseits, so ist ohne weiteres ein Strukturunterschied zwischen beiden Erfahrungsweisen nicht klar auszumachen, besonders eingedenk der Tatsache, daß die Naturwissenschaften längst in Gebiete vorgestoßen sind, die sich der sinnlichen Beobachtung entziehen. Will man schließlich versuchen, den Unterschied dahingehend zu bestimmen, daß die Tatsache, daß Motive, Einstellungen, Werte, die das Verhalten der Menschen bestimmen sollen, nicht in mathematischen Kalkülen erfaßt werden können und immer „Unsicherheitsfaktoren" bleiben, die der scheinbar vollständig formalisierten Verfahrensweise der Naturwissenschaften entgegengestellt werden muß, so kann man dem auch noch entgegenhalten, daß die in den Naturwissenschaften erfolgreich und legitim angewandte Methode — wie anhand des Versuches ihrer Formalisierung in der Bayschen Formel gezeigt werden kann — immer eine inhaltliche Entscheidung des Forschers impliziert (die Feststellung der absoluten Wahrscheinlichkeiten) und sich so einer vollständigen Formalisierung entzieht. Diese Überlegungen deuten darauf hin, daß die sogenannte naturwissenschaftliche Methode anscheinend zu einem Mythos geworden ist, der einer sachlichen Diskussion um die Grundlegung einer Methodologie der Sozialwissenschaften im Wege steht.[4])

Karl R. Popper unterscheidet in einer 1972 veröffentlichten Vorlesung drei Arten von „Welten" oder „Universen":

„Erstens die Welt der physikalischen Zustände; zweitens die Welt der Bewußtseinszustände oder vielleicht der Verhaltensdispositionen zum Handeln, also die Welt der Subjekte und drittens die Welt der *objektiven Gedankeninhalte* insbesondere der wissenschaftlichen und dichterischen Gedanken und der Kunstwerke" (Popper 1972, 123).

Im Sinne von Schütz kann man nun sagen, daß sich der Naturwissenschaftler mit Welt 1 (Konstruktionen ersten Grades) und der Sozialwissenschaftler mit Welt 2 (Konstruktionen zweiten Grades) befaßt. Behauptet wird nun ein Unterschied zwischen beiden Konstruktionen oder ein solcher zwischen den Strukturen von Welt 1 und 2. Betrachtet man den letzten Fall, so stößt man auf das Problem, wie beurteilt werden soll, ob die Konstruktion des Alltags (Welt 2) mit den Strukturen der Natur (Welt 1) übereinstimmt. Das Problem ist erst einmal dahingehend aufzulösen, daß man davon ausgeht, daß die Struktur weder Ding noch Idee ist (Waldenfels 1980, 146), also weder genuin ein Merkmal der Natur ist, noch allein vom Bewußtsein hervorgebracht wird. Struktur entsteht so in der „Interaktion" des Bewußtseins mit seinem Gegenstand. Materielle Strukturen sind so immer zugleich auch geistige (Adler 1924, 265).

Dies bedeutet aber auch, daß Natur- und Sozialwissenschaftler es im Grunde mit einem unter der Perspektive seiner Totalität einheitlichen Gegenstand zu tun haben, der sowohl den Bereich der natürlichen Gegenstände wie den der gedanklichen Konstruktionen umfaßt (Welt 1 und 2) und den Husserl Lebenswelt nennt. Der Unterschied zwischen den Natur- und Sozialwissenschaften liegt also nicht in unterschiedlichen Strukturen begründet, sondern in der unterschiedlichen Betrachtungsweise dieses Gegenstandes, die aus dem Ganzen eine bestimmte Gestalt als Objektbereich isoliert, indem von anderen „Schichten" abstrahiert wird. So abstrahiert der Naturwissenschaftler von den Bereichen des Sozialen und Geistigen und schafft sich so seinen Gegenstandsbereich Natur, der somit, wie Husserl (1954) feststellt, eine idealisierende Abstraktion der

---

[4]) Im Sinne der naturwissenschaftlichen Methode ist die bekannte Parabel von den Menschen in der Höhle aus Platons politeia zu verstehen, auf die Weber (1919) in „Wissenschaft als Beruf" zurückgreift: „Jene gefesselten Höhlenmenschen, deren Gesicht gerichtet ist auf die Felswand vor ihnen, hinter ihnen liegt die Lichtquelle, die sie nicht sehen können, sie befassen sich daher nur mit den Schattenbildern, die sie auf die Wand wirft, und suchen ihren Zusammenhang zu ergründen. Bis es einem von ihnen gelingt, die Fesseln zu sprengen, und er dreht sich um und erblickt: die Sonne. Geblendet tappt er umher und stammelt von dem, was er sah. Die anderen sagen, er sei irre. Aber allmählich lernt er, in das Licht zu schauen, und dann ist seine Aufgabe, hinabzusteigen zu den Höhlenmenschen und sie emporzuführen an das Licht. Er ist der Philosoph, die Sonne aber ist die Wahrheit der Wissenschaft, die allein nicht nach Scheingebilden und Schatten hascht, sondern nach dem wahren Sinn" (Weber 1919, 15).

Lebenswelt ist[5]) (vgl. Schütz 1971b, 67). Ebenso vernachlässigt der Sozialwissenschaftler (weitgehend) den Bereich der „natürlichen Dinge“ und konstruiert so seinen Forschungsbereich der sozialen Beziehungen und ihrer sinnhaften Deutungen. Das bedeutet aber, daß erst in der *Perspektivität* (Mead 1969) die Einheit des Gegenstandes in seine Gegensätze (und vielfältigen Bereiche) zerfällt, es trennt sich Subjektives und Objektives, Natur und Geist, Soziales und Nichtsoziales, Fremdes und Vertrautes, Freund und Feind und diese Perspektivität bewirkt, daß bestimmte Merkmale des Ganzen als Besonderheiten des jeweiligen Gegenstandsbereiches der verschiedenen Wissenschaften hervortreten. Während so der Naturwissenschaftler von der Individualität der einzelnen Ereignisse abstrahiert und sie als wiederholbare unter allgemeine Gesetze subsumiert, wird dem Sozialwissenschaftler dies in seinem Bereich nicht so leicht gemacht. Er hat zwar ebenfalls mit „Gesetzmäßigkeiten“, den Typisierungen und Handlungsmustern des Alltags zu tun, ist aber gleichzeitig auf die Individualität des einzelnen Menschen und die Situativität seiner Deutungen verwiesen (Hitzler/Honer 1984, 65), die sich in seiner biographisch bestimmten Situation manifestieren. Unternimmt der Sozialwissenschaftler den Versuch, jene Wirkungszusammenhänge mit seinen theoretischen Konstruktionen zu erfassen, so fällt ihm immer gerade das durch die Maschen seines soziologischen Fangnetzes, was den Reichtum, die Fülle und Spontaneität des Lebens von Menschen ausmacht. Eine einfache Übernahme naturwissenschaftlicher Erklärungsweisen in die Sozialwissenschaften würde tatsächlich dazu führen, daß „die Theorie nichts über die

---

[5]) Ich verwende hier die Begriffe Alltag, Alltagswelt, Alltagspraxis und Lebenspraxis synonym unter bewußter Vermeidung der phänomenologischen Kategorie ‚Lebenswelt'. Ein Problemkreis innerhalb der ‚alltagstheoretischen' Diskussion (Dewe/Ferchhoff/Sünker 1984) besteht u. a. darin, daß die eigentlich transzendentalphilosophische Kategorie der Lebenswelt häufig umstandslos mit der empirischen Kategorie ‚Alltag' bzw. Alltagspraxis, Lebenspraxis in eins gesetzt wird. Besonders Grathoff (1978) versucht eine Bestimmung der Gegensätzlichkeit vorzunehmen, die zwischen der auf Husserl zurückgehenden, in der ‚Eidetik' gewonnenen phänomenologischen Kategorie der Lebenswelt (als der ‚universale Horizont' ursprünglicher Evidenzen) und der etwa von Schütz in die soziologische Debatte eingeführten Kategorie Alltag samt seiner Komposita existiert (vgl. hierzu auch Bergmann 1981; Sommer 1980).

Die Differenz zwischen Husserls Phänomenologie der Lebenswelt und Schütz' sozialphänomenologischer Theorie lebensweltlicher Transzendenz, die im soziologischen Sinne alltagsnah und empirisch orientiert ist, darf nicht übersehen werden. Anders als die Kategorie ‚Alltag' samt ihrer Komposita handelt es sich bei der Kategorie ‚Lebenswelt' um keine direkt applizierbare empirische Kategorie (Grathoff 1983, 96ff; Hitzler/Honer 1984, 59f).

Letztlich zurückzuführen ist diese Differenz auf die „Radikalität des nach-Husserlschen Positionswandels“ durch Schütz: „Schütz geht konsequent vom Verzicht auf jede transzendal-phänomenologische Fundierung der Intersubjektivität (und damit zumindest großer Bereiche der Lebenswelt) zur phänomenologischen Analyse lebensweltlicher Transzendenz als mundaner Verweisungszusammenhänge über. Methodisch versucht Schütz das Problem durch eine für seine Zwecke erweiterte Theorie der Verweisungen (Präsentation, Appräsentation, Repräsentation) zu lösen, die man sozialphänomenologische Theorie lebensweltlicher Transzendenz nennen könnte“ (Grathoff 1983, 99).

soziale Wirklichkeit aussagen (wird), wie sie vom Menschen im alltäglichen Leben erfahren wird" und „daß eine solche Theorie höchst abstrakt und ihre Begriffsbildung von den in jeder Gesellschaft auftretenden trivialen und vertrauten Zügen weit entfernt sein wird" (Schütz 1971b, 67). Deshalb müssen die Sozialwissenschaften Theorien und Begriffe entwickeln, die geeignet sind, das „Leben" zu erfassen, ohne auf der anderen Seite aber in ein Verfahren der bloßen Beschreibung von Ereignissen abzusinken (Bendix/Berger 1969). Von dem Verfahren, das Schütz hier vorschlägt, der Konstruktion rationaler Handlungsmuster[6]), soll später noch die Rede sein.

Ein Unterschied zwischen den Eigenschaften der Objektbereiche von Natur- und Sozialwissenschaften, wohl der zentrale, auf den sich andere Unterscheidungen zurückführen lassen, ist die von Schütz angeführte Tatsache, daß die in der Sozialwelt lebenden Menschen ihr Dasein eigenständig interpretieren und ihre soziale Wirklichkeit strukturieren. Diese Tatsache ist in zweierlei Hinsicht relevant. Erstens hat es der Sozialwissenschaftler mit vorgegebenen Sinnstrukturen zu tun, auf denen seine theoretischen Konstruktionen aufbauen und auf die sie sich beziehen. Hier liegt die Frage begründet, ob und wie sich alltägliche und wissenschaftliche Konstruktionen unterscheiden und wie dieses Begründungsverhältnis zu begreifen ist. Dies ist die Frage, die die Naturwissenschaften quasi überspringen bzw. als unproblematisch vernachlässigen, so daß Schütz zu der Überzeugung gelangt:

„Sie (die phänomenologische Philosophie) könnte sogar zeigen, daß die besonderen methodologischen Verfahren, die in den Sozialwissenschaften zur Erfassung sozialer Wirklichkeit entwickelt wurden, eher als die Methoden der Naturwissenschaften geeignet sind, zur Entdeckung der allgemeinen Prinzipien zu führen, die jedes menschliche Wissen leiten" (Schütz 1971b, vgl. Schütz/Luckmann 1984, 297 ff.).

Zweitens muß der Sozialwissenschaftler — insofern man anerkennt, daß er es nicht nur mit abstraktem Sinn zu tun hat, sondern ebenso mit den denkenden und handelnden Menschen, die ihn hervorbringen — seinen „Gegenstand" prinzipiell als Interaktionspartner begreifen, der aktiv die Welt gestaltet, die er wissenschaftlich erfassen will. Solche Überlegungen werden jedenfalls in dem Augenblick wichtig, in dem wissenschaftliches Wissen — über welche Vermittlungsinstanzen und wie popularisiert auch immer — in steigendem Maße in die Alltagswelt eindringt und dort immer mehr die alltagsweltlichen Erfahrungen und alltäglichen Deutungen zu verdrängen droht, oder wenn sich herausstellen sollte, daß auf der Grundlage sozialwissenschaftlicher Ergebnisse in größerem Umfange Sozialtechnologien zur Steuerung menschlichen Verhaltens ent-

[6]) Giddens weist darauf hin, daß soziologische Begriffe, die auf sinnhaftes Handeln Bezug nehmen, „— wo Begriffe, die von den Handelnden selbst benutzt werden, ein Medium sind, durch das Interaktion vollbracht wird —, ... die Bedeutungsunterscheidungen ‚aufgreifen' müssen, die für diesen Bereich relevant sind", ohne *diesselben* Entscheidungen in ihre Begriffsbildung zu übernehmen: „Man kann Doppeldeutigkeit ohne Doppeldeutigkeit diskutieren". „Darin liegt die Bedeutung der *doppelten Hermeneutik* für die Konstruktion theoretischer Metasprachen in der Soziologie" (a. a. O., 187).

wickelt und auch angewendet werden können (Kelman 1976; siehe auch Böhme/v. Engelhardt 1979).[7]

Im Grunde handelt es sich hier um ein in der Wissenschaft so beliebtes Problem von Ethik und Moral (vgl. etwa Fiala 1974), dem man am liebsten dadurch entgeht, daß man von allem wirklichen Leben abstrahiert und nur noch die Organisation des Zusammenlebens von Individuen zum Gegenstand seiner Überlegungen macht (Benne 1975). In jüngster Zeit jedoch drängt sich dieses Problem ausgerechnet in den so wertfreien Naturwissenschaften ungewollt in die Diskussion, dort nämlich, wo es um das Für und Wider der Genforschung und -manipulation geht (vgl. van den Daele 1980).

Schließlich muß ein Sozialwissenschaftler noch mit einer weiteren Besonderheit seines Forschungsgegenstandes rechnen, die Schütz offensichtlich nicht explizit berücksichtigt. Die in der Sozialwelt lebenden Menschen haben nicht nur die Fähigkeit, Interpretationsleistungen zu vollbringen, sondern potentiell auch die Möglichkeit, die vorgefundenen Sinnstrukturen durch „produktive Deutungen" (Waldenfels 1978, 39)[8] zu überschreiten und in freier Handlung neuen Sinn zu setzen. Diese „Tendenz zur Selbstüberschreitung" (Soeffner 1984) und der darin implizierte „moralische Mut der Entscheidung, die über das jeweils wissenschaftliche Begründbare hinausgehen kann" (Oevermann, 1984), ist offensichtlich ebenso konstitutiv für Handeln in der „alltäglichen Wirkwelt" (Schütz) samt ihren Sinnkonstruktionen wie deren Inexplizität. Diese Möglichkeit zusammen mit der Komplexität der in einer Situation wirkenden Faktoren beeinträchtigen erheblich die Prognosefähigkeit sozialwissenschaftlicher Theorien, was sie aus naturwissenschaftlicher Sicht in besonderen Mißkredit bringt. Es ist aber dessen ungeachtet Aufgabe der Sozialwissenschaft, den Ort der Freiheit zu bestimmen wie auch den Aspekt des sozialen und kulturellen Wandels überhaupt angemessen theoretisch zu berücksichtigen, wohl auch schon aus dem Grund, damit die Sozialwissenschaften nicht durch den abgeschlossenen und statischen Charakter ihrer Theorien eher zur Restauration als zur „Aufklärung" im Sinne der Offenlegung und Explizierung von Handlungsdeter-

---

[7]) Auch im Prozeß der Popularisierung bzw. Veralltäglichung soziologischer Begriffe ist die erwähnte doppelte Hermeneutik wirksam: „Diese doppelte Hermeneutik ist von beachtlicher Komplexität, da sich die Beziehung nicht bloß in einer Richtung bewegt (wie es Schütz anzudeuten scheint); es gibt ein fortwährendes „Abrutschen der in der Soziologie geschaffenen Begriffe in den Sprachschatz derer, deren Verhalten mit ihnen eigentlich analysiert werden sollte, was leicht dazu führt, daß diese Begriffe damit wesentliche Grundzüge dieses Verhaltens bestimmen; dadurch wird in der Tat der ursprüngliche Gebrauch solcher Begriffe innerhalb der Terminologie der Sozialwissenschaft potentiell gefährdet" (Giddens 1984, 199).

[8]) Waldenfels (1978) betont zu Recht, daß der Alltag (auch) durch Sinnkonstitution entsteht, d. h. durch produktive Deutungen, die nicht nach bloßen Vorlagen arbeiten, sondern erst eine Welt entstehen lassen und durch selektive Deutungen, die konkurrierende Deutungsmöglichkeiten von Wirklichkeit ausscheiden, „ohne sie als Möglichkeit zum Verschwinden zu bringen" (Waldenfels a. a. O., 39).

minanten (siehe hierzu etwa Berger/Kellner, 1984, 116 ff; Becker 1981) beitragen.[9])

So muß für die Sozialwissenschaften erkenntnislogisch ein Kontinuum von Alltagswissen zum wissenschaftlich gesicherten Wissen angenommen werden. Anders formuliert: Die Differenz zwischen sozialwissenschaftlichem Wissen und dem seinen Gegenstandsbereich betreffenden Alltagswissen ist nicht erkenntnislogisch gegeben, sondern eine Folge der institutionellen Ausdifferenzierung sozialwissenschaftlichen Handelns, die den professionellen Zwang zur Explikation von Voraussetzungen der Geltung nach diskussionsfähigen Standards setzt, die wiederum wesentlich an die Institutionalisierung und Formalisierung des wissenschaftlichen Diskurses gebunden sind.[10]) In dieser Perspektive erscheint das sozialwissenschaftliche Wissen einerseits als ‚Purifizierung' von Alltagswissen durch Explikationen, andererseits aber auch als bestimmte Wirklichkeitserfahrungen und -deutungen diskriminierende Selektion von im Alltagswissen bereitliegenden Problemlösungen nach Maßgabe ihrer Prüfbarkeit auf dem gegebenen Stand der wissenschaftlichen Theoriebildung und Methodologie (Berger/Kellner 1984, 61 f.). Folglich ist Alltagshandeln und -wissen nicht nur der Gegenstand von Aufklärung im Namen von Sozialwissenschaften, sondern zugleich auch die Basis der Kritik ihrer Theorien (vgl. Oevermann 1976; Oevermann u. a. 1979). „Die wissenschaftliche Kosmisationsleistung ist nur eine Spezialisierung und Radikalisierung der alltagsweltlichen" (Arbeitsgruppe Bielefelder Soziologen 1973, 459).

---

[9]) Dieses Problem hat Giddens (1984) im Auge, wenn er betont, daß die Sozialwissenschaft in einem Spannungsverhältnis zu ihrem ‚Gegenstand' steht — „als potentielles Instrument für die Aufwertung der rationalen Autonomie als potentielles Herrschaftsinstrument" (a. a. O., 196).

[10]) Geht man der Institutionalisierung der Reflexivität nach, so stellt man fest, daß Reflexivität als institutionelles Moment in der Gesellschaft überhaupt erst entstehen kann, wenn die Abhebung der Vorstellungswelt und des Handelns vom unmittelbaren Erleben vollzogen ist. So ist auch die Entstehung der modernen Wissenschaft als ausdifferenzierte, von anderen sozialen Interessen und Bedürfnissen entlastete Suche nach gesichertem Wissen ebenfalls ein Ergebnis dieser Entwicklung (vgl. Weingart 1981).

Es ist nicht zuletzt die Soziologie — welche als „wissenschaftlich institutionalisierter Teil (der) für die modernen Gesellschaften generell charakteristischen Selbstreflexivität" (Dreitzel/Kamper 1983) gelten kann —, die das vorläufige Ende dieser Entwicklung markiert.

IV. Zur handlungslogischen Differenz von Sozialwissenschaft und Praxis

Sind also die Sinnentwürfe des Alltagshandelns wie überhaupt die ‚Konstruktionen' (Schütz) der Alltagswelt der Gegenstand der soziologischen Forschung und die Frage nach den Möglichkeiten der soziologischen Rekonstruktion das Problem, so lassen sich mit der Blindenstock-Metapher von Devereux (1974) die beiden Grenzpole im Prozeß der soziologischen Annäherung an die soziale Wirklichkeit angeben.[11])

Da sich der Sozialwissenschaftler bekanntlich nicht voraussetzunglos den Gegenständen seiner Forschung nähern kann, ist die Rekonstruktion alltagspraktischer Handlungsstrukturen und -probleme und mithin die Produktion von Wissen durch Beobachtungen, Protokollieren und Interpretieren stets dann der „Sache selbst" (sprich: der sozialen Wirklichkeit) nicht gerecht geworden, wenn — um im Devereux-Beispiel zu bleiben — der Blindenstock, also die mitgebrachten soziologischen Begrifflichkeiten sowie der soziologisch geformte Erwartungshorizont, an denen derart festgehalten wird bzw. die so gehandhabt werden, daß die Gegenstände, die von ihm berührt werden, im Akt der Berührung umgestoßen, d. h. diese aus ihrer ‚eigentlichen' Ordnung gebracht werden. Dies wäre überall dort der Fall, wo soziologische Forschung — die handlungslogische Differenz zwischen sich und der Alltagswelt ignorierend — ihre Begriffe und Strukturmodelle der Wirklichkeit unvermittelt überstülpt.

Von soziologischer Rekonstruktion der alltagsweltlichen Sinnstrukturen und Handlungsprobleme kann aber auch dort nicht die Rede sein, wo im Prozeß der Annäherung an die Wirklichkeit die Spannung zwischen Theorie/Begriff und Erfahrung/Alltagspraxis eindeutig zugunsten letzterer aufgelöst würde oder — um mit Devereux zu sprechen — der Stock (der Erkenntnis) beim Berühren der ertasteten Gegenstände aufgrund eines zu lockeren Haltens dem Blinden aus der Hand fällt.

Wie also der Blindenstock eben angemessen locker, d. h. weder zu fest noch im Endeffekt gar nicht festgehalten werden kann, ist exakt das Problem der Gewinnung und Vermittlung soziologischer Aussagen über die soziale Wirklichkeit. Hinzu tritt noch ein weiteres — schon angesprochenes — Problem: Anscheinend liegt ein disziplinäres Dilemma der Soziologie darin, daß sie, um verwendungsrelevantes Wissen zu erzeugen, unter der Verführung oder unter dem Zwang steht, sich partiell aus dem Handlungsfeld der Wissenschaft herausbege-

---

[11]) Zur Erläuterung: Devereux vergleicht in seinem Buch „Angst und Methode in den Verhaltenswissenschaften" (1974) den Forscher mit einem Blinden, der sich mit seinem Stock tastend die ihn umgebende Wirklichkeit erschließt.

bend in das Handlungsfeld der Praxis und unter deren Perspektiven zu stellen, damit aber die im folgenden noch zu bestimmenden Erzeugungsbedingungen ihres Wissens und ihrer Erkenntnisse unterläuft und die handlungslogisch bedingte Einheit von Wissenserzeugung und -verwendung zerstört, — die „Handlungsforschung" hat dies aus einer vermeintlichen methodologischen Überzeugung getan, die verwaltungsinterne Forschung und die Politikberatung tun dies sicherlich häufig eher unfreiwillig (vgl. Dewe/Schmitz 1984).

Kraft des Umstandes, daß die Sozialwissenschaften zur Explikation des in der gesellschaftlichen Wirklichkeit vorhandenen „Bedeutungsrahmens" (Giddens 1984, 178) beitragen und somit stets eine Dimension an Deutungswissen enthalten, kann sozialwissenschaftliche Forschung nie ausschließlich im sozialtechnologischen Sinne Problemlösungswissen bereitstellen. Soziologische Konzepte und Ergebnisse setzen immer auch Verstehen von gesellschaftlicher Wirklichkeit voraus und sie lassen sich folglich nicht umstandslos den Wert von Erklärungen zuschreiben.

Sie stellen nicht ein „objektives neues Wissen" dar, das im Sinne naturwissenschaftlicher Erkenntnis praktische Handlungsformen des Alltagslebens als sachlich falsch definieren könnte. Sie können vielmehr nur unter Rekurs auf Alltagspraxis gewonnen werden. Ihr praktischer Wert liegt folglich in einer durch theoretische Purifizierung möglichen „Kritik" bzw. „Aufklärung" von Alltagswissen und -handeln.

Dementsprechend ist sozialwissenschaftlicher Erkenntnisfortschritt nicht nach dem Modell der Kumulation von gegenständlicher Entdeckung (Brown 1963), sondern nach einem Modell der sukzessiven „Übersetzung" bzw. Explikation von Handlungsproblemen und Sinnstrukturen alltagspraktischen Handelns vorstellbar. Diese Auffassung schließt ein, daß die zentrale Aufgabe sozialwissenschaftlicher Erkenntnis in der Explikation der sozialen Sinnstrukturen alltagspraktischer Handlungsvollzüge und entsprechend ihre basale ‚praktische Funktion' in der Rückvermittlung ihrer Explikationsleistungen (Dewe/Ferchhoff 1984), statt in der Umgestaltung der sozialen Realität nach Maßgabe des Informationsgehaltes bestätigter Hypothesen liegt. Gerade deshalb sind wissenschaftliche Erklärungsmodelle, denen Konzepte des induktiven bzw. des deduktiven Schließens zugrunde liegen, für soziologische Forschung in Zweifel zu ziehen, statt dessen wäre die logische Form des abduktiven Schließens (Peirce 1967, 1970) zu favorisieren. Bekanntlich hat Peirce gezeigt, daß Abduktion eine Form des Denkens ist, die Erfahrungsprozesse und Orientierungen von Alltagsvorgängen bestimmt, und gleichzeitig eine bedeutsame Strategie sozialwissenschaftlicher Theoriebildung darstellt.

Abduktives Schließen impliziert weder schlichte Folgerungen noch Ableitungen, sondern — allgemein formuliert — Sprünge von wohlbekannten ‚Prämissen' zu einer unbekannten Ordnung der Sozialwelt, die eben dadurch verstehbar gemacht wird, daß man sie den Prämissen annähert (vgl. auch Luckmann 1973). So gesehen läge die forschungspraktische Aufgabe der Sozialwissenschaft darin, daß sie für die „praktische Vernunft" die handlungsentlastenden Möglichkeiten der Explikation des unterlegten Sinns beobachtbaren sozialen Handelns realisiert und ihre *theoretische* Aufgabe läge in der „abduktiven Sicherung" und Präzisierung der Verfahren der Explikation sowie in der Analyse der Bedingungen ihrer Möglichkeit einerseits und der Systematisierung und Konsistenzprüfung der gesicherten Explikationsergebnisse andererseits.

Darin erwiese sich der Sozialwissenschaftler als „Pragmatiker"; da er häufig unbewußt an den Beginn einer Plausibilisierung den abduktiven Schluß stellt, den Peirce, im Anschluß an Kants Behandlung synthetischer Urteile, dem induktiven und deduktiven Schließen entgegenstellte unter der Fragestellung, wie Erkenntnis als Erfahrung überhaupt möglich sei. Der abduktive Schluß schiebt sich gleichsam zwischen die Wahrnehmung und das Urteil über diese Wahrnehmung, welches bereits eine (unbewußte) Interpretationsleistung auf der Basis universeller Hypothesen einschließt. Der abduktive Schluß stellt — so gesehen — die unkritisierbare, extrem fehlbare Evidenzbais unserer Argumente dar. Er „ist die einzige logische Operation, die irgendeine neue Idee einführt" und „jedes einzelne Stück wissenschaftlicher Theorie, das heute festgefügt dasteht, ist der Abduktion zu verdanken" (Peirce 1970, 362). Peirce rekonstruiert den Prozeß des wissenschaftlichen Schließens nach dem Modell der lebenspraktischen Herausbildung von Überzeugungen. Aber während im Privatleben Überzeugungen zur Grundlage von existenziellen Entscheidungen werden, also einen Anspruch auf Wahrheit erheben müssen, kann im Kontext von Wissenschaft die Überzeugung nur den Status einer vorläufigen Hypothese beanspruchen, deren Plausibilisierung annäherungsweise derart erfolgt, daß in der unendlich gedachten Argumentationsgemeinschaft die letzte Konklusion jedes Menschen „in the long run" (Peirce) dieselbe sein wird oder sein würde, wenn nur mit ausreichender Beharrlichkeit weiter geforscht würde.

Diesen Gedanken werde ich später noch einmal aufnehmen, wenn es gilt, von der „Rekonstruktion" zur „beratenden Rekonstruktion" fortzuschreiten und die Frage nach den Bedingungen der Möglichkeit von ‚praktischer Vernunft' unter dem ‚klinischen Aspekt' von sozialwissenschaftlichen Ergebnissen zu thematisieren.

Versuchen wir zunächst, präziser den Unterschied zwischen den pragmatischen Konstruktionen des Alltagsdenkens und den extensiven Rekonstruktionen des wissenschaftlichen Denkens bzw. die Differenz zwischen der ‚Epoche der natürlichen Einstellung' und der ‚Epoché der theoretischen Einstellung' zu bestimmen.[12]) Die „Welt als Gegenstand wissenschaftlicher Betrachtung" (Schütz/Luckmann 1984, 395f.) setzt den Sozialwissenschaftler als ‚uninteressierten Beobachter' voraus sowie das seinem Willensakt entspringende Relevanzsystem der theoretischen Einstellung, zudem eine wissenschaftliche Metho-

[12]) Ohne die Differenzen zwischen hermeneutischer und phänomenologischer Vorgehensweise hier zu diskutieren, ist allerdings an einen Hinweis Grathoffs (1983, 118) zu erinnern, der da lautet, der lebensweltliche Standort „ist kein hermeneutischer, da die Hermeneutik in guter protestantischer Texttradition eine einseitge Akzentverschiebung vom Erleben ins Erlebte fördert.

Hermeneutische und lebensweltliche Analysen ... sind grundverschieden: Es ist nicht die Geschichte (oder Biographie, der Lebenslauf oder eine der ‚archäologischen' Varianten hermeneutischer Provenienz), sondern die (durchaus historisch und vergesellschaftete) Lebenswelt als Horizont der *Transzendenzen* (a. a. O., vgl. Gatzemeier/Gerhardus 1971).

de, die bestimmte „Postulate für die wissenschaftliche Konstruktion von Modellen der sozialen Lebenswelt" (Schütz/Luckmann 1984, 296f.) impliziert: Die „ausgezeichnete Wirklichkeit" gilt bekannterweise *nur* für das ‚alltägliche Leben', also den Alltag selbst. Wissenschaftliche Theorie ist demnach kein ‚ausgezeichneter Bereich', sie ist gleichfalls nur eine ‚Sinnprovinz' und in diesem Sinne dem Alltag untergeordnet. Das meint aber lediglich, daß Wissenschaft für Schütz stets auf eine vorwissenschaftliche Sphäre verwiesen bleibt. Es heißt indes nicht, und hier unterscheidet sich Schütz fundamental von ethnomethodologischen Sichtweisen (vgl. etwa Garfinkel 1973), daß „der Sozialwissenschaft Treibende seine Erfahrungen, die er als Mensch unter Menschen lebend sammelt und in seinem täglichen Umgang immer wieder erweitert, schlechthin als ‚wissenschaftliche Erfahrung' qualifizieren dürfe" (Schütz 1974, 314). Erinnert sei hier an das Argument von der „doppelten Staatsbürgerschaft" des Soziologen (Berger/Kellner 1984). Das Verhältnis von Alltagswissen und (sozial-)wissenschaftlichem Wissen ist im Schützschen Sinne — so paradox es klingen mag — sowohl ein Verhältnis der Entsprechung als auch ein in Opposition stehendes Verhältnis (vgl. Grathoff 1978). Wie kann dieser (scheinbare) und zu vielen Fehlinterpretationen führende Widerspruch aufgelöst werden? Sicherlich erkenntnislogisch dahingehend, daß Alltagswissen und sozialwissenschaftliches Wissen eine gemeinsame Basis besitzen, nämlich die, daß die gedanklichen Konstruktionen bzw. Gegenstände (‚Abstraktion', ‚Generalisierung', ‚Formalisierung', ‚Idealisierung' etc.), welche Sozialwissenschaftler bilden, sich sowohl auf gedankliche Konstruktionen und Gegenstände „gründen" als auch „beziehen" lassen müssen, die Menschen schon immer in alltagsweltlichen Lebensvollzügen ausgebildet haben (vgl. Giddens 1984ff.; zum Schützschen Wissenschaftsbegriff vgl. Grathoff 1983, 396).

Aber die Differenz der Perspektiven ist um so folgenreicher: Die Konstruktionen, die im Alltagsdenken gebildet werden, haben — und damit kommen wir zu der fundamentalen Differenz zwischen Alltagsdenken und sozialwisenschaftlichem Denken — einen ganz anderen, nämlich ‚praktischen' Stellenwert als die demgegenüber vor allem an Kognitionen interessierten Konstruktionen der Sozialwissenschaften. Die „Einstellung des Sozialwissenschaftlers" zur „Sozialwelt" ist die des „Beobachters der *Mitwelt*" (Schütz 1974, 314) bzw. die „eines bloß desinteressierten Beobachters der Sozialwelt", der „nicht in die beobachtete Situation einbezogen" ist (Schütz 1971a, 41; Schütz/Luckmann 1984, 288 sowie 396ff.). So besteht die Voraussetzung alles Theoretisierens in der „Ausschaltung des Relevanzsystems, das in der praktischen Sphäre der natürlichen Einstellung vorherrscht" (a.a.O., 396; vgl. auch Berger/Kellner 1984, 29). Die biographische und *umweltlich* eingebettete Situation des in der ‚alltäglichen Welt' Lebenden wird im Forschungsprozeß nun durch die ‚sozialwissenschaftliche Situation' ersetzt. An dieser Stelle des Schützschen methodologischen Forschungsprogramms läßt sich der „tiefe Graben", die „strenge Unterscheidung" bzw. die „tiefe Opposition", die zwischen Alltagsdenken/Alltagshandeln und wissenschaftlicher Methode angesiedelt ist, benennen (so etwa Niessen 1979, 332). Das ‚Relevanzsystem' der Sozialwissenschaften ist ein völlig anderes als das an Praktiken zur Situationserhaltung orientierte ‚Relevanzsystem' des Handelnden und

Deutenden in der Alltagswelt. „Das einmal festgesetzte wissenschaftliche Problem bestimmt allein, was für den Wissenschaftler relevant ist" (Schütz 1971b, 73), und nicht die ‚biographische Situation' des im Alltag lebenden Individuums (vgl. auch Grathoff 1978).[13])

Das geht nicht so weit, daß der in Sozialbeziehungen im Alltag lebende Sozialwissenschaftler diesen Alltag in seinem Leben verleugnen muß, die bewußt vollzogene Substituierung bedeutet nur, daß der im Forschungsprozeß stehende Sozialwissenschaftler sich bemüht, sich ‚außerhalb' des alltagspraktischen Lebenszusammenhangs zu stellen. „Er schaut", räsonniert Schütz „auf die Sozialwelt mit demselben kühlen Gleichmut, mit dem der Naturwissenschaftler die Ereignisse in seinem Laboratorium verfolgt" (Schütz 1971a, 42). Natürlich bleibt für Schütz der Sozialwissenschaftler auch „Mensch unter Menschen", nur muß er, um Sozialwissenschaft zu betreiben, sein alltagsweltliches Interesse an ihr abstreifen und in *Distanz* treten, um *Modelle* von den Handelnden in der Sozialwelt zu konstruieren. Diese „idealtypischen (Re-)Konstruktionen" von ‚typischen Vorstellungen, Motiven, Absichten und Zielen' der als „imaginär" vorgestellten Handelnden — Schütz nennt diese auch „Puppen" oder „Homunculi" — sind durchaus verschieden von den *‚konstruktiven Typen'* oder *Idealtypen'*, die auf der „ersten Stufe im Alltagswissen" gebildet wurden. Wenn auch der „Ursprung" der „sogenannten ... konstruktiven Typen ... in den Denkweisen des Alltagsverstandes zu suchen ist, so sind die von dem Sozialwissenschaftler gebildeten ‚konstruktiven Typen' keinesfalls den im Alltag konstruierten Typen strukturgleich". Sie „haben eine *andere* Struktur", konstatiert Schütz hartnäckig, weil sie ‚künstlich' gesetzt sind und daher nicht den „ontologischen Bedingungen" der vor allem an alltagsweltlicher Praxis orientierten Individuen in der Sozialwelt unterliegen. Idealtypische Begriffsbildung, die der Sozialwissenschaftler anzielt, kann daher ganz im Weberschen Sinne von alltagsweltlichen Schwierigkeiten und Problemstellungen bereingt werden. Idealisiertes ‚rationales Handeln' ist demnach für Schütz eine Modellkonstruktion des Sozialwissenschaftlers und keine alltägliche Erfahrung in der Sozialwelt (vgl. Schütz 1971a, 41ff.; Schütz/Luckmann 1984, 295). Aber es scheint ein wenig zweifelhaft, ob der Wissenschaftler in der Lage ist, sich von seiner biographisch bestimmten Situation ablösen zu können. Sicherlich übernimmt er als Orientierungsrahmen die Normen und Verhaltensregeln der scientific community und als Bezugsrahmen seiner wissenschaftlichen Arbeit die Theorie und Methododologie seiner wissenschaftlichen Disziplin. Diese allerdings selbst sind nicht aus sich heraus entstanden, sondern innerhalb des Wissenschaftssystems (als Institution und Wissenssystem) sozialisiert auf der Grundlage seiner bisherigen biographisch bestimmten Erfahrungen, die zusammen mit den neuen wissenschaftlichen Erfahrungen eingehen in seinen erweiterten und möglicherweise umstrukturierten

[13]) Grathoff betont neuerdings, daß die Schütz'sche Differenz von „wissenschaftlicher *Theoriebildung*, dem systemischen Sinnzusammenhang einer finiten Sinnprovinz und *Wissenschaft*, in ihrer Vielfalt epistemischer (‚empirischer') Stile" (1983, 101f.) als — freilich nicht systematisch weiter verfolgter bzw. zu Ende geführter — Versuch gedeutet werden kann, die strikte Opposition zwischen (begrifflicher) Wissenschaft und alltäglicher Lebenspraxis aufzuweichen.

Wissensvorrat, der seine biographisch neue Situation, nämlich die wissenschaftliche Situation, definiert (vgl. Arbeitsgruppe Bielefelder Soziologen, 1973, 49ff.; vgl. Berger/Kellner 1984, 28).[14])

Methodologisch bedeutsam ist jedoch, daß sozialwissenschaftlichen Rekonstruktionen, die einerseits auf die im Alltag schon vorgefertigten Konstruktionen im Sinne von Metakonstruktionen Bezug nehmen müssen und andererseits eine dem Alltag oppositionelle Strukturverschiebung vornehmen, sich einem für empirische Wissenschaften gültigen Prüfverfahren zu stellen haben. Die ‚idealtypischen sozialwissenschaftlichen Modellkonstruktionen' müssen nach Schütz folgenden postulatorischen Bedingungen Genüge leisten: 1) dem „Postulat der logischen Konsistenz", demzufolge die Begrifflichkeiten den Anforderungen der wissenschaftlichen Klarheit und Präzision und die sozialwissenschaftlichen Konstruktionsleistungen mit den Grundlagen der „formalen Logik" in Einklang stehen müssen (vgl. Weber 1973), 2) dem „Postulat der subjektiven Interpretation", welches seinen Inhalt darin hat, daß im Sinne des methodologischen Individualismus den künstlichen sozialwissenschaftlichen Konstruktionen noch der Zugang zu individuellen Handlungen möglich bleibt (vgl. etwa Goldstein 1958; Watkins 1959), und 3) dem „Postulat der Adäquanz", nach welchem die Begrifflichkeit des sozialwissenschaftlichen Modells so konstruiert sein muß, daß dieses in einer Weise mit der Alltagswelt verwoben bleibt, die seine Verständlichkeit für die in alltagsweltlichen Lebensvollzügen stehenden Handelnden garantiert (vgl. Schütz 1974, 348; Zidjderveld 1972; Schütz/Luckmann 1984, 296f.). Die Schützsche strikte Trennung von Alltagswissen und wissenschaftlichen Wissen liegt schließlich auch darin begründet, daß es an universellen ‚Transformationsregeln' fehlt, die den „ausgezeichneten geschlossenen Sinnbereich des Alltags" mit dem „geschlossenen Sinnbereich" der (Sozial-)Wissenschaft in ‚wechselseitigen Bezug' setzen könnten. Methodologische Konsequenzen zeitigt diese Unterscheidung auch insofern, als daß Schütz keineswegs als Kronzeuge etwa zu einer ‚forschungsmethodologischen Fundierung von Handlungsforschung' im interaktionstheoretischen Sinne herangezogen werden darf (Ferchhoff/Peters 1981). Es scheint mir trotzdem wichtig zu sein, die erkenntnislogische und auch historische Kontinuität zwischen Alltagsdenken und wis-

---

[14]) Matthes und Schütze weisen darauf hin, daß auf dieser Betrachtungsebene die Bewältigung der Routineangelegenheiten und Handlungsprobleme im Wissenschaftsbetrieb sich nicht grundsätzlich von alltäglichen Situationsbewältigungspraktiken unterscheidet (vgl. Arbeitsgruppe Bielefelder Soziologen 1973, 49ff.).

Die hier getroffene Unterscheidung bezieht sich allerdings nicht auf den „Alltag" des Wissenschaftlers, sondern auf sein Verhältnis zu den Wissensinhalten, auf den Wissenschaftler in der „theoretischen Einstellung", in der die Subjektivität des Wissenschaftlers, das Orientierungssystem des Alltags und das in der grundlegenden Sorge gründende System pragmatischer Relevanzen „eingeklammert" ist (vgl. Schütz 1971, 286).

Mittelpunkt ist das wissenschaftliche Problem und nicht die Person. Eine „Einklammerung" der Persönlichkeit des Wissenschaftlers in der theoretischen Einstellung bedeutet nun aber noch nicht die Ausschaltung des Einflusses persönlicher Merkmale auf Wissensinhalte. Solche Zusammenhänge scheinen aber bisher weitgehend ungeklärt zu sein.

senschaftlicher Theorie im Auge zu behalten, da sich hieraus folgern läßt, daß der Alltag immer auch als Basis der Kritik wissenschaftlicher Theorie gelten kann. Die Frage nach dem Ursprung wissenschaftlicher Theorien — auf philosophischer Ebene nach dem Ursprung des Denkens überhaupt und seinem Verhältnis zur Lebenswelt — wird vermutlich gerade dann als wissenschaftliches Problem relevant, wenn wissenschaftliche Konstruktionen, über welche Wege auch immer, in den Alltag „zurückkehren". Die Verwissenschaftlichung des Alltags ist zunächst einmal ein historisch-empirisches Phänomen und wird als solches zum Gegenstand wissenschaftlicher Forschung. Wie der Prozeß der „Rückkehr" wissenschaftlicher Konstruktionen in das Alltagsdenken vonstatten geht, welche Folgen sich für den Alltag wie die Wissenschaft ergeben, ist noch weitgehend ungeklärt (Pozzuto 1982). Immerhin muß damit gerechnet werden, daß wissenschaftliche Deutungs- und Erklärungsmuster alltägliche Sinnkonstruktionen tendenziell ersetzen bzw. überdecken, wenn dieser Prozeß einhergeht mit dem legitimierten Herrschaftsanspruch wissenschaftlicher Deutungen gegenüber dem „bornierten Alltagsverstand", was für die Sozialwissenschaften analog zur naturwissenschaftlichen „Beherrschung der Natur" die „Beherrschung des Menschen" durch die emotionslosen, rationalen, anonymen und standardisierten „Homunculi" der Sozialwissenschaft bedeuten kann. Schütz weist darauf hin, daß mit der steigenden Anonymität, die mit der zunehmenden Abstraktion von der lebendigen Wirklichkeit einhergeht, der Inhaltsreichtum der Konstruktionen abnimmt. Läßt man dem Prozeß der Verwissenschaftlichung unreflektiert seinen Lauf, so liegt der Verdacht nahe, daß des Sozialwissenschaftlers gedankliche Geschöpfe, aus dem wissenschaftlichen Elfenbeinturm befreit, ihr Unwesen nunmehr in der Öffentlichkeit treiben, vor allem dadurch, daß sie systematisch jeden Zugang zu spontaner menschlicher Lebenserfahrung verstellen und mit einem Schleier grauer Rationalität und Entfremdung zudecken.[15]) Deswegen scheint es mir notwendig festzustellen, was auf dem Wege vom konkreten Handlungsvollzug zur wissenschaftlichen Abstraktion verlorengegangen ist, was die Lebendigkeit menschlicher Wesen ausmacht und nach Möglichkeiten einer „Aufklärung" des Alltagswissens zu suchen, bei denen sich die Wissenschaft nicht anschickt, sich ihre eigene Basis zu entziehen, indem sie das Alltags-

---

[15]) Die Behauptung, daß mit der wachsenden Komplexität der Gesellschaft an die Stelle normativer Deutungsmuster und ihrer integrativen Kraft Steuerungsprobleme getreten sind, die „ohne Rücksicht auf Probleme der Lebenswelt, vor allem von ... der Wissenschaft erzeugt und definiert werden" (Habermas 1974, 56f.), trifft jedoch zur Hälfte zu. Denn solange die Übersetzung wissenschaftlicher „Wahrheiten", die in der Tat nicht ohne weiteres lebensweltliche Wahrheiten der gesamten Gesellschaft sind, lediglich als Problem der „Anwendung" begriffen wird, solange also die Vermittlung zwischen Gesellschaft und Wissenschaft nur über die Setzung von Prioritäten läuft und nicht als Intervention in die wissenschaftsinternen Regulative, vollzieht sich die in der Wissenschaft institutionalisierte Reflexion (Weingart 1978) nur in den Kategorien der kognitiven Eigendynamik der Wissenschaft und erzeugt jene Steuerungsprobleme. „Ein zukünftiger Primat der Wissenschaft kündigt sich jedoch damit an, daß zunehmend lebensweltliche Probleme zu Gegenstandsbereichen wissenschaftlicher Wissensproduktion werden und wissenschaftliche Theoriedynamiken in Gang setzen" (Weingart 1980, 565).

denken destruiert oder unabsehbare Folgewirkungen produziert, die möglicherweise den Störungen des ökologischen Gleichgewichts durch kurzsichtigen Einsatz von Technologien in nichts nachstehen könnte.

Das „Material" der soziologischen Forschung ist — verallgemeinert gesprochen — also das in Sprache und in den Handlungsprotokollen der Akteure aufgehobene Wissen über gesellschaftliche Strukturen, die die Interaktionen der Akteure, indem sie ihrem Handeln eine sinnhafte Bedeutung verleihen, determinieren, die aber andererseits letztendlich selbst Ergebnis von Interaktionen und damit auch „gemacht" sind und durch diese nicht schlicht reproduziert, sondern auch verändert werden. Soziologie leistet somit als ihre Aufgabe die begriffliche Purifizierung der im Alltagshandeln realisierten und im Alltagswissen aufgehobenen Erfahrungszusammenhänge mit dem Ziel der Konstruktion alternativer Sinnentwürfe. Dabei unterscheidet sich der Erkenntnisprozeß der Sozialwissenschaften nicht prinzipiell von dem des Alltagshandelns. Um Verständigung zwischen den Akteuren zu sichern, muß man sich stets der Bedeutung der für gemeinsames Handeln konstitutiven Begriffe vergewissern (Grathoff 1983) — ein Prozeß, der unter dem Entscheidungszwang der laufenden Lebensbewältigung immer auch abgekürzt und unvollständig geleistet werden kann.

Sozialwissenschaftliche Forschung kann diese Explikation radikaler erbringen, weil sie nicht der Dialektik von Entscheidungs- und Begründungszwang unterliegt, die als konstitutiv für die im permanenten Handlungsfluß sich realisierende Alltagspraxis betrachtet werden kann (Oevermann 1983), sondern unter den Bedingungen der alltagspraktischen Handlungsentlastetheit sowie der ‚einseitigen' Konzentration auf die extensive Erbringung gesteigerter Begründungsleistungen für lebenspraktisches Handeln in der gesellschaftlichen Praxis gewissermaßen die Funktion einer „stellvertretenden Deutung" (Oevermann) übernimmt. Somit ist der soziologische Beobachter bemüht, die sich in den beobachtbaren Handlungsvollzügen manifestierenden objektiven Bedeutungen in einem Akt systematischer Interpretation freizulegen. Die vorrangige Differenz zwischen Alltagshandeln und sozialwissenschaftlichem Forschungshandeln ist somit eine *handlungslogische*. Innerhalb des ausdifferenzierten Systems der Sozialwissenschaft werden die aus der ‚beabsichtigten Distanz' (Berger/Kellner 1984, 29) zum alltagspraktischen Handlungsfluß gewonnenen Beobachtungs- und Rekonstruktionsergebnisse der institutionalisierten wissenschaftlichen Relevanzstruktur in der ‚Gemeinschaft von Forschern' (Peirce) vermittelt, d. h. „in Kategorien des sozialwissenschaftlichen Diskurses verwandelt" (Giddens 1984, 199).

‚Soziologie als Sichtweise' (Berger/Kellner 1984) zielt ab auf die „unterhalb der sichtbaren Gebäude der menschlichen Welt" (a. a. O., 12) und hinter intentional-bewußten Handlungsakten im alltagssprachlichen Handeln befindlichen, aber verborgenen Sinnmustern und Konstruktionsregeln der Sozialwelt, auf die innere Logik von Deutungsstrukturen und die soziale Typik menschlichen Verhaltens. Es ist — allgemein gesprochen — die allgemeine Struktur des Gegenstandes der Soziologie selbst — die soziale Wirklichkeit —, die es erfordert, zwischen manifester subjektiver Handlungsintention und latentem objektivem Handlungssinn zu differenzieren (Bude 1984; vgl. etwa auch Mead 1969). „Das ‚Manifeste' ist nur eine Seite der Medaille; das ‚Latente' ist zu erforschen" (Berger/Kellner 1984, 12).

Die Soziologie gewinnt ihr Wissen folglich aus der Explikation der sich in den alltagspraktischen Handlungsentscheidungen der Subjekte realisierenden Rechtfertigungen und Begründungen (Pieper 1979) sozialen Handelns. Da — wie schon angedeutet — die allgemeine Struktur des Gegenstandes der Soziologie es selbst ist, die darüber entscheidet, wie der Soziologe „valides Wissen" (Bude 1984) über ihn gewinnen kann, ist es dem Soziologen nicht möglich, sein Geschäft bereits als beendet zu betrachten, hat er bei der Analyse einzelner beobachtbarer Handlungen und ihrer Bedeutungen diese im „subsumtionslogischen Sinne" (Oevermann) bzw. qua nomologischer Reduktion mit theoretischem Erklärungswissen[16]) (bestenfalls) überformt oder (schlechtestenfalls) destruiert. Auch die Paraphrasierung bzw. die theoriesprachliche Verdopplung der alltagssprachlichen Ausdrücke und beobachtbarer Handlungen wird dem Objekt soziologischer Rekonstruktionsarbeit kaum gerecht.

Dem objektiven Gehalt der Alltagskonstruktionen gelangt die sozialwissenschaftliche Forschung wohl eher auf die Spur, wenn sie gleichsam oberhalb geisteswissenschaftlich-ideographischer Beschreibungen sowie unterhalb nomothetischer Erkärungen des szientistischen Paradigmas ‚Strukturexplikationen' betreibt, im Sinne einer „theoretischen Strukturbildung zum Zwecke der Dechiffrierung des Erscheinenden" (Bonß 1983, 204): „In dieser enthüllenden, aufdeckenden Qualität der Soziologie liegt ihr zutiefst subversiver Charakter" (Berger/Kellner 1984, 12).

Will man in aller Knappheit den Charakter soziologischer Erkenntnisse umreißen, so läßt sich vorläufig (und etwas idealisierend) feststellen, daß die intersubjektiv überprüfbare Explikation der im alltagspraktischen Handlungsfluß implizit bleibenden Strukturalisierung und Regularität sozialer Prozesse und Deutungen den Kern der „soziologischen Denkweise" ausmacht. Diese ist ihrerseits handlungslogisch angekoppelt an die Position des unengagierten, distanzierten und handlungsentlasteten Beobachters, dessen soziologischer Diskurs in der ‚Gemeinschaft von Forschern' als ein ‚Gespäch über die Sache' stattfindet, die er in einer Einstellung der Melancholie (Schütz) zur Kenntnis nimmt, so wie sie ist und nicht anders.

---

[16]) Schütz hat den Prozeß der Erzeugung sozialwissenschaftlicher Erkenntnisse und ihrer Verifikation im internen wissenschaftlichen Diskurs als soziale Aktion erkannt: „Akte des wissenschaftlichen Arbeitens konstituieren wie andere Wirkensakte vermöge ihrer Transzendenzen einen „Arbeitsbereich" der Lebenswelt, der „Forschung" genannt wird. Die lebensweltiche Differenz muß beidseitig gesichert werden: Einerseits ist die Intersubjektivität wissenschaftlichen Arbeitens selbstverständlich, nämlich in dem Maße, wie sie in der Sinnprovinz der Theoriebildung zu sichern ist. Sie kann andererseits nicht als selbstverständliche Kommunikation des „wissenschaftlichen Diskurses" fundiert werden. Im Gegenteil: der Diskurs gründet in den Arbeitsstrukturen des Forschungsprozesses selbst (Schütz hier zitiert nach Grathoff 1983, 144ff.; vgl. zu der hier vertretenen These von Schütz auch Knorr-Cetina 1983).

V. Alltagsweltliche Handlungsbedingungen und Strukturlogik der Lebenspraxis

Basis pragmatizistischer wie auch phänomenologischer Theoriebildung ist die Lebenspraxis (Peirce 1976) oder auch die „alltägliche Welt“ des handlungspraktischen Zusammenlebens von Individuen, sind deren Interaktionen, Interpretationen, Typisierungen, sprachliche Symbole und Deutungen, mit denen sie handlungserzeugend — evolutionstheoretisch betrachtet — ihre gesellschaftliche Wirklichkeit situationsbezogen bearbeiten, sicherstellen und auch verändern. Die Konstruktion und Rekonstruktion sozialer Wirklichkeit ist das Resultat eines mehrschichtig ablaufenden, sinngeleiteten Interaktionsprozesses stets schon vergesellschafteter und sozial handelnder Individuen.

Alle Konstruktions- und Rekonstruktionsvorgänge sind Interpretationsprozesse, in denen die Handelnden im Prozeß der alltäglichen Lebensbewältigung sich wechselseitig aufeinander beziehen. Sie sind sinngebende, freilich regelgebundene Deutungen dessen, was andere tun bzw. tun können (Erwartung von Erwartungen). In diesen Deutungen werden von den einzelnen Akteuren schon stets geteilte Bedeutungsgehalte und Wissensvorräte wie auch biographisch spezifische Bedeutungsgehalte eingebracht. Die Interaktionen vollziehen sich — so gesehen — als wechselseitige Identifikationen in den jeweils zur Verfügung stehenden alltäglichen Bedeutungshorizonten. Dabei erzeugen die vergesellschafteten Subjekte in ihrer lebenspraktischen Vielfalt und sozialen Differenzierung nicht nur eine gedankliche bzw. fiktive Welt oder aber Ideologien, sondern auch soziale Gebilde und soziale Verhältnisse wie Familie, Recht, Kirche, Staat etc., die ihrerseits als „strukturelle Größen“ nicht unabhängig vom „sinnhaften sozialen Aufbau“ des interaktiven Handelns gedacht werden können.

Man geht in sozialphänomenologischen Ansätzen davon aus, daß soziale wie normative Stukturen nicht unabhängig von den wechselseitig symbolisierten, typisierten und regelgeleiteten Handlungen der Akteure existieren — ein „subjektfrei konzipierter Strukturbegriff“ würde hier zweifellos Kritik herausfordern. Gleichwohl werden im interaktionstheoretischen Sinne Bedingungen der Möglichkeiten einer Verselbständigung und Versachlichung von Interaktionsabläufen thematisiert — etwa durch Prozesse der Institutionenbildung oder dem Aufbau von Erwartungsstrukturen —, in deren Vollzug ein direkter, unmittelbar erschließender Rekurs auf konkrete, alltagsweltliche Handlungsdeutungen der Individuen nicht mehr sinnhaft vollzogen zu werden braucht. Die interaktionstheoretische Sozialwissenschaft geht von der allgemeinen Voraussetzung aus, daß soziale Realität auf ideographische Weise durch die tatsächlich vorfindbaren, empirischen Handlungskonfigurationen konstituiert wird. Entsprechend richten interaktionistische wie sozialphänomenologische Ansätze ihr Forschungsinteresse im Zusammenhang interpretativer Rekonstruktion auf die realen, sozio-kulturellen bzw. -alltäglichen, das meint empirisch vorfindbaren und zu ermittelnden Handlungsausführungen und die jeweiligen den Handlungen zugrundeliegenden regelgeleiteten Bedeutungen und Situationsinterpretationen der Individuen, welche diese im alltäglichen Lebenszusammenhang stets und ständig produzieren und reproduzieren. Interaktionen sind — so gesehen — immer „mehr" als bloße beobachtbare Abläufe von physischen Bewegungen und beinhalten deshalb auch zeichenhafte, symbolstrukturierte wie versprachlichte Verweisungen und Intentionalitäten. Sie sind also „verwoben in der Geschichte selbst".

Der Pragmatismus bzw. Pragmatizismus setzt hingegen einen tendenziell anderen Schwerpunkt. Hier geht man davon aus, daß sich alles Theoretisieren auf lebenspraktisches Handeln bezieht und erst vom Handeln her seine Bedeutung gewinnt. Für die Alltags- wie für die Wissenschaftspraxis nimmt die Kategorie der „Brauchbarkeit" eine zentrale Stelle für die Beurteilung von Wissen, Deutung und Theorie ein. Letztere müssen ihre Relevanz für das (lebensbewältigende) Handeln erweisen („cash value of truth"). Im Pragmatizismus wird die Kategorie der objektiven Evidenz und die der absoluten Gewißheit aufgelöst in die empirische Beschreibung des Zusammenhangs von (pragmatischer) Wahrheit und Handeln jenseits der „objektiven Wahrheit". Dieser Auffassung zufolge haben wir es im Bereich des Handelns nicht per se mit objektiven Wahrheiten zu tun, sondern zuvörderst mit Handlungserfolg. Eine gesellschaftstheoretische Kritik etwa marxistischer Provenienz hätte dann Recht, wenn der Pragmatismus sich darauf beschränkte, pragmatische Wahrheit durchweg an die Stelle der „objektiven" zu setzen. Darum geht es aber nicht.

Es geht in pragmatischer bzw. pragmatizistischer Perspektive im Gegenteil um die Verteidigung der relativen Gültigkeit der pragmatischen Wahrheit für das lebenspraktische Handeln. Von hier aus weist er den wissenschaftsrationalistischen Anspruch zurück, mit Hilfe theoretischer Konzepte die Wahrheit als solche erfassen zu können. Nach pragmatischer Auffassung kommt man dieser jedoch nur näher, indem man Erfahrungen sammelt und diese Erfahrung radikal durchdenkt („radikaler Empirismus"). Das Kriterium dieses radikalen Empirismus in der Erkenntnistheorie ist wieder die lebenspraktische Relevanz von wissenschaftlichen Deutungen und Theoriebildungsprozessen. An ihr müssen sich die theoretischen Konzepte messen lassen, gleichsam als Hilfsmittel, mit denen wir die Wirklichkeit erfassen. Dies ist die Verbindung zwischen dem radikalen Empirismus in der Erkenntnistheorie und dem Pragmatismus als Wissenschaftskritik vom Standpunkt des „Common sense". Der Common sense ist die Instanz, auf die sich der Pragmatismus beruft, gegen das Selbstmißverständnis eines rationalistischen Intellektualismus.

Die Realitäten des Common sense sind solche der praktischen Handlungsaktivität, für die die Kategorie der Brauchbarkeit, die pragmatische Orientierung, entscheidend ist. Der Pragmatismus stellt zudem die Frage nach dem Sinn des Handelns nicht transzendentallogisch. Im Kontext des Pragmatismus werden alle „falschen" Dualismen und Dichotomien zwischen Mensch und Natur, Körper und Geist, Subjekt und Objekt, Tatsachen und Werten etc. (Kellner 1969) aufgehoben. An deren Stelle treten die unmittelbaren Erfahrungen und lebenspraktischen Handlungen im Hinblick auf ein Relationsgefüge zwischen natürlicher und gesellschaftlicher Umwelt (kooperativer Praxiszusammenhang). In dieser „menschlich-kollektiven Auseinandersetzung mit der Natur" liegt beispielsweise für den Pragmatisten und Sozialbehavioristen Mead der Anknüpfungspunkt einer „Sinn-Genesis" des Handelns. Der Sinn des Handelns ist auf ein instrumentelles, erfolgreiches und vor allem problemlösendes Handeln der Individuen bezogen und verweist von vornherein über einen vom „Dingumgang" abgekoppelten Bedeutungsbegriff symbolisch interaktionistisch verkürzter Machart hinaus. Für Mead findet das problemlösende Handeln der Menschen zwar auch im interaktiven, auf der Basis von Kommunikation ablaufenden Prozeß statt, die kooperative Auseinandersetzung der Individuen bleibt aber nicht — wie in der Nachfolge von Mead etwa bei dem Interaktionisten Blumer — auf den Bereich gesellschaftlicher Interpretation alleine beschränkt (vgl. etwa das sogenannte Thomas-Theorem). Diese „naturalistische Perspektive" im Meadschen Gedankengebäude hat selbstverständlich Auswirkungen auf seine bekannte Sozialpsychologie. Ich habe bereits oben in Knappheit darauf hingewiesen, daß die Reflexivität in sozialen Interaktionen im Konzept des Symbolischen Interaktionsmus eingelagert ist, d. h. soziales Handeln wird mit dem genuin intersubjektivitäts-theoretischen Konzept des Erwartens von Verhaltenserwartungen charakterisiert. Indem das Subjekt zugleich ein anderes sein kann, noch bevor es selbst ein „Selbst" ist, also indem es zugleich Subjekt und Objekt sein kann, schließt dieser Vorgang wechselseitiger Verhaltenserwartung stets Bedeutung, Sinn und Intentionalität des Handelns ein.

Diese „erste wirklich amerikanische Philosophie", wie der Pragmatismus von Anhängern wie Gegnern in gleicher Weise bezeichnet wird, wurde im letzten Drittel des 19. Jahrhunderts im Kreis um Charles S. Peirce in Cambridge entwickelt. Gerichtet gegen die „geschlossenen Systeme" der Philosophie des 19. Jahrhunderts, gegen deren Lebensferne, dogmatische Abstraktion und den für sie typischen Formalismus versuchte der Pragmatismus die Philosophie und die Sozialwissenschaften für die Probleme des praktischen Lebens zu öffnen (vgl. Bruder 1984). Diese in einer Auseinandersetzung mit Kants „praktischer Vernunft" stehende Philosophierichtung — von dem eigentlichen Gründungsvater Peirce auch „Pragmatizismus" genannt — ist die entscheidene Philosophieströmung, die etwa soziologisch im Symbolischen Interaktionismus unserer Tage wirkt und nachwirkt.

An diesem philosophischen Erbe des Pragmatismus bzw. des Pragmatizismus im Rahmen des Symbolischen Interaktionsmus haben auch seine Vertreter keinen Zweifel aufkommen lassen (so etwa Blumer 1973; Lindesmith/Strauß 1968). Ging der „Logiker des Pragmatismus" Peirce vor allen Dingen von der Kantschen Philosophie aus, so wurde der „Psychologe des Pragmatismus" James sehr stark von den britischen Empiristen (Locke, Hume) und dem „Prozeßdenken" eines Bergson beeinflußt, der davon ausging, daß die Wirklichkeit, die Erfahrung von der Wirklichkeit und das Bewußtsein als Beziehungsstrom aufzufassen sei. Der „Sozialpädagoge des Pragmatismus" Dewey hingegen setzt in der Überwindung der „metaphysischen Dualismen" — darin Hegel folgend — einen

„dynamischen Naturalismus" —, d. h. die menschliche Tätigkeit greift nicht von außen in die außermenschliche Natur ein, die außermenschliche Natur kann sich vielmehr in Form des intelligenten Eingreifens menschlicher Tätigkeiten selbst realisieren — an Stelle eines „hegelianischen objektiven Idealismus". Wenn die für James so charakteristische subjektivistische, ja psychologistische Auslegung des Pragmatismus von Peirce häufig kritisiert wurde, so scheint dieser Mangel schließlich in der eher soziologistischen Rezeption des Pragmatismus etwa durch Dewey behoben zu sein (vgl. Apel 1975, 19). Allen Versionen des Pragmatismus gemeinsam ist das Interesse an der Analyse des Common sense, seiner handlungsorientierten Kraft wie seiner wirklichkeitserschließenden Bedeutung, die hier stets reflektiert wird auf dem Hintergrund wissenschaftlichen Prozedierens.

Dieser Commonsensism hat jedoch innerhalb der pragmatischen Philosophie unterschiedliche Ausgestaltungen erfahren. Der pragmatische Commonsensism, der wissenschaftlichem Prozedieren kein anderes Ziel mehr vorgibt, als die Diagnose und Therapie der pragmatisch leerlaufenden Sprachfunktion und dabei den alltäglichen Sprachgebrauch als sakrosankten Maßstab anzusehen scheint (vgl. Apel a. a. O.), wird von Peirce zu einem „Critical Commonsensism" weiterentwickelt.

Peirce spielte zwar die „praktische Bewährtheit- oder sogar Instinktverwurzelung — des Common sense gegen leere Spekulation aus, beruft aber andererseits in der wissenschaftlichen Sprachregelung und dem wissenschaftlichen Erkenntnisfortschritt, die beide unter idealen regulativen Prinzipien (im Sinne Kants) stehen, eine Gegeninstanz zur provisorischen Geltung des Common sense wie jeder — im Moment nicht reell bezweifelbaren — wissenschaftlichen Überzeugung" (a. a. O., S. 23).

Kam mit der Einschränkung der wissenschaftlichen Begriffsgeltung auf die prinzipiell mögliche lebenspraktische Erfahrung das Spezifikum des Pragmatismus zum Ausdruck, so entwickelt sich dieser in der Kritik an den psychologisch-nominalistischen Vorstellungen eines James weiter zum sogenannten Pragmatizismus.

Das Programm des Pragmatizismus ist nicht zuletzt geprägt durch die von Peirce (1976) selbst aufgeworfene Frage:

„Wie ist es möglich, daß der Mensch unter den zahllosen, nach dem Zufallsgesetz möglichen Einfällen, verhältnismäßig rasch und sicher diejenigen als natürliche (im Sinne des Common sense...) zutage fördert, welche eine kognitive Affinität mit der Realität besitzen?"

Selbst Mead — in seiner „Zwitterhaftigkeit" als Sozialbehaviorist wie auch als Ahnherr des Symbolischen Interaktionismus — ist mit den genuinen Pragmatisten durch die Betonung einer nicht-subjektivistisch verklärten Erfahrung als Kriterium der Philosophie wie auch in der Ablehnung einer rationalistischen „apriorischen Erkenntnistheorie" verbunden. Erkenntnis findet seiner Auffassung nach nur im Verhaltensvollzug von Menschen selbst statt, kann also nicht unabhängig von Verhaltensweisen analysiert werden. Dieses Axiom verbindet ihn mit Dewey. Meads Nahtstelle zum Pragmatismus liegt u. a. darin, daß er an der „analytischen Ausgangsbasis" von James und Dewey wie auch an dem Vorgang einer „experimentellen Methode" im Hinblick auf „Validität" von wissenschaftlicher Erkenntnis in einem fundamentalen Sinn festhält, also dem Prozeß wissenschaftlicher Forschung hinsichtlich des Testens von Hypothesen im Zuge einer induktiven Logik — Peirce abduktivem Schluß ähnlich — zentrale Bedeutung beimißt. Wie Mead hatte bekanntlich Peirce die Unmöglichkeit einer Reduktion von Sinn bzw. Sinnintention und Sinnverstehen auf faktisches Verhalten konstatiert. Peirce selbst, auf den sich die amerikanischen Behavioristen und Semibehavioristen berufen, hat in seiner Kategorienlehre die Einsicht in die „reductive rallacy" aller Spielarten des Positivismus und Behaviorismus souverän vorweggenommen.

Trotz unterschiedlicher Akzentsetzung ist dem Pragmatizismus und der sozialphänomenologischen Perspektive das Ringen um eine „Lebenseinbettung der Wissenschaften" gemeinsam. Daraus folgt nicht zuletzt, daß der Prozeß der phänomenologischen Analyse bzw. des pragmatisch-hermeneutischen Verstehens nicht nur eine besondere, von Sozialwissenschaftlern benutzte „Forschungstechnik", sondern als prinzipiell unhintergehbare Voraussetzung jeder alltäglichen gesellschaftlichen Interaktion zu begreifen ist.

Weil die Sozialwissenschaften — anders als die Naturwissenschaften — mit einer vorgedeuteten bzw. vorinterpretierten Welt zu tun haben, in der die Herstellung und Reproduktion von Bedeutungsrahmen gerade die Bedingung des analysierenden Handelns des Menschen ist, drücken die in den Sozialwissenschaften entwickelten „Begriffsschemata" eine „doppelte Hermeneutik" aus, die sich demnach „sowohl auf das Begreifen der Bedeutungsrahmen, die die Produktion des gesellschaftlichen Lebens durch die handelnden Laien enthält, als auch auf deren Nachbildung in den neuen Bedeutungsrahmen der wissenschaftlichen Begriffsschemata bezieht" (Giddens 1984, 95).

Zwar ist die von Sozialwissenschaften verwendete Methode zur Explikation des (Fremd-)Verstehens, wie auch schon Alfred Schütz konstatierte, einerseits eine dem Alltagsleben durchaus nachgebildete Methode, wobei letztere eine eben nur in dem Sinne handlungspragmatisch ausgerichtete, „besondere Erfahrungsweise, in der der Alltagsverstand von der sozial-kulturellen Welt Kenntnis nimmt" (Schütz 1971c, 64), auszeichnet. Dennoch sind andererseits gerade die Handlungs- und Deutungsschemata, die in den Sozialwisenschaften zur Anwendung kommen, nicht — wie in der Lebenspraxis — handlungspragmatisch und entscheidungsorientiert ausgerichtet, um beispielsweise eine für die Alltagshandelnden sicherheitstiftende „sinnhafte Welt" aufrechtzuerhalten bzw. wiederherzustellen. Die sozialwissenschaftlichen (Re-)Konstruktionen sind systematischer Art mit dem Ziel der Erstellung von Bedeutungshorizonten und Handlungsalternativen, die unter den Bedingungen der lebenspraktischen Handlungsentlastetheit und der „einseitigen" Konzentration auf gesteigerte Begründungsleistungen für lebenspraktisches Handeln gegenüber den Alltagskonstruktionen eine perspektivische Differenz aufweisen, für die aber durchaus die sozial-institutionalisierten und formalisierten „Wissenschaftsideale" wie hoher Reflexionsgrad, Präzision der Formulierung, logische Vollständigkeit, klare lexikalische Definition — (Giddens 1984, 64) gelten.

Denn die prinzipiell unaufhebbare Differenz besteht nun eben nicht darin, daß nur Wissenschaftler über eine ‚vernünftige' Interpretation ihres und des zu untersuchenden Alltags anderer verfügen. Sie besteht eher darin, daß sich das vom pragmatischen Interesse geleitete sowie von allen möglichen Kosmologien, Weltbildern, Mythologien, Deutungsmustern, aber auch — angesichts einer zunehmenden Verwissenschaftlichung des Alltagslebens — von „quasi wissenschaftlichen Mythologien" und Ideologien überlagerte und durchwobene Alltagshandeln und -wissen über seine Grundlagen und -strukturen sowie über seine inexplizit bleibenden Verstehensleistungen und -regeln in der Regel keine Rechenschaft abzugeben braucht, während (sozial-)wissenschaftlich angeleitetes Wissen und Handeln dem „professionellen Zwang" ausgesetzt ist, Begründungs- und Geltungsstandards — zumindest im Rahmen innerwissenschaftlich institutionalisierter explikativer Diskurse — zu explizieren. Andererseits besteht hier gegenüber der im Alltag eingeschliffenen und den „Zwang" zu Situationsbewältigung fordernden Lebenspraxis die Möglichkeit, sich außerhalb einer interpretierten Handlung zu stellen, sich ex post in einer gewissen Autonomie sowie „entscheidungsfrei" vom unmittelbaren Handlungsvollzug und -druck zu entlasten, um Freiräume zum Zwecke einer distanzierten, rekonstruktiven Reflexion über „nicht-alltägliche Konzeptionen und Vorstellungen" zu erlangen (vgl. Soeffner 1984, 15). Wissenschaft ist nun selbst keineswegs der Sitz einer gegenüber der alltäglichen Lebenspraxis „umfassenderen, höheren" Rationalität (James 1986). Das heißt auch, daß Wissenschaft nicht die „umfassendere" Struktur und „höhere" Logik des Handelns gegenüber der alltäglichen Lebenspraxis repräsentiert. Im Zuge der wissenschaftlichen Respektierung der Autonomie der Lebenspraxis kann Sozialwissenschaft keineswegs der Lebenspraxis die Entscheidung darüber abnehmen, welchen Gebrauch sie etwa von den für wahr erkannten Aussagen machen will. Die soziale Wissenschaft als Handlungssystem ist genau in diesem Sinne „sinnlos". Sie stellt eben nicht ein Repertoire lebenspraktischer Hilfen zur Verfügung (Mead 1983). Angesichts des immer drohenden Ansinnens, auf seiten der Lebenspraxis von der Wissenschaft Antworten auf Entscheidungszwänge zu übernehmen, die Funktion der stellvertretenden *Deutung* zur Funktion der stellvertretenden *Entscheidung* auszuweiten, ist im Rahmen der Wissenschaft eine entsprechende Askese vonnöten — so Oevermann, das klassische Weber-Argument aufgreifend. Die alltägliche Lebenspraxis hat gegenüber der Sozialwissenschaft den moralischen Mut der manchmal schmerzhaften Entscheidung, die über das jeweils wissenschaftlich Begründbare hinausgehen kann, und dies ist die einzige Form, wie sich die alltägliche Lebenspraxis die Autonomie gegenüber einer permanent drohenden Gefahr der Bevormundung durch Wissenschaft erhalten kann. Oevermann vermutet an dieser Stelle den „technokratischen Rest" in der Argumentation von Habermas, da dieser der Wissenschaft von vornherein schon ein „Mehr" an Rationalität, gerade auch im Hinblick auf einen Prozeß der historischen Zukunftsgestaltung beimißt (Oevermann 1983, 146). „Somit ist jene Bevormundung bei ihm von vornherein im Wissenschaftsbegriff selbst enthalten" (Habermas/Oevermann, o.J.). Lebenspraxis ist aber immer umfassender als die Wissenschaft (Peirce 1967; Apel 1975, 287), schon einfach deshalb, weil Lebenspraxis stets die widersprüchliche Einheit von Begründungs- und Entscheidungszwang lebenspraktischen Handelns umfaßt (James 1896, 48 ff.). Wissenschaft selbst bildet sich erst mit Bezug auf diese Lebenspraxis unter der Bedingung der Suspendierung vom Entscheidungszwang, wodurch erst eine institutionalisierte Spezialisierung auf die Erledigung des Begründungszwangs für alltägliche Handlungen möglich wird.

Der Unterschied zwischen der lebenspraktischen Entscheidungsproblematik und der erfahrungswissenschaftlichen Begründungsproblematik besteht darin, daß lebenspraktisch in jedem Falle Entscheidungen getroffen bzw. auf Interaktionsbewegungen reagiert werden muß. Auch eine Nicht-Entscheidung ist ebenso wie Nicht-Kommunikation lebenspraktisch gesehen eine Variante des Entscheidens oder Antwortens. Diese Problematik gilt für das erfahrungswissenschaftliche Programm nicht, weil schließlich die Entlastung von Handlungsdruck hier konstitutiv ist (Soeffner 1983). Nicht-Entscheidung im Rahmen der Wissenschaft heißt im Kontext des für sie konstitutiven Begründungszwangs, in diesem Sinne eine „Nicht-Begründbarkeit" einräumen zu müssen. Nicht-Entscheidung reduziert sich hier auf Nicht-Begründbarkeit. Das ist ausschließlich der für Wissenschaft adäquate Spielraum für Entscheidungszuständigkeit. Nicht-Entscheidung reduziert sich für die Wissenschaft auf Nicht-Begründbarkeit, während Entscheidung sich auf Begründbarkeit reduziert. Dies gilt aber für lebenspraktische Handlungszusammenhänge nicht. Für die Lebenspraxis ist eben Nicht-Entscheidung aufgrund Nicht-Begründbarkeit auch eine Entscheidung, während es für die Wissenschaft keine Entscheidung ist (Oevermann 1983). Insofern können sich die Sozialwissenschaften nicht die Omnipotenz anmaßen, für die Lebenspraxis substitutiv Entscheidungszwang übernehmen zu können, weil exakt die erwähnte Suspendierung vom Entscheidungszwang mit der Perspektive der Vereinseitigung und Konzentration (auf einen „prinzipiell unendlichen Diskurs einer virtuellen scientific community") im Rahmen eines gesteigerten Begründungszusammenhangs konstitutiv für die Wissenschaft ist. Denn es geht nicht an, daß etwa der „omnipotente Wissenschaftler als spiritus rector des Modells einer um sich greifenden rationalen Argumentation beständig an die ihm anvertrauten lebenspraktischen Existenzen sich wendet und nicht müde wird, sie verwissenschaftlichend aufzuklären" (Oevermann 1983, 150). Das meint nun nicht, daß etwa Fragen des Entscheidungszwanges, wie sie für die Lebenspraxis konstitutiv sind, für die Wissenschaft als solche nicht thematisch werden könnten. Es meint nur, daß die Wissenschaft nicht stellvertretend für die (Lebens-)Praxis Entscheidungszwang ausüben kann, eben als Wissenschaft. Wissenschaft kann nicht umstandslos mit Lebenspraxis zusammenfallen, weil sie ausschließlich den Begründungszwang einhalten muß; sie konstituiert sich historisch als spezifisch ausdifferenziertes und institutionalisiertes Handlungssystem nur in dem Maße, in dem sie vom Entscheidungszwang abstrahiert und institutionell entlastet wird (Weingart 1979). Sie kann überhaupt nur qua Entlastung vom alltäglichen Entscheidungszwang prozedieren, was wiederum oftmals in der sozialwissenschaftlichen Theorie-Praxis-Diskussion vergessen wird. Aufschlußreich erscheint mir an dieser Stelle die Unterscheidung von „Science" und Lebenspraxis, wie sie Peirce (1976) getroffen hat:

„Die Wissenschaft fühlt ..., daß in ihren Theorien ein willkürliches Element steckt, aber sie setzt dennoch ihre Studien fort in dem Vertrauen, daß sie auf diese Weise mehr und mehr von den Schlacken der Subjektivität gereinigt wird; die Praxis dagegen braucht etwas, worauf sie gehen kann, für sie ist es kein Trost zu wissen, daß sie auf dem Pfad der objektiven Wahrheit sich befindet — sie braucht die aktuelle Wahrheit, oder, wenn sie keine Gewißheit erreichen kann, so braucht sie zumindest eine hohe Wahrscheinlichkeit, d.h. sie muß wissen, daß, wenn auch einige Ihrer Unternehmungen fehlschlagen mögen, doch die große Masse derselben gelingen wird. Daher kann die Hypothese, welche den Zwecken der Theoriebildung entspricht, für die Lebenstechnik(art) völlig wertlos sein. Nach einer gewissen Zeit des Fortschritts kommt (freilich) die Wissenschaft auf solideren Grund. Und sie ist nun zu der Überlegung berechtigt: dieser Grund hat lange Zeit ohne Anzeichen des Nachgebens standgehalten; es steht zu hoffen, daß er so noch längere Zeit standhalten wird. Diese Überlegung jedoch liegt ganz außerhalb des Zweckes der Wissenschaft. Sie darf ihre Prozedur nicht im mindesten modifizieren; sie ist extra-szientifisch. Für die Praxis dagegen ist diese Überlegung von vitaler Wichtigkeit, sie ändert die ganze Situation" (a.a.O., 58).

Versuchen wir nun — nach einem kurzen Interludium methodologischer Rückerinnerungen sowie im Vorgriff auf weitere methodologische Überlegungen — zunächst auf dem Pfad pragmatizistischer und sozialphänomenologischer Überlegungen fortzuschreiten. Trotz erheblicher — hier nicht zu thematisierender — Differenzen (vgl. hierzu ausführlich: Arbeitsgruppe Bielefelder Soziologen 1973; Giddens 1984) kann man vereinfachend die „Variationsbreite" der Interaktionstheorien und pragmatischen Handlungstheorien ganz generell von zwei gegenüberliegenden Eckwerten bestimmen:

a) Das handelnde Subjekt *erzeugt* das „Soziale" im kooperativ-interaktiver Weise mit anderen Individuen (wobei Prozesse der *Konstitution* den Sinn/Lebenspraxis/Alltag/sozialen Rollen etc. in den Mittelpunkt des theoretischen Interesses gerückt werden); die Erfahrungen sind im (transzendentalen oder empirischen) Ego verwurzelt (vom Individuum zur Gesellschaft).

b) „Soziales" wird immer schon als (vergesellschaftet) Gegebenes und Konstitutives vorausgesetzt (wobei die Konstitutiva und die Prozesse und Modi prozessualer Interaktionsvollzüge reflexiv verfolgt werden sollen); die Existenz einer intersubjektiv geteilten Welt wird vorausgesetzt (von der Gesellschaft zum Individuum).

Als „grundlagentheoretisches Korrelat" verwendet die interaktionstheoretische Sozialwissenschaft die unmittelbare handlungsgenerierende und handlungsleitende Idee der „Alltagswelt/Lebenspraxis" mit ihrem zumeist „typifizierten und routinisierten alltagsweltlichen Wissensbestand" („stock and knowledge") (Husserl/Schütz) oder das „Korrelat" der „perspektivischen" sozialen Handlung eines Individuums, wobei die individuelle Perspektive des Individuums zwar durch seine eigene Stellung relational zur Perspektive der anderen bzw. der auf den Begriff gebrachten (Gesamt-)Gesellschaftlichkeit des „signifikanten anderen" („generalized other") mitbestimmt ist, aber darüber hinaus noch vorgängig auf einen die kooperative Aktivität betonenden (gesamt-)gesellschaftlichen „Perspektiven-Bezugspunkt" verweist (vgl. Mead 1968).

Interaktionstheoretische Sozialwissenschaft speist sich neben Elementen aus der Verstehenden Soziologie Max Webers aus *mindestens zwei* „philosophiegeschichtlichen Haupttheorieströmungen":

1. Aus der auf Husserl zurückgehenden Phänomenologie, die ihren bedeutenden sozialwissenschaftlichen Niederschlag sowohl in der genuin „phänomenologischen Sozialtheorie", inklusive der im Kontext von A. Gurwitsch und Merleau-Ponty entwickelten „milieutheoretischen Überlegungen" findet als auch in der Neueren Wissenssoziologie, die ihrerseits „theorieverknüpfend" verfährt, indem sie anthropologische, historische, wissenssoziologische, sozialpsychologische und sprachsoziologische, rollentheoretische und gesellschaftstheoretische Versatzstücke in einem „Sozialen Aufbau der sinnhaften Wirklichkeiten" konvergieren läßt, sowie schließlich in der an „formalpragmatischen Strukturinvarianzen/Interaktionslogiken" interessierten Ethnomethodologie und

2. aus der Philosophie des amerikanischen Pragmatismus bzw. Pragmatizismus der in den Sozialwissenschaften im heutigen, auf Mead aufbauenden evolutionstheoretisch orientierten Symbolischen Interaktionismus, aber auch etwa in dem Konzept einer „objektiven Hermeneutik" (Oevermann u. a. 1979) eine zentrale Rolle spielt.

Sowohl phänomenologisch orientierte als auch pragmatische Grundlagentheorien gehen aus von der Annahme eines — prinzipiell — zur Verfügung stehenden Bestandes von tagtäglichem Wissen (Alltagswissen), auf dessen Grundlage die gesellschaftliche Wirklichkeit erfahren und mit ihr „umgegangen" wird, und konvergieren, wenn es gilt, Interaktionen in der Differenz und im Nexus von Verhalten und Handeln zu thematisieren. Jede Interaktion muß als symbolisch vermittelt angesehen werden; Interaktionen sind bedeutungsgenerierend und bedeutungsindizierend, sind Handlungen, die „soziale Produkte" durch die wechselseitig definierenden Lebensaktivitäten miteinander in Beziehung tretender Subjekte hervorbringen. Auch vom „Endpunkt" betrachtet gilt gleiches: Soziale Handlungen und Produkte sozialer Handlungen verweisen im Handlungsvollzug selbst wie in der reflexiven oder praktischen „Aneignung sozialer Gebilde" auf Vorgänge/Prozesse der Sinnstiftung bzw. sinnhaften Orientierung von Handlungen im kommunikativen und sozialen Handlungskontext sowie auf Prozesse der Intentionalität. Soziales Handeln ist von Absichten und Wirklichkeitsinterpretationen geleitet und rekurriert auf Bedeutungen, die Gegenstände, Sachverhalte, aber auch Personen für dieses Handeln besitzen.

Die Generierung, Bestätigung und Veränderung von Interaktionen im prozessualen Verlauf, von ego zu alter ego, wird in den variationsreichen Strömungen der in Rede stehenden Theorieperspektiven mit wechselnden Konstrukten und Begriffen umschrieben, doch rekurrieren alle auf ein Verständnis von Handeln, auf einen Handlungsbegriff, der sinnhaft, intentional, zweckhaft und regelgeleitet ist — ganz im Gegensatz zu einem nur behavioristisch gefaßten Verhaltensbegriff, der „verhaltenstheoretisch" ausgerichtet, die sinnhaften Elemente in Form von physiologischen, reflexhaften Reaktionsweisen substituiert, der kurzum Handeln in Verhalten auflöst.

Der Grundgedanke der pragmatischen sowie der sozialphänomenologischen Handlungstheorie läßt sich dahingehend umschreiben, daß soziale Handlungen die „Grundeinheit" der „sozialen Welt/Wirklichkeit" sind. Alles „Nicht-Handeln", also auch „menschliches Verhalten", das dem reduktionistisch verfahrenden Modell von Reiz und Reaktion im Sinn der „Verhaltenstheorie" folgt, unterscheidet sich bedeutsam von sozialem Handeln. Der erst durch „Intentionalität" im Handlungsvollzug ergriffene Sinn läßt „Verhalten" zur „Handlung" werden. Dieses Grundaxiom der Sinnstiftung in sozialen Handlungen gibt gleichzeitig auch den Modus der Erfassung an. Sowohl der Gegenstand selbst als auch die auf den Gegenstand gerichtete spezifische Erkenntnisform sind durch „Sinn" konstituiert. Die Differenz von „Handeln" und „Verhalten" sowie die „verhaltenstheoretisch" ausgerichtete Substitution von „Handeln" in „Verhalten" hat ihr „methodologisches Korrelat" in der Unterscheidung von „Verstehen" und „Erklären" bzw. das Auflösen von „Verstehen" in „Erklären". Im Sinne der hier in erster Linie interessierenden Interaktionstheorien muß in diesem Zusammenhang auf die Problematik der „kontrollierten Rekonstruktion" (wissenschaftlich-methodisch) hingewiesen werden, weil eine interaktionstheoretisch geprägte Sozialforschung dem entscheidenden Sachverhalt im „Objektbereich" Rechnung tragen muß, daß die gewählten sozialwissenschaftlichen Begrifflichkeiten schon immer in den Begriffen, Meinungen und Deutungen, die die zu Untersuchenden/Beteiligten selbst von der Sache haben, ihr „empirisches Pendant" besitzen.

Befassen wir uns also näher mit der Thematik des sinnhaften Handelns in der Alltagswelt:

Im Anschluß an die Webersche Grunddefinition des Handelns — „Handeln soll dabei ein menschliches Verhalten (einerlei ob äußeres oder innerliches Tun, Unterlassen oder Dulden) heißen, wenn und insofern als der oder die Handelnden mit ihm einen subjektiven Sinn verbinden. ‚Soziales Handeln' soll ein menschliches Handeln heißen, welches seinem ... gemeinten Sinn nach auf das Verhalten *anderer* bezogen wird und darin in seinem Ablauf orientiert ist" (M. Weber — Wirtschaft und Gesellschaft, § 1) — hat der phänomenologische Sozialwissenschaftler Alfred Schütz den beim sozialen Handeln involvierten Weberschen Sinnbegriff in kritischer Absicht in mehrere „Sinnschichten" aufgespalten (vgl. Schütz 1974, 24ff.), um seinerseits den Rekurs auf Sinnbildungsprozesse durch die Ableitung der Genesis dieser Sinnbildungsprozesse zu leisten. Weber und mit Abstrichen auch Mead haben mehr oder weniger den Sinnbegriff beim sozialen Handeln bzw. in der symbolisch strukturierten Interaktion — allerdings schon auf intersubjektiver Basis — naiv vorausgesetzt oder haben im Rahmen des „perspektivischen Handelns" im Interaktionsvollzug selbst die Konstitution von Sinn angesiedelt, während Schütz in Anlehnung an die Philosophien Bergsons und Husserls das methodologische Konzept, daß der „Handelnde mit seinem Handeln einen Sinngehalt impliziert" und das dieses Handeln gleichsam „sinnhaft am Handeln anderer orientiert" ist, einer radikalen, sozialphänomenologischen Analyse unterzieht. Die Konstruktion und Rekonstruktion sinnhaften Handelns führt nach Schütz auf die „Probleme der Konstitution des Sinnes eines Erlebnisses im inneren Zeitbewußtsein" (Husserl) bzw. der „inneren Dauer"/„duree" (Bergson) zurück (Schütz 1974, 47ff.).

Die Leitgedanken der Schützschen soziologischen Handlungstheorie, daß Handeln, Verstehen, Beobachten und Beurteilen nur im Regreß auf den einzelnen Handelnden, auf das „Ego", das Erleben des „einsamen Ich" erfaßbar werden, radikalisieren das Webersche Grundprinzip, soziales Handeln auf das Handeln beteiligter einzelner zurückzuführen, und suchen die originäre Konstitution des Sinns im „einsamen Ich" zurückzuverfolgen.

Würde die Frage nach der Genesis des Sinnbegriffs so radikal im Rahmen der Konstruktion subjektiver Sinnzusammenhänge aufzuklären gesucht, wie Schütz im ersten Teil des „Sinnhaften Aufbaus" die „Sinnanalysen des Handlungserlebens", den „Sinnzusammenhang des Motivs" bzw. die „Struktur des Sinnhaften" im „einsamen Ich" durchführt, so müßte, wenn man der Radikalität dieser in der „inneren Dauer" oder im „inneren Zeitbewußtsein" durchgeführten „phänomenologischen Reduktion" („epoche") folgt, auch die Konstitution eines alter ego oder anders ausgedrückt, „die Konstitution eines „Du" überhaupt sowie schließlich die Aufklärung über eine intersubjektive Struktur des gesamten Denkens und Erlebens in einer „transzendental-phänomenologisch reduzierten Sphäre" erhellt werden (vgl. Schütz 1974, 137f.).

Schütz selbst hält allerdings im „Sinnhaften Aufbau" noch ganz dezidiert an der Überzeugung fest, daß durch den Vollzug der „phänomenologischen Reduktion" im Husserlschen Sinne erst eine „wahrhafte Aufklärung" des Intersubjektivitätsphänomens zu erwarten ist. Das zu lösende „Problem der Intersubjektivitätsherstellung" auf „transzendental-phänomenologischer Grundlage" bleibt für Schütz auch nach dem von ihm konstatierten Scheitern des Husserlschen Anliegens, aus dem „transzendentalen Ich" ein „alter ego" sowie Intersubjektivität quasi monologisch herauszuspinnen, nach wie vor zumindest programmatischer, wenn auch kaum einzulösender Bezugs- und Anknüpfungspunkt (vgl. Schütz/Luckmann 1975, 24) seiner schon im „Sinnhaften Aufbau" durchgeführten, von vornherein lebensweltlich intersubjektivitätstheoretisch formulierten und später noch erweiterten *sozialweltlichen Strukturanalysen.* Hinsichtlich dieser sozialweltlichen Strukturanalysen bescheidet sich Schütz in seinem Vorhaben, indem er mittels einer „Ontologie der Lebenswelt" nunmehr nur genuin sozialwissenschaftliche, d.h. (fast) ohne Rekurs auf eine philosophisch-phänomenologische Fundierung, dem Intersubjektivitätsphänomen eben als „ontologische Grundkategorie" der schlichten Gegebenheiten der Lebenswelt Rechnung trägt. Intersubjektivität wird demnach — Schütz spricht davon — „naiv" vorausgesetzt. Ein alter ego als „psychophysisches Subjekt" aufgefaßt, „koexistiert" mit mir, sein „Erlebnisstrom" besitzt die „gleichen Urformen" wie der meinige, seine „Dauer", d.h. in der Zeitdimension der „lebendigen Gegenwart" findet ein Phänomen des „Zusammenalterns" statt (vgl. Schütz 1974, 143ff.; 1971a, 251ff.). Allerdings haben wir es in dieser „schlicht gegebenen" alltäglichen Lebenswelt nicht nur mit einem „einsamen empirischen Ich" zu tun; Sozialität ist eo ipso von vornherein vorhanden, weil alter egos, die wie ich „dauern" und eventuell gemeinsame „Schnittpunkte" mit mir aufweisen, welche nach Nähe und Distanz, aber auch nach Intimität und Intensität diskriminieren können, als „psychophysische Subjekte" fraglos hingenommen werden. Das bedeutet auch — und hier zeigt sich der empirische, genuin sozialwissenschaftliche intersubjektivitätstheoretische Verweisungszusammenhang sehr deutlich —, daß die Welt der Alltäglichkeit keineswegs nur meine „Privatwelt" sein kann. Schon die unmittelbare dynamische Konstellation, das „Du- und Ich-Verhältnis", also die „face-to-face" — bzw. „vis-a-vis"-Situation weist — nicht nur terminologisch — über die Privatheit von Welt hinaus. Die menschliche Alltagswelt, zuweilen spricht Schütz auch von Kulturwelt, ist von Anfang an eine „intersubjektiv geteilte Welt".

Doch bleibt eine unaufgelöste Doppeldeutigkeit zwischen transzendentaler und mundaner Begründung der Lebenswelt bestehen. Sie kommt dadurch zum Ausdruck, daß das schon von Husserl vorgezeichnete aporetische Spannungsverhältnis zwischen dem erfahrenen Leben des Alltags in einer konkreten sozialgeschichtlichen und -kulturellen alltäglichen Lebenswelt und der nur in transzendentaler Reflexion freizulegenden „Bodenfunktion" einer universellen, apriorischen Lebenswelt auch in seiner sozialwissenschaftlichen Nachfolge (z. B. bei A. Schütz, aber auch in der Ethnomethodologie) wieder durchschimmert. Dieser zweideutige Balanceakt zwischen „Historizität" und „Apriorität" (Bergmann 1981, 64), zwischen Ontologisierung und Mundanität zeigt sich noch bei einer begrifflich reflexiven Verwendung des Alltags- resp. Lebensweltheorems bezüglich einer manchmal gemachten terminologischen Unterscheidung zwischen „alltäglicher Lebenswelt" oder „Lebenwelt des Alltags" einerseits und schlicht „Lebenswelt" andererseits.

„Ontologische" Grundannahme ist, daß diese Welt des alltäglichen Lebens „Jedermann"-Wirklichkeit ist. Die Welt des Alltags ist Wirkstätte gemeinsamer Lebens- und Arbeitsvorgänge. Aber es wird nicht nur *innerhalb* dieser Welt gearbeitet und gewirkt, vielmehr wird auch auf die Welt eingewirkt — es wird an ihr gearbeitet.

„Unsere kinästhetischen, ortsverändernden oder operativen Körperbewegungen schalten sich sozusagen in diese Welt ein und verwandeln oder verhärten dabei ihre Objekte und deren gegenseitige Beziehungen." Aber zugleich werden Handlungen durch Widerstand leistende Gegenstände blockiert, gestört. Handlungen werden somit entweder durch die vorgegebene Wirklichkeit beschnitten, oder die Wirklichkeit wird durch sie modifiziert (so Schütz 1971a, 239).

Schütz spricht in diesem Zusammenhang von einem sich in der „natürlichen Welt" alltäglichen Lebens des „Jedermann" durchsetzenden „pragmatischen Motiv" (so Schütz 1971B, 360), was nichts anderes bedeutet, als daß das schlichte Gegebensein der intersubjektiv geteilten Welt auf „pragmatische Verweisungszusammenhänge" schließen läßt. Schütz attestiert nun dieser von „pragmatischen Motiven" beherrschten und von ihnen durchwobenen alltäglichen Weltwirklichkeit gar eine „vornehmliche Realität" (Vorzugsrealität), worin der Schlüssel zum Verständnis von apriorischen universellen Bedeutungs- bzw. Sinnzusammenhängen gesehen wird (vgl. kritisch hierzu Mehan/Wood 1976, 29ff.).

Egos setzender Sinnzusammenhang muß von alter ego ständig eingeholt werden können, und umgekehrt muß ego in der Lage sein, den Sinnzusammenhang von alter ego wiederum deutend und interpretierend in seinem vielfach gegliederten Sinnbezugssystem zu verorten. Auch die Schützsche „deskriptive Handlungstheorie“ folgt dem schon bei Weber und vor allem bei Mead ausgearbeiteten Konzept des „Erwartens von Erwartungen“. Die vergesellschaftete intersubjektive Wirklichkeit des Alltags erscheint den in der natürlichen Einstellung lebenden Menschen als „schlicht gegebene Selbstverständlichkeit“. Der potentielle methodische, philosophische oder wissenschaftliche Skeptizismus bzw. Zweifel im Hinblick auf den tatsächlichen Wirklichkeitscharakter der „alltäglichen Lebenswelt“ wird in Form einer „natürlichen Epoche“ ausgeschaltet.

So können wir in Anlehnung an Schütz einige charakteristische „Wesenszüge“ oder „Konstituentien“ benennen, die den Erlebnis- bzw. Erkenntnisstil in der „alltäglichen Lebenswelt“ ausmachen:

— ein hellwaches Bewußtsein, dessen Aufmerksamkeit auf das alltägliche Leben schlechthin gerichtet ist und von dort aus die Genese gleich mitliefert;
— eine besondere „Epoche“ der „natürlichen Einstellung“, in der die „alltägliche Lebenswelt“ nicht in Frage gestellt wird. Der mögliche Zweifel wird bewußt ausgeschlossen; Verhaltenssicherheit ist das Ziel des problemlösenden Handelns in der Lebenspraxis, Herstellung und Wiederherstellung von Handlungsgewißheit;
— ein „vorherrschendes“ praktisches Interesse an der Welt, um den grundlegenden Lebensanforderungsinteressen (im Marxschen Sinne Reproduktion) zu genügen. Es findet „sinnvolle Spontaneität“ bzw. „sinnhaftes Handeln“ statt, das auf einem Plan bzw. „Entwurf“ beruht „und durch die Absicht gekennzeichnet ist, den entworfenen Sachverhalt vermittels körperlicher Bewegungen in der Außenwelt herbeizuführen“;
— eine besondere Form der „Sozialität“, die von vornherein als „intersubjektiv“ aufgefaßt wird, weil die „Selbsterfahrung“ immer schon auf die mit „Bewußtsein ausgestatteten Mitmenschen“ verweist. Es besteht eine „gemeinsame intersubjektive Welt des Handelns und der Verständigung“;
— eine spezifische Form der subjekteigenen Erfahrungen, die „doppelgründig“ aufgebaut sind, sie konstitutieren sich „paradoxerweise“ einerseits aus dem soziologisch gefaßten Rollenensemble im Hinblick auf den Bezug unterschiedlicher „Rollenaspekte“ und andererseits aus dem Handeln des „freien“ Ich;
— eine „spezifische Zeitperspektive (die Standardzeit, die im Schnittpunkt der durée und der kosmischen Zeit/Weltzeit ihren Ursprung hat und als die universale Zeitstruktur der intersubjektiven Welt fungiert) (vgl. Schütz 1971a; 1981).

Die hier — an Schütz angelehnten — konstitutiven Elemente, die in der „alltäglichen Lebenswelt“ als „Erkenntnisstile“ fungieren, besitzen ihre Gültigkeit nur in dem besonderen Sinnbereich der „alltäglichen Lebenswelt“, allerdings ist dieser „geschlossene Sinnbereich“ der primäre Sinnbereich, von dem alle anderen ebenfalls „geschlossenen Sinnbereiche“ abgeleitet werden (können). Die Übergänge von einem dieser sich gegenseitig begrenzenden Sinnbereiche zu einem anderen bezeichnet Schütz (in bezug auf Kierkegaard) als sprunghafte, mit einem „Schock“-Erlebnis begleitete radikale Veränderungen in den „Bewußtseinsspannungen“ (so Schütz/Luckmann 1975, 43). Jeder einzelne „geschlossene Sinnbereich" hat je spezifisch ausgebildete Erfahrungs-, Erkenntnis- und Erlebnisdimensionen, selbst eigene Formen von „Sozialitäten" und unterschiedliche „Zeitperspektiven", die (alle während der Aufenthaltsphase in einem bestimmten „geschlossenen Sinnbereich") jeweils sinnbereichsspezifisch aktualisiert werden (müssen).

Ich habe weiter oben mit Schütz explizit hervorgehoben, daß der „Archetyp" der Erfahrung sozialer Wirklichkeit die Welt des „Wirkens im alltäglichen Leben" ist. Diese soll nun in aller Kürze in ihren verschiedenen Sinndimensionen („kognitive Stile", „Aufschichtungen", „Aufmerksamkeitsstrukturen", „Relevanzsysteme", „Wissensvorräte", etc.) charakterisiert werden, denn im Rahmen der uns hier interessierenden interaktionstheoretischen Sozialwissenschaft hat insbesondere die sich auf Schütz berufende phänomenologisch orientierte Sozialwissenschaft dem Konzept der „ausgezeichneten Wirklichkeit" des „Alltäglichen Lebens" in Form einer subtil differenzierten Deskription alltagsweltlicher Lebensbezüge und Lebensvollzüge besondere Aufmerksamkeit geschenkt. Die im sozialphänomenologischen Sinne bevorzugte Stellung einer „ausgezeichneten Wirklichkeit" („paramount reality") gilt bekannterweise nur für das „alltägliche Leben", also den Alltag selbst. Auch wissenschaftliche Theorie ist demnach kein „ausgezeichneter Bereich", sie ist gleichfalls nur eine — unter vielen möglichen — „Sinnprovinz" und freilich nur in diesem Sinne dem Alltag untergeordnet. Das meint, daß Wissenschaft stets auf eine vorwissenschaftliche, alltägliche Sphäre, die auf einem besonderen lebenspraktischen Typus der Erfahrung, des Handelns und des Wissens beruht, verwiesen bleibt.

Weil handlungsentlastete Wissenschaft und unter Handlungsdruck stehende und Entscheidungszwängen ausgesetzte Lebenspraxis (Peirce 1967) „trotz der gemeinsamen Verankerung beider im Handlungs- und Sinnbereich des Alltags nicht verschmolzen werden können, unter welchem schönen Namen und mit welch braver Gesinnung auch immer, es sei denn um den Preis, daß Wissenschaft und alltägliche Handlungs- und Lebenspraxis, jeder einzelne und die Gesellschaft als Ganzes auf ihre Möglichkeiten verzichten, zugunsten einer unreflektierten Wirklichkeit" (Soeffner 1983, 14), bedeutet dies für den Sozialwissenschaftler, daß er „seine Erfahrungen, die er als Mensch unter Menschen lebend, sammelt und in seinem täglichen Umgang immer wieder erweitert, nicht schlechthin als wissenschaftliche Erfahrung qualifizieren" darf (Schütz 1974, 314).

Obgleich Alltagshandeln und wissenschaftliches Handeln nicht unabhängig voneinander gedacht werden können und dementsprechend aufeinander verwiesen sind, hat die im sozialphänomenologischen Sinne aufgewiesene wechselseitige Anerkennung der jeweiligen Autonomie von alltäglicher Lebenspraxis und Wissenschaft dazu geführt, daß im Zusammenhang einer „doppelten Staatsbürgerschaft" insbesondere auch der „strikten Trennung" von Alltag und Wissenschaft große Aufmerksamkeit geschenkt wurde.

Ungeachtet der hier skizzierten Überlegungen zur Spannung und Differenz von Wissenschaft und Alltag kann in pragmatischer sowie sozialphänomenologischer Perspektive die Struktur und der Rahmen des auf einen spezifischen Typus des Handelns, der Erfahrung und des Wissens beruhenden Alltags im Anschluß an Peirce und Schütz mit Grathoff folgendermaßen gekennzeichnet werden: Der Erfahrungs- und Sinnbereich des Alltags wird beschrieben als die „konkrete und lebendige, umfangreiche Fülle der Erlebniserfahrungen von Handelnden (...), die aneinander sich orientierend, auf abwesend andere sich beziehend und auf Zukünftiges zugehend, im historischen und biographischen Bestand einer stets vorgegebenen Gesellschaft ihre Orientierung suchen und ihre Situation definieren. Der Handelnde muß in der so stets vorgegebenen Alltagswelt seine eigene Welt ausmachen. Das verlangt nach Sinnkonstruktion, nach ‚sinnhaftem Aufbau'. ‚Der Erfahrungsrahmen des Alltags' ist dieses stets vorgegebene soziale Konstrukt einer bereits vielfältig vorkonstruierten Welt in ihrer stets konkreten Geschichte. ‚Alltägliches Leben' (everyday life): Das in stetem Verzug des miteinander Handelns und Erlebens aus den Vorgaben des Alltags mögliche, konstruktive Hervorbringen einer neuen Welt — samt der aus solcher Erfahrung folgenden Einsicht in ihre mögliche Anomisierung und Destruktion" (Grathoff 1978, 68).

Zusammengefaßt lassen sich folgende Charakteristika, die jeder „hellwache" Mensch in der „natürlichen Einstellung", in der alltäglichen Lebenspraxis als selbstverständlich, als unbefragt, sozusagen als inexplizites „tacit knowlegde" — bis zum Auftreten von massiven Interaktionsverlaufsstörungen, „Normalitätszusammenbrüchen" oder subjektiven Krisensituationen und sozialen Problemlagen — hinnimmt, nennen:

- Das Vorhandensein anderer mit physischen Körpern ausgestatteten Individuen in bestimmten subkulturell geteilten symbolischen Sinnwelten und Handlungspraxen;
- die physischen Körper sind nicht nur Organismen, sondern besitzen im gleichursprünglichen Sinne ein Bewußtsein, sie sind somit intentional handlungsfähig;
- sinnhaftes Handeln ist mehr als eine „offenkundige" Verhaltenserscheinung in „Raum und Zeit der äußeren Welt", es ist von vornherein kritisch gegenüber jedweden Versuchen gewendet, die erkenntnisreduktionistisch verfahren und dabei die Dimension „Sinn beim Handeln" als erklärungsunträchtig streichen, also Handeln auf im physikalischen Sinne Verhalten reduzieren möchten (z. B. Behaviorismus, verhaltenstheoretische Sozialwissenschaft);
- der Bedeutungsgehalt der Außenweltobjekte (Natur- und Sozialwelt) ist für die Individuen prinzipiell (intersubjektiv) gleichbedeutend;
- die Subjekte können wechselseitig in Beziehungen und Wirkungen eintreten, die jeweiligen Perspektiven und Haltungen der anderen Interaktionspartner einnehmen, also grundsätzlich den virtuellen Standort des jeweiligen anderen einnehmen und sich dabei selbst „spiegeln", die Möglichkeit des „Erwartens von Erwartungshandlungen" ist gegeben;
- die Generalthesis vom „Fremdverstehen" folgt aus den vorangegangenen alltagsweltlich unbefragten selbstverständlichen und nicht in Zweifel gezogenen Annahmen. „Verständigung" wird/ist auf der Basis der Grundidealisierung der „Reziprozität der Perspektiven" bzw. der „Idealisierung der Reziprozität der Motive" möglich;

- in der Alltagswelt sieht sich das Individuum als das Zentrum der sozialen Welten, die es um sich in verschiedenen Schichten unterschiedlicher Reichweite, größerer oder geringerer Anonymität und Intimität, gruppiert;
- die Alltagswelt ist allen Individuen in Form von unterschiedlich gegliederten Strukturen (z. B. Verwandtschaftsstrukturen, Altersgruppen, Geschlechter, Arbeitsteilung, Macht- und Herrschaftsverhältnisse, Führer und Geführte, etc.) in historischer Hinsicht als Handlungsbezugsrahmen „vorgesehen", in ähnlicher Weise wie die „Naturwelt" auch;
- die einzelnen Subjekte haben die Situationen, in denen sie sich befinden und wirken, nur zu einem ganz geringen Teil selbst „geschaffen";
- das Alltagshandeln ist prinzipiell bestrebt, Normalität herzustellen bzw. wiederherzustellen, etwas als bekannt zu klassifizieren, also vor allem Unbekanntes in bekannte Deutungsschemata zu transformieren, dabei wird Normalität zugleich als „fundamentale" intersubjektive Erfahrungs-, Wissens- und auch Organisationsform des alltagsweltlichen Milieus charakterisiert;
- das Alltagshandeln vertraut auf eine „gemeinsame Welt" latenter Übereinstimmungen; es ist sowohl ökonomisch, d. h. es sichert Schnelligkeit und soziale Akzeptanz alltäglicher Reaktionen, als auch begründungsentlastend; es liefert — gerade weil es nicht Gegenstand reflektierter Überprüfung wird — Problemlösungsroutinen und zielt auf die Minimierung des Neuen, Ungewöhnlichen, Zweifels etc. ab (vgl. zusammenfassend: Schütz/Luckmann 1975; Grathoff 1978; Peirce 1967, 1970; Apel 1975; Soeffner 1983; Eikelpasch/Lehmann 1983; Hörster 1984).

In der intersubjektiv geteilten, selbstverständlichen und zweifelsfrei gegebenen alltäglichen Lebenspraxis/Alltagswelt richtet sich egos sinnhaftes Handeln zunächst auf seine direkte soziale „Umwelt", zu deren „Mitakteuren" ego jederzeit Zugang hat oder zumindest der Möglichkeit nach Zugang haben kann. Darüber hinaus können sinnhafte Handlungsvollzüge auch mit — jetzt allerdings für ego anonymer werdenden und daher nur noch in handlungsverfestigenden aspektuell typifizierten „Mustern" zu erfassenden bzw. zu erfahrenden — „mitweltlichen Nebenmenschen", die für ego in keiner „umweltlichen Beziehung" stehen, durchgeführt werden.

Selbst hinsichtlich egos noch weiter anonymisierterer „Vor- und Nachwelt" sind sinnhafte Handlungsvollzüge oder -bezüge denkbar (vgl. hierzu: Schütz 1974; Berger/Luckmann 1969).

Bezugs- und Ausgangspunkt der „Abteilung" intersubjektiver Sinngenesen bleibt aber für Schütz schließlich doch die mikro-sozial ausgerichtete dyadische Beziehung. In der „vis-a-vis"- oder „face-to-face"-Beziehung der „alltäglichen Lebenswelt" ist gleichsam die Basis der idealisierten Regelstrukturkonzeptionen wie die strukturell sozialisierten Alltagswissensbestände der „Reziprozität der Perspektiven", der „genetischen Sozialisierung des Wissens" sowie der „sozialen Distribution des Wissens" schon angelegt; das in diesen „sozialisierten Strukturen" eingelagerte sinnhafte Handeln muß allerdings „in terms" von Handlungen rekonstruierbar bleiben und prinzipiell auf die „Struktur" einer Zweierbeziehung, von wo es seinen Ausgangspunkt nahm, zurückzuführen sein.

Zusammenfassend läßt sich feststellen, daß eine pragmatizistisch verfahrende und phänomenologisch inspirierte Sozialwissenschaft

- erlaubt einen Bogen zu spannen, zwischen einer Perspektive, die an den empirischen Erfahrungen des egologischen Subjekts orientiert ist, und einem diametral andersartigen Standpunkt, der die Intersubjektivität des Alltags und die „Logik des Alltäglichen" (Peirce) voraussetzt, die die Vorbedingung für das Selbst-Verstehen eines einzelnen Subjekts ist;
- erkennt an, daß wir im Rahmen unserer Analysen, Deutungen und Rekonstruktionen mit einer vorinterpretierten Welt zu rechnen haben, daß etwa eine Beschreibung „frei von Deutung" im Lichte von „Vorwissen" nicht möglich ist, also daß man den — für die Geisteswissenschaften typischen — „hermeneutischen Zirkel" nicht umgehen oder auflösen kann;
- erkennt zudem an, daß Sozialwissenschaftler und Laien notwendig aus den gleichen Quellen schöpfen, um das Handeln zu begreifen, das sie zu analysieren und erklären versuchen; wenngleich die weiter oben beschriebene Differenz zwischen den Erkenntnishaltungen, Erkenntnisstilen, Standpunkten, Relevanzen und Perspektiven usw. der distanzierten, vom aktuellen situativen Handlungsdruck entlasteten und nur auf „stellvertretende Problemdeutung" zielenden rekonstruktiven Analysen der Wissenschaft und der — unter Entscheidungs- und Begründungszwang stehenden und Problemlösungsroutinen bereitstellenden — Lebenspraxis beträchtlich ist;
- ermöglicht eine differenzierte Analyse alltagsweltlich-mikrosozialer Handlungs- und Interaktionsabläufe wie deren Bedingungen, die „immer schon" von den Individuen vorausgesetzt werden (müssen);
- enthält wesentliche Beiträge zur Klärung des Problems der gesellschaftlichen Intersubjektivitätsherstellung, i. e. der Frage, wie Individuen Intersubjektivität und Sinn „produzieren", erhalten und verfestigen oder institutionalisieren;
- gelangt somit zu einer exemplarisch — emphatischen Berücksichtigung des Subjekts und der Subjektleistungen innerhalb des „objektive Faktizität" beanspruchenden (übergreifenden) Gesellschaftsprozesses;
- ermöglicht ferner die detaillierte — wenngleich formale — Analyse normativ-struktureller Handlungsverfestigungen.

Als charakteristische *Schwächen* und „Erklärungsgrenzen" kann man trotz „Nichthintergehbarkeit" der obigen Positiva benennen, daß pragmatische und sozialphänomenologische Handlungsanalysen

- ein unzureichendes Verständnis „instrumentellen Handelns": d. h. der Dimension gegenständlicher Aneignung von Natur als (primäres) Mittel menschlicher Bedürfnisbefriedigung (Arbeit) zeitigen (mit Ausnahme von Mead);
- Handeln nur als sinnhaft begreifen; es fehlt die „Beschäftigung von Handelnden mit der praktischen Verwirklichung von Interessen, eingeschlossen der materiellen Umformung der Natur durch menschliche Tätigkeit" (Giddens 1984, 64). Diese Kritik trifft weniger die Pragmatisten inclusive Mead, als um so eher die Sozialphänomenologie (vgl. hierzu: Grathoffs Versuche, Schütz'

Überlegungen zu alltagsweltlichem Handeln, Wirken und Arbeit zu systematisieren: a. a. O., 1983);

- ein entsprechendes Defizit hinsichtlich der theoretischen Zufriffsmöglichkeit auf den zentralen Stellenwert von Interessensunterschieden und Machtstrukturen (Machtungleichheiten) im gesellschaftlichen Leben (denn die „Produktion" einer „geordneten" und „erklärbaren Sozialwelt" kann nicht ausschließlich als ein Zusammenspiel von „Gleichen" aufgefaßt werden), aber auch ganz generell auf „materielle gesellschaftliche Verhältnisse" und sozio-ökonomische Strukturen (verstanden als nicht-normatives Substrat) aufweisen;
- eine lediglich formelle und ahistorische Erfassung solcher gesellschaftlicher Phänomene wie „Verdinglichung" und „Verfestigung von Handlungen/Handlungsstrukturen" bzw. spezifischer Institutionalisierungen (z. B. Markt/ Staat) ermöglichen, die diese im Sinn eines historisch invarianten kulturellen Phänomens erscheinen lassen;
- nur wenig zu Phänomenen des sozialen Wandels, zum Institutionenwandel und zur Geschichte (Vorwurf der Ahistorizität) anzubieten haben;
- einen Strukturbegriff aufweisen, der zwar — weil aus Strukturen der Intersubjektivität hergeleitet — als offen und handlungsleitend bzw. handlungsbeschneidend angesehen wird, aber auf (gesamt-)gesellschaftlicher Ebene historisch und inhaltlich unabgeleitet bleibt, da er ausschließlich normativ gefaßt ist;
- zusammenfassend eine mangelhafte Rückbindug von Interaktionen und Interaktionssystemen an ihre sozialstrukturellen Bedingungen (Auseinandersetzungen unterschiedlicher Interessen, ungleiche Machtressourcen etc.) aufweisen, womit die Genese interaktioneller Relationen und symbolischer Bedeutungsinhalte historisch bestimmter Art ausgeblendet bleibt.

Nach der nunmehr vorgenommenen pragmatizistischen und sozialphänomenologischen Grundlegungen des Theorems der alltäglichen Lebenspraxis sowie der Erörterung des Verhältnisses von Lebenspraxis und Formen wissenschaftlichen Forschens, Prozedierens sowie Theoriebildens, stellt sich die Frage, was sozialwissenschaftliche Beratungspraxis daraus lernen kann. Die Einbindung der vorgestellten theoretischen und methodologischen Überlegungen kann grundsätzlich die Basis für eine Kritik der herrschenden Wissenschaftspraxis und Wissenschaftstheorie der Soziologie abgeben, richtet sich somit gegen alle Spielarten von „Sozialtechnik". Die sozialphänomenologischen und pragmatizistischen Hinweise auf der Ebene der Theoriebildung und der Methodologie können zudem als Plädoyer für eine von der „Logik des Alltäglichen" (Peirce) korrigierte Wissenschaftlichkeit verstanden werden, wo, ausgehend von den konkreten lebenspraktischen Handlungsproblemen der Zielgruppen und Adressaten die notwendigen Kompetenzen aufgesucht werden und nicht umgekehrt aus schon etablierter soziologischer Perspektive die sozialen Probleme in der Beratung definiert werden.

Zudem sollte deutlich geworden sein, daß die Kritik herrschender Wissenschaftspraxis nicht in eins gesetzt werden kann mit der Ablehnung einer wissenschaftlichen Reflexionsweise generell; eher das Gegenteil sollte deutlich geworden sein: die wissenschaftstheoretischen Implikationen pragmatizistischen sowie sozial-phänomenologischen Denkens zielen prinzipiell auf das Problem einer Kritik gesellschaftlicher Wirklichkeit — verankert in den jeweiligen Handlungspraxen — somit folglich auch auf Formen und Inhalte von Wissenschaftspraxis (vgl. hierzu das dargestellte Konzept des „Critical Commonsensism" von Peirce). Denn: „Die Aufgabe, die wissenschaftlich vergegenständlichten, d.h. in der Art von Dingen verfügbar gemachten Beziehungen (der Lebenspraxis — d.V.) in das Netz der gelebten Bezüge zurückzuübersetzen, fällt aber in erster Instanz der Wissenschaft selber zu" (Habermas 1971, 221).

Man kann den Eindruck gewinnen, daß das pragmatizistisch und sozialphänomenologisch fundierte Theorem der Lebenspraxis geeignet scheint, den Weg zu bahnen für eine als selbstreferentielle Alltagshermeneutik konzipierte soziologische Beratungspraxis, welche die erwähnten Defizite einer dem Positivismus verpflichteten empiristischen Datensammlung sowie eines verhaltenssteuerenden „social engineering" ebenso vermeiden kann wie die Mängel geisteswissenschaftlich-hermeneutisch orientierter subjektivistischer Handlungsmaxime und idealistischer überhöhter Helfer-Konzepte. Damit wäre die zentrale Bedingung der Möglichkeit einer Soziologie thematisiert, die ihrer Aufgabe, ihren Klienten wie auch ihrem weiteren Publikum ein vernünftigeres Selbst- und Weltverständnis zu ermöglichen und folglich die Voraussetzungen für eine selbstreferentielle Praxis herzustellen, annäherend gerecht würde und in der Folge die unmittelbar praktische Relevanz des „Theorie-Treibens" angemessen zur Geltung bringen könnte.

Da der mit Alltagspraktikern — als Klienten — arbeitende soziologische Berater einen Handlungstyp repräsentiert, der weder ausschließlich Merkmale lebenspraktischen Handelns aufweist und soziologische Praxis als Handlungszusammenhang zugleich auf das Typische im Besonderen abheben muß (universelle Regelanwendung) wie auf den konkreten Einzelfall etwa (Kasuistik von Beratungssituationen) scheint im Kontext professionalisierungstheoretischer Analyse die Problematik beratungspraktischer Soziologie weiter entfaltbar. Denn, wie versucht wurde zu zeigen, ist die Dialektik von Begründungs- und Entscheidungszwang für lebenspraktisches Handeln die fundamentale Differenz zum reinen wissenschaftlichen Handeln. Für wissenschaftliches Handeln gilt genau diese widersprüchliche Gleichzeitigkeit von Begründungs- und Entscheidungszwang nicht, wohl aber für die Ausformung der *professionalisierten Handlungslogik.* Deshalb ist — freilich idealtypisch gedacht — die professionalisierte Tätigkeit als der strukturelle Ort der Vermittlung von Theorie und Praxis zu betrachten.

VI. Methodologische Zwischenbilanz

Im Zusammenhang einer alltagsbezogenen soziologischen Perspektive optiert das dem ‚interpretativen Paradigma' zuzurechnende zentrale methodologische Prinzip: „to go into the actors world" für eine verstehende, rekonstruktive Methode, um auch wirklich den Zugang zum gesellschaftlichen Wirklichkeitsverständnis der handelnden und interagierenden Subjekte zu gewährleisten. Die Erforschung von Handlungen hat aus der Perspektive der alltäglichen, soziokulturellen Lebenswelt der zu Untersuchenden zu geschehen, namentlich wie sie ihr Leben einrichten, wahrnehmen, interpretieren, beurteilen etc. Eine solche, in der ersten Phase der Datenerhebung mit ‚Lebensempathie' ausgestattete Forschungs- und Interventionsperspektive richtet zunächst ihr Interesse auf die tatsächlichen Handlungsvollzüge und die jeweiligen zugrundeliegenden Situationsinterpretationen und Bedeutungsgehalte der Menschen im alltäglichen Lebenszusammenhang von Individualität und Sozialität.

Sozialwissenschaftliche Daten sind keineswegs „quasi objektive Meßwerte", als „brute facts" aufzufassen, die im Idealfall unabhängig von den am Forschungsprozeß beteiligten Personen gewonnen werden können, sondern ihre Entstehung (Erhebung) und Analyse stellen stets einen kommunikativen bzw. „interaktiven Prozeß zwischen Forscher (im weitesten Sinne) und erforschter Umwelt" dar. Weil wir es im Kontext von Sozialforschung mit sozialen Interaktionen zu tun haben, sollten „Wirkungen, die von den Forschenden auf die Erforschten ausgehen", nicht als Verzerrungen oder „Störgrößen" betrachtet werden, die etwa durch eine Verfeinerung bzw. ‚Perfektionierung' des methodischen Instruments soweit wie möglich zu eliminieren sind, sondern statt dessen gilt es, beispielsweise sogenannte ‚Verzerrefekte' (im Interview) als prinzipiell nicht heilbare konstitutive Bestandteile des Sozialforschungsprozesses anzuerkennen (Kohli 1978, 1; Küchler 1983, 10).

Gerade weil in der Anerkennung der „Strukturgleichheit zwischen wissenschaftlichen und alltagsweltlich-nichtwissenschaftlichen Prozessen des Fremdverstehens" keine Belastung für eine derartige sozialwissenschaftliche Methodologie gesehen wird, „sondern im Gegenteil eine Chance zu ihrer Objektivierung", kann eine von positivistisch orientierten Methodologen geforderte Beschränkung auf die naturwissenschaftlich/restringierte „etische" (in der Terminologie Pikes 1971, 37ff.) Dimension gar nicht durchgehalten werden. Die „Erfahrungsdaten von der sozialen Sphäre generieren allein Sinn im Rahmen derjenigen interpretativen (Deutungs-)Schemata, mit denen die Gesellschaftsmitglieder den Fakten der gesellschaftlichen Wirklichkeit gegenübertreten". Die Erfahrungsdaten der sozialen Sphäre sind als Träger von Bedeutungen im Sinne Pikes „emisch" strukturiert. Wenn also der sozialwissenschaftlich Handelnde von dieser prinzipiell nicht hintergehbaren Voraussetzung Abstand nehmen will, und sich dem naturwissenschaftlich restringierten Erfahrungsbegriff verpflichtet fühlt und allein objektive Daten erheben will, setzt er unkontrolliert sein eigenes interpretatives Schema voraus, um auf der Grundlage vorverstandener sozialer Bedeutsamkeit bestimmte „objektive" Variablen als analyserelevant auswählen zu können.

Außerdem setzt der Sozialwissenschaftler (unhinterfragt) faktisch voraus ..., daß sein interpretatives Schema mit demjenigen der von ihm untersuchten Gesellschaftsmitglieder in den für die Forschungsfrage entscheidenden Punkten identisch bzw. äquivalent ist. Eine ihrem Anspruch nach naturwissenschaftlich vorgehende Methodologie ist mithin in ihren Grundlagen weniger kontrolliert und reflektiert als eine Methodologie, welche die unabdingbare Notwendigkeit des Fremdverstehens in ihre Grundüberlegungen einbezieht (Schütze et al. 1973, 442). Wenn es stimmt, daß Menschen auf der Grundlage von Bedeutungen handeln, dann heißt das, daß es für den Sozialwissenschaftler, will er das Handeln und Leben von Menschen verstehen, unumgänglich ist, ihre Symbole, Objekte und Gegenstände so zu erfahren und zu sehen, wie sie sie selbst tagtäglich erleben und erfahren. Denn man kann wohl nicht davon ausgehen, daß Wissenschaftler, die mit sozialwissenschaftlichen Theorien vertraut sind, schon allein aufgrund dessen über die reale Welt, die sie untersuchen wollen, besser Bescheid wissen als Menschen, die untersucht werden sollen und denen diese sozialwissenschaftlichen Theorien fremd sind (vgl. u. v. Filstead 1979, 29 ff.; Hopf/Weingarten 1979; Wahl/Honig/Gravenhorst 1982). Es ist wahrscheinlich eher umgekehrt. Die zu Erforschenden sind im Bereich ihres Alltags in der Regel wissender als die Forscher. Das bedeutet aber nun nicht, daß der Forscher etwa den Anspruch auf wissenschaftliche (systematisierte, generalisierte) Erklärung preisgeben muß (Küchler 1983, 11).

Das praktische Problem des Sozialforschers besteht eher darin, wenn er die Andersartigkeit oder Fremdheit begreifen möchte, daß er diese auch zuläßt und aushält, ohne immer schon in ihr das Eigene und reduzierte Bekannte zu erkennen. Der Forscher muß sich auf diese Fremdheit einlassen, d. h. er muß auch die Störungen, Widersprüche, Brüche, Ängste und Paradoxien „aus erster Hand" erleben. Diese Fremdheitsbewältigung ist ein unhintergehbares methodisches Vehikel; sie kann aber auch in der Hinsicht mißlingen, daß Forscher im Extremfall sogar bereit sein müssen, ihre eigene Forschungsidentität in Frage stellen zu lassen (Wahl/Honig/Gravenhorst 1982, 98 ff.).

Der mangelnde empirische Bezug zur ‚realen sozialen Welt' wurde in der Sozialforschung bisher dadurch kompensiert, daß die empirische soziale Welt solange zurechtgebogen, umgeformt und verdreht wurde, bis sie dem Modell entsprach, das zu ihrer Forschung verwendet wurde. Viele Sozialforscher schienen sich so weit von den Alltagserfahrungen in der zu untersuchenden sozialen Wirklichkeit entfernt zu haben, daß sich für sie eine komplexe, detailreiche soziale Welt in ihren Meßverfahren, Abstraktionen, Formalisierungen und Quantifizierungen verflüchtigte.

So entstand eine technologisch-instrumentelle, abstrakte, komplizierte, nicht anschauliche, somit ‚künstlich geschaffene Wirklichkeit', die mit der identitätsstiftenden und handlungsbestimmenden sozialen Lebenswelt der Menschen kaum noch etwas zu tun hatte.

Durch den Rückgang auf die alltagsweltliche Basis der Soziologie soll nunmehr im Kontext der verschiedenen Versionen einer hermeneutischen bzw. qualitativ-interpretativen Sozialforschung (vgl. Kade 1983; Soeffner 1984) der beklagte Verlust „aller Lebensbedeutsamkeit der Wissenschaften" ein Stück weit kompensiert und aufgehoben werden. Alltagsorientierte qualitative Sozialforschung gestattet es dem Forscher eher, Abschied zu nehmen von — durch konventionelle empirische Sozialforschung begünstigten — Verfremdungs- und Entmenschlichungseffekten. Die als konstitutive Bestandteile einer alltagsorientierten oder interaktionstheoretisch qualitativen Sozialforschung geltenden Prinzipien der ‚Offenheit' zum Zwecke der Erzeugung gegenstandsnah formulierter Hypothesen (Glaser/Strauss 1974) sowie der „Verzicht auf Hypothesenbildung ex ante" (Hoffmann-Riem 1980, 345ff.) zum Zwecke einer eigenständigen Explorationsphase, die nicht instrumentell im Rahmen von Hypothesentests verkommt, lassen es zu, daß Daten nicht als objektivierbare Meßwerte aufgefaßt werden, die zumindest im Idealfall von allen sozialen Bezügen gereinigt sowie von allen Eigenschaften und Merkmalen interpersoneller Prozesse gesäubert sind. Ein alltagsweltlich orientierter Forscher hat demgegenüber die Möglichkeit, hautnah an die Daten heranzugehen „und dabei die analytischen, begrifflichen und kategorialen Bestandteile der Interpretation aus den Daten selbst zu entwickeln — und nicht aus den vorgeplanten, straff gegliederten und hoch quantifizierten Techniken, die die empirische soziale Welt in die Schubladen der operationalen Definitionen zwängt, die der Forscher zusammengebaut hat" (Filstead 1979, 34).

Dies bedeutet nun allerdings nicht, daß hiermit einer „Tabula-rasa-Konzeption" (Küchler 1983, 12) Tor und Tür geöffnet wird; es geht vielmehr um eine die Offenheit der Situation bzw. des Kontextes (Küchler 1981, 344ff.) kennzeichnende Bereitschaft, „sich von den Daten belehren" zu lassen, um auch immer wieder die eigenen Vor-Meinungen, Orientierungshypothesen und Deutungen über den zu untersuchenden ‚Gegenstand' in Frage stellen zu können.

Dieser methodologische Ansatz steht tendenziell im Gegensatz zu einem sogenannten „objektiven Ansatz", der heute noch dominiert und der innenperspektivischen ‚als-ob'-Betrachtungen allenfalls den Status eines vorwissenschaftlichen Wissens zur Generierung der Hypothesenbildung zuweist und nur der außenstehenden, distanzierten Beobachtung die begründungsextensive Kraft zutraut, soziale Prozesse genuin wissenschaftlich zu erforschen.

Die „Innenperspektive" der alltagstheoretisch verfahrenden Forschungsmethodologie soll also sicherstellen, daß Forschungsgegenstände bzw. Forschungsobjekte nicht schon am Ausgangspunkt der Datenerhebung zu „verzerrten, objektiven Datenträgern" herabgewürdigt werden, wie es vorschnell „verobjektivierende Versuche" nahelegen, indem sie die subjektiven Verzerrungen seitens der Forscher im Forschungsfeld als „Störfaktoren" zu beseitigen trachten, ohne zu bedenken, daß Verzerreffekte prinzipiell konstitutiver Bestandteil des Forschungsprozesses sind, weil eben Forschungsprozesse in und über alltagsweltliche Kontexte vorgängig nur interpretativ verfahren können, da sonst Lebensdimensionen im Alltag verfehlt würden und somit nur unvollkommen erforscht werden könnten. Der alltagstheoretisch verfahrende Sozialwissenschaftler geht von der noch zu erläuternden Voraussetzung aus, daß Gesellschaftsmitglieder in ihren alltäglichen Interaktionssituationen als prinzipiell orientierungs-, deutungs- und theoriemächtige Subjekte zu behandeln sind.

Wissenschaftliche Forschungsprozesse müssen also Anschluß finden an die je spezifisch subjekteigenen Charakterisierungen der menschlichen Handlungsintentionalitäten im Alltagsleben, wie gebrochen und reifiziert diese im einzelnen auch sein mögen. Problematisch wäre es dagegen, subjekteigene Handlungsintentionalitäten nur als vorangestellte, statistisch zu quantifizierende, abgeleitete Variablenkonstellationen zu berücksichtigen, vielmehr sind gerade die „normalen alltagsweltlichen Verkehrsformen" als Ansatzpunkt qualitativer Datengewinnung für eine sozialwissenschaftliche Betrachtungsweise vonnöten.

Gemeinsam ist allen Forschungsrichtungen der alltagstheoretisch verfahrenden Sozialwissenschaft, daß sie gegenüber „klassischen Fassungen" der verstehenden Methode, die zu sehr auf intuitive oder introspektive methodische Verfahrensweisen rekurrieren, einen mehr „objektivistischen Verstehensbegriff" verwenden, der die Beliebigkeit intuitiver Rekonstruktionen weitgehend ausschaltet (vgl. hierzu u. a. Oevermann 1984; Soeffner 1982). Hermeneutisches Fremdverstehen im wissenschaftlich „strukturelleren Sinne" hat daher zur Erhärtung des — freilich gegenüber traditionellen positivistischen Verfahren veränderten — „Objektivitätskriteriums" in Hinsicht auf ein „methodologisch kontrolliertes Fremdverstehen" systematisch die alltagsweltlichen Regelstrukturen zu untersuchen, die Individuen schon ständig in alltagsweltlichen Interaktionskontexten sich gegenseitg unterstellen müssen, um überhaupt in Beziehung zueinander treten zu können. Die forschungsmethodologischen Bemühungen konzentrieren sich demnach vor allem auf die „Ermittlung der kommunikativen Basisregeln, d. h. der gegenseitigen Unterstellungen („Idealisierungen") der Interaktionspartner, die die Voraussetzung dafür bilden, daß eine Kommunikation überhaupt zustande kommen kann, und der Methode, mit denen sie sich der Bedeutung ihrer wechselseitigen Handlungen versichern" (Kohli 1978, 2).

Speziell die ethnomethodologische Variante der alltagsorientierten Sozialwissenschaft hat die Bedeutung dieses Rekonstruktionscharakters der „interaktionslogischen Basisregeln" als wechselseitig unterstellte „flexible Reziprozität" ins Zentrum ihrer Überlegungen gestellt. Während aber die „interaktionslogischen Basisregeln" eher historisch unspezifische, universale Gültigkeit besitzen, gibt es darüber hinaus ein ‚zweites Regelsystem', das sozio-kulturell und institutionenspezifisch variabel ist. Ein solches, ebenfalls jedweder Kommunikation unterliegendes sozio-historisch variables Regelsystem wird bspw. von Cicourel (1970) das System der „normativen Regeln der Kommunikation" genannt.

Allerdings sind die aufgeführten zentralen methodologischen Prämissen des „kontrollierten Fremdverstehens" nicht so bahnbrechend neu, wie es in der heutigen Diskussion um „alternative Forschungsmethodologien und Methoden" zuweilen den Anschein hat. In vielen kulturanthropologischen oder ethnologischen Untersuchungen hat sich gezeigt, daß die Aufgabe des sozialwissenschaftlich orientierten ethnotheoretischen Forschers zunächst darin besteht, herauszufinden, wie die Angehörigen einer spezifischen Kultur ihr Handeln steuern, orientieren, wahrnehmen, definieren etc. (Levi-Strauss 1975). Das Verständnis der Regelmäßigkeit, Ordnung und Wiederholbarkeit des Verhaltens einer Gruppe oder Gesellschaft ist auch hier, ähnlich wie in ethonomethodologischen Forschungsprogrammen, erklärungsbedürftiges Prinzip der Forschung. Der sozialwissenschaftlich ethnotheoretische Forscher hat auch am Ausgangspunkt seiner Analysen die diversen Wirklichkeitskonzeptionen der interagierenden „kulturspezifischen Subjekte" zu rekonstruieren, den Sinn- und Bedeutungszuschreibungen der häufig über „sprachlich formulierte kulturelle Orientierungsschemata" sich wechselseitig beeinflussenden Handlungslinien und den in alltagsweltlich kulturspezifischen Lebensvollzügen eingespannten Individuen in ihren jeweiligen situationalen Kontexten zu folgen. Es gilt also gerade auch von Kulturanthropologen und Ethnologen „zu lernen und zu erkennen, daß Ethnozentrismus ... auch ein Problem für die Untersuchungen in der eigenen Gesellschaft ist"; daß etwa die eigene Gesellschaft in eine Vielzahl von subkulturellen Szenen mit durchweg relativ eigenständigen Regelsystemen sich ausdifferenziert. Das bedeutet für eine alltagstheoretisch verfahrende Sozialwissenschaft, daß sie darauf achten muß, Kriterien nicht ethnozentrisch anzulegen und „normative Regeln der Kommunikation" den zu untersuchenden Gruppen nicht quasi überzustülpen.

Neben der — für qualitative Sozialforschung unhintergehbaren — „Insider-Perspektive" muß ein alltagstheoretisch orientierter Forscher allerdings auch eine „Outsider-Perspektive" einnehmen können. Wenn man also auf diese Weise Sozialforschung betreibt, dann muß man darauf achten, „weder ein verständnisloser Außenseiter zu bleiben" (in Hinblick auf den Einstieg in das ‚Untersuchungsfeld') noch „eingeboren" oder wie es in der Ethnologie heißt — „verkaffert" zu werden. Man muß sozusagen als sozialwissenschaftlicher Forscher und Interpret, wie es Berger/Kellner ausdrücken, eine „mehrfache" Person werden, das meint, daß der Sozialwissenschaftler sicherstellen muß, ein äußerst empfindliches Gleichgewicht zwischen ‚innen und außen' aufrechtzuerhalten (1984, 36). Es findet zwar auch im Alltagsleben der modernen differenzierten bzw. pluralisierten Gesellschaft ein ständiger Wechsel von ‚innen' nach ‚außen' und vice versa etwa im Sinne von Rollenträgerhandeln statt, aber im Rahmen der Sozialwissenschaften kommt es angesichts des beschriebenen Balanceaktes zu einem ‚qualitativen Sprung'. Man kann sagen, daß in dem genannten Sinne die in der eigenen Gesellschaft tätigen Soziologen in ihrem ‚Status' den Ethnologen ähnlich sind. Zur vorhandenen Differenz von Ethnologie und Sozialwissenschaften kann man hinzufügen, daß die Fremdheit, die der Ethnologe quasi automatisch erfährt, der Sozialwissenschaftler zuweilen erst ‚künstlich' herstellen muß, wenn es sich nicht gerade im Rahmen einer sozialwissenschaftlichen Untersuchung um auch ihm ganz fremde subkulturelle Lebensmilieus handelt, „will er den Gefahren der Unaufmerksamkeit gegenüber dem Vertrauten aus dem Wege gehen". Anders ausgedrückt, der Ethnologe steht eher vor dem Problem — allerdings nicht vollends — ‚eingeboren' bzw. ‚verkaffert' zu werden, während der Sozialwissenschaftler sich oftmals sogar bemühen muß, „fremd" zu werden (Berger/Kellner 1984, 36).

Auf die voreilige Bereitschaft, als Sozialwissenschaftler den waschechten Ethnologen im Feld zu spielen, hat Sylvia Kade hingewiesen:

„Der Alltagstheoretiker gleicht dem fremden Eindringling, dessen Wesen Verstellung und dessen Ziel eine Wahrheit ist, die nur heimlich ergründet werden kann. Wie einst Odysseus am Hof der Gemahlin nur getarnt der Wahrheit ins Auge sehen konnte, so schlüpft die Jungforscherin in Netzstrümpfe, täuscht Verworfenheit vor und begibt sich ins Milieu, um dieses als Teilzeitprostituierte zu ergründen, besteigt der Jungforscher die Suzuki und macht Furore bei der Rockerbande, die es zu erforschen gilt. Die Affinität zum Gegenstand beschränkt sich selten auf Ausstattung und Requisit, denn hilfreich kommt das Postulat der Betroffenheit hinzu, das die Aufhebung der Fremddistanz zwischen Forscher und Objekt mit Legitimation versieht“ (Kade 1984, 79).

Wenn es richtig ist, daß jede Handlung ihre Bedeutungszuschreibung immer wieder neu nur innerhalb ihres eigenen Situationskontextes erhält — das gilt im übrigen auch für „invariante Regelstrukturen“ —, dann muß der alltagsorientierte Soziologe alltagsweltliche Handlungskontexte samt ihren impliziten Regelstrukturen als Wirklichkeitskonstruktionen „ersten Grades“ ansehen, mit denen sozialwissenschaftliche Untersuchungen ihre Analysen beginnen müssen.

Wissenschaftliche Wirklichkeitskonstruktionen sind immer „Konstruktionen zweiten Grades“, also „Konstruktionen von Konstruktionen der Handelnden im Sozialfeld“ (Schütz) und insofern abhängig von den alltagsweltlichen Interpretationsleistungen der Subjekte, ungeachtet des Problems, ob diese „originären Konstruktionen“ den Individuen in der Weise bekannt und zugänglich sind, daß ihre „Sinnentwürfe“ dem reflektierenden Bewußtsein gegeben sind oder — weil zu den Gewohnheiten und Alltagsgewißheiten gehörig — gänzlich der Aufmerksamkeit entzogen sind und außerhalb der Reflexion bleiben.

Von Verfechtern der „traditionellen empirischen Sozialforschung“ ist immer wieder hervorgehoben worden, daß alltagsorientierte qualitative Sozialforschung neben der fehlenden Generalisierungsmöglichkeit den Problemen der Repräsentativität, Validität und der Reliabilität der Datengewinnung zu wenig Aufmerksamkeit gewidmet habe; manchmal wird gar vermutet, daß ein Aufweichen der Kriterien wissenschaftlicher Rationalität, Güte und Strenge stattfindet. Die im Rahmen einer Umfrageforschung (also im weitesten Sinne einer Datenerhebung mit standardisierten Instrumenten) durchaus sinnvollen konventionellen Kriterien der Repräsentativität (ein ‚verkleinertes' Spiegelbild der Grundgesamtheit, über die Aussagen gemacht werden sollen und die mit Methoden der Statistik überprüft werden kann), der Gültigkeit (d. h., zielen die gewählten Forschungsinstrumente tatsächlich auf den zu ‚untersuchenden Gegenstand'?) und der Zuverlässigkeit (d. h. sind die Antworten und Ergebnisse der Untersuchten auch über einen längeren Zeitraum konstant?), sind vermutlich weniger sinnvoll, wenn sie sozusagen „schematisch“ auf andere (qualitative) Vorgehensweisen angewendet werden (Küchler 1983, 13).

Darüber hinaus sei es geradezu fatal, so wird stets von konventionellen Vorgehensweisen fälschlicherweise unterstellt, sich der (sozial-)wissenschaftlichen Chance einer Verfahrensentwicklung zur distanzierten Abstraktion zu berauben. In diese Gefahr begäben sich alltagsorientierte Forscher, indem sie regelgeleitete alltagsweltliche Realitätserfahrungen als Maßstab für wissenschaftliche Erfahrungen setzten. Stellvertretend für eine derart verkürzte Kritik an alltagsorientierten interaktionstheoretischen Positionen soll die folgende These von G. Albrecht zitiert werden:

„Ganze Theoriestränge der neueren Soziologie (hier seien stellvertretend erwähnt Symbolischer Interaktionismus und Ethnomethodologie) legen nahe, die Erfahrung der Realität sei nicht durch unbeteiligte, distanzierte, aus dem sozialen Kontext herausgelöste Datensammlungsverfahren zu leisten, sondern durch in das Alltagsleben integrierte und dieses akzeptierende Interaktionsprozesse. Es komme deshalb nicht darauf an, Verfahren zu entwickeln, die sich möglichst von den Merkmalen der Interaktionspartner, der Interaktionssituationen etc. abstrahieren ließen, sondern diese seien integrale Bestandteile der Erfahrung der Realität“ (Albrecht 1975, 17).

Wissenschaftliche Wirklichkeitskonstruktionen bieten jedoch auch in der alltagsorientierten Sozialwissenschaft die Möglichkeit, wie ich schon angedeutet habe, sich von der „Innenperspektive“ der zu Untersuchenden zu befreien, um sogar in einer gewollten ‚wissenschaftlichen' Distanz zu alltagsbezogenen Lebensbewältigungsstrategien alternative Deutungen und Deutungsmuster von den in der Alltagswelt interagierenden Individuen zu gewinnen, die jenen aufgrund des im Alltag herrschenden Entscheidungs- und Handlungszwangs nicht immer so ohne weiteres präsent sein können.

In der Regel sogar sind die rekonstruierbaren Interpretationsmuster von Gesellschaftmitgliedern in alltagsweltlichen Lebenszusammenhängen nicht explizit ausgearbeitet. Diese Interpretationszusammenhänge werden durch bestimmte „indikatorische Schlüsselsymbole“ und „Markierungen“ lediglich implizit angedeutet.

Anhand dieser Bausteine muß sich der Soziologe orientieren, damit er die vorliegenden Interpretationszusammenhänge sowohl auf einzelne Kontexte als auch auf die Gesamtsituation, in der erstere auftraten, beziehen kann. Die Glaubwürdigkeit der vorgezeichneten Interpretationsfolien (beispielsweise „Schlüsselsymbole“) muß durch den Forscher gesichert werden können. Ihm stehen dabei „prinzipiell ... vier Prüfstrategien zur Verfügung: der Vergleich der Orientierungs-, Deutungs- und Theoriemuster unterschiedlicher Gesellschaftsmitglieder zum selben Thema, die interne Konsistenz der Darstellungen der Informanten (einschließlich ihrer formalen Merkmale), das Herausfinden der Erzeugungsbedingungen und praktischen Funktionen der Orientierungs-, Deutungs- und Theoriemuster in der Handlungs- und/oder Äußerungssituation (z. B. Erklärungen zur Plausibilisierung eigener Problembestände versus sekundäre Legitimation etc.) sowie der Vergleich der Orientierungs-, Deutungs- und Theoriemuster mit diesbezüglich erhobenen Sachverhaltsstrukturen und/oder alltagsweltlichen Wissensbeständen der Sozialforscher“ (Schütze 1976, S. 17).

Es kann aber festgehalten werden, daß die Diskriminierung von alltäglichen und wissenschaftlichen Konstruktionen in oder über die soziale(n) Wirklichkeit(en) keinen Dualismus grundsätzlicher Art bzw. keinen epistemologischen Bruch darstellen, wie er in der traditionellen empirischen Sozialforschung angenommen wird. Bevor jedoch sozialwissenschaftliche Wirklichkeitskonstruktionen zur Anwendung kommen können, muß der Forscher — um es noch einmal prägnant hervorzuheben — in den ersten Phasen der Datenerhebung sicherstellen, daß seine gewählten methodischen Verfahrensweisen, theoretischen Begrifflichkeiten, Klassifikationsprinzipien, Diskriminierungen von Dimensionen, Hypothesenbildung etc. ein „empirisches Pendant" haben, sich also mit einer empirisch vorfindbaren Wirklichkeit decken. Man spricht in diesem Zusammenhang auch interaktionstheoretisch von einer „explorativen Phase", in der sich der Forscher mit seinen zu untersuchenden Gegenständen allmählich vertraut macht und erste Daten, meist noch deskriptiv, aus der Sichtweise derjenigen erhebt, die der Forschungsabsicht nach in dem Sinne Untersuchungsgegenstand sind, daß sie (die zu Untersuchenden) den Gang der Forschung zwar nicht initiieren, ihn aber allenthalben in wesentlicher Hinsicht (mit)bestimmen.

Die zweite Forschungsphase der Datengenerierung benennt z. B. Blumer mit „Inspektion", in der nun schon mehr analytische Elemente in den Vordergrund einer sozialwissenschaftlichen Betrachtungsweise treten müssen (Blumer 1973). Diese Beziehungen der analytischen Elemente untereinander sind gleichfalls nicht ohne „sinnvolle Verbindung zwischen den Komponenten in der empirischen Welt" möglich, auch sie fordern ein „empirisches Pendant".

Wie allerdings diese zweite Phase des Forschungsprozesses aussehen soll, bleibt im Rahmen alltagsorientierter Sozialwissenschaft tendenziell umstritten bzw. nebulös:

So legt beispielsweise die ethnomethodologische Variante nahe, daß der angesprochene sozialwissenschaftlich-theoriegeleitet einsetzende methodische Distanzierungsprozeß von alltagsweltlichen Handlungsstrukturen gar nicht in einem ethnomethodologisch orientierten Forschungsprogramm verankert werden sollte. Das Verhältnis von alltagsweltlichen zu wissenschaftlichen Methoden zur Analyse der Handlungs- und Interaktionspraxis scheint in einer deutlicheren (und wohl auch sehr fragwürdigen) Unterordnung des wissenschaftlichen Wissens unter die Alltagsverhältnisse gefaßt zu sein, als es z. B. im Symbolischen Interaktionismus der Fall ist. Die wissenschaftliche Methode der Ethnomethodologie wird gemäß ihrem Selbstverständnis tagtäglich in Routinesituationen innerhalb der Alltagswelt von allen Gesellschaftsmitgliedern angewendet. Daher sprechen auch Ethnomethodologen von dem deckungsgleichen „Reich der Tatsachen, auf das soziologische Untersuchungen gerichtet sind ... (und) dem Reich der Tatsachen, auf das sich die Untersuchungen der Laien richten" (Zimmermann/Pollner 1976, 65), insofern die gesellschaftlichen Individuen in ihren Handlungen selbständig Abstraktionen „in actu" vorzeichnen. Die als hermeneutischer Prozeß aufgefaßte „dokumentarische Methode der Interpretation" wird in der alltagsweltlichen Wirklichkeit in allen Kommunikations- und Interaktionssituationen vollzogen und verweist auf abstraktive „Interaktionslogiken"/„Basisregeln"/„Universalien" oder „formale Strukturen praktischer Handlungen". Vermittels dieser Methode zielen die Handelnden darauf ab, „die einer Erscheinung zugrundeliegenden Muster freizulegen", da jede sprachliche Äußerung nur ein einfaches „Dokument eines zugrundeliegenden Musters" ist, welches andererseits jedoch nur durch die besondere Erscheinung als identifizierbar gilt (vgl. hierzu etwa Oevermanns Überlegungen zur latenten Sinnstruktur: ders. u.a. 1979). Die Beziehung zwischen Erscheinungen und den zugrundeliegenden Mustern bezeichnet Garfinkel (1967) als das Phänomen der Indexikalität. Die einzelne Erscheinung ist für ihn ein indexikalischer Ausdruck, welcher sich immer in seiner spezifischen Eigenart auf Personen, Objekte, Orte etc. bezieht. Indexikalische Ausdrücke sind kontextgebunden, d.h. es sind Aussagen, Ausdrücke, die von einem Hörer nicht verstanden werden können, ohne daß er nicht auch etwas über die Biographie und Absichten des Benutzers des Ausdrucks, die Umstände der Äußerung etc. weiß oder annehmen kann.

Aus diesen Gründen wird seitens der Ethnomethodologen als zentraler Kritikpunkt gegenüber allen „Spielarten sozialwissenschaftlicher Forschung" hervorgehoben, daß der Versuch, indexikalische bzw. situationsbezogene Ausdrücke oder Eigenschaften in objektive Ausdrücke zu transformieren, zum Scheitern verurteilt sei. In dieser Phase des Forschungsprozesses obliegt es dem Forscher, „lediglich" aus den vorgefundenen Interaktionskontexten die impliziten Regeln zu rekonstruieren.

Dagegen wird für den Symbolischen Interaktionismus von Blumer dezidiert die Forderung nach einer eigenständigen Methodologie vorgetragen. In seinem Gefolge reklamiert die gesamte „Chicago School" einen solchen methodologischen Anspruch, der sich radikal von „traditioneller Methodologie der Sozialwissenschaften" abhebt. Dieses Insistieren auf eine „eigenständige Methodologie" hat den Ausdruck „radikaler symbolischer Interaktionismus" geprägt. Blumers Gegenspieler Manford A. Kuhn, gleichfalls Symbolischer Interaktionist, hat ein derartiges Erfordernis angezweifelt.

Interaktionstheoretische Theoriebildung hat sich als „Quelle für die Entwicklung von Hypothesen" zur Verfügung zu stellen, „die dem Prüfungsverfahren der ‚klassischen' sozialwissenschaftlichen Methodologie zu unterwerfen sind (interaktionstheoretische Theoriebildung als Entwicklung von ‚Orientierungshypothesen' im Sinne des kritischen Rationalismus)" (Matthes 1976, 8).

In Anknüpfung an beide Positionen des Symbolischen Interaktionsmus hat N. Denzin für den Einsatz eines ausgewogenen „Methodenpluralismus" in der interaktionstheoretischen Forschung votiert. Ausgehend von einer „naturalistischen Forschungsabsicht" unter Zuhilfenahme von „sensitizing concepts" im Anschluß an die „radikalen symbolischen Interaktionisten" findet Denzin Berührungspunkte zu operationalisierenden Konzepten im Symbolischen Interaktionismus Kuhnscher Prägung, die den Einsatz der wichtigsten „traditionellen sozialwissenschaftlichen Datenerhebungsverfahren" garantieren, sofern sie mit den theoretischen Diktionen des Symbolischen Interaktionismus in Übereinstimmung gebracht werden können. Ausgehend von hypothetischen (weichen) Definitionen seines kritischen Konzepts ‚operationalisiert' der Forscher diese erst, wenn er den untersuchten Bereich betreten und verstanden hat.

Der Wechsel von der „Innenperspektive" zur sozialwissenschaftlichen „Außenperspektive" muß forschungsmethodologisch in Form von überprüfbaren Regeln abgesichert sein, ebenso wie auch für das „innenperspektivische Forschungsfeld gültige Interpretationsregeln" zur Intersubjektivitätsherstellung innerhalb der „scientific community" aufzustellen sind.

Wenn auch noch einige Fragen hinsichtlich der „theoriegeleiteten" wissenschaftlichen „Konstruktion zweiten Grades" innerhalb der interaktionstheoretischen Sozialwissenschaft offen bleiben, so kann die mögliche wie notwendige Positionseinnahme einer „außenstehenden" Forscherperspektive auf als immenser Vorteil einer alltagsorientierten Sozialwissenschaft etwa gegenüber den vielfältigen Varianten von Handlungs- bzw. Aktionsforschungsansätzen angesehen werden, die in gutgemeinter Absicht per se im Kontext von Wissenschaft und politisch emanzipatorischen Absichten auf Intervention, Veränderung und dialogische aktive Mitgestaltung der Handlungssituation sowie auf praktische Lösung von Problemen der Betroffenen ausgerichtet sind. Diese Grundidee, sozialwissenschaftliches Forschen zu verbinden mit aktivem Eingreifen, einer Parteinahme für (zumindest in der eigenen Perzeption) Unterprivilegierte, trägt starke Züge pädagogischer, aber auch technokratischer Ambition.

Aber „Erziehung" ist nicht gleich „Erziehungswissenschaft", „soziales Engagement" nicht gleich „Sozialwissenschaft", ebensowenig wie Theologie und Religionswissenschaft identisch sind. Damit will ich keineswegs die Legitimität bezweifeln, „sich als Wissenschaftler auch (gesellschafts-)politisch zu engagieren" (Küchler 1983, 12), nur tut man gut daran, in einer Art „doppelter Staatsbürgerschaft" (Berger/ Kellner 1984) die weit „verbreitete Selbsternennung des Sozialwissenschaftlers" als Problemlöser zu hinterfragen (Oevermann 1983, 134), die Rollen von Wissenschaftlern und sogenannten gewöhnlichen Bürgern auseinanderzuhalten, denn Wissenschaft bedarf — neben der relevanten innenperspektivischen exploratischen Phase — als *Voraussetzung* einer handlungsentlasteten Analyse gewisse Distanz zum alltäglichen Geschehen. Dies gilt ganz besonders für die Problembearbeitung in der Beratungskommunikation.

VII. Reichweite und Praxismöglichkeiten sozialwissenschaftlichen Wissens

Wird hier der Wechselbezug zwischen alltäglicher Vor-Interpretation und wissenschaftlicher Explikation (vgl. hierzu O'Neill 1978) thematisiert, so mit dem Hinweis darauf, daß die materiale Rationalität alltagspraktischen Handelns niemals durch die Paradigmen wissenschaftlicher Rationalität schlicht zu ersetzen ist. Dieser Standpunkt ist nun nicht zu lesen als eine Parteinahme für unreflektierte Wissenschaftsfeindlichkeit (Liessmann 1983); er ist vielmehr ein Plädoyer für eine „verantwortungsvolle Spannung innerhalb des Vernunftlebens, das allen Menschen gemeinsam ist, zumal, wenn sie sich auf wissenschaftliche Rationalität berufen" (O'Neill 1978; vgl. hierzu auch M. Weber 1973). Es ist jedoch auch nicht bedenkenlos eine schlichte Analogie zwischen wissenschaftlicher Rationalität und dem Common sense der Alltagspraxis zu unterstellen. Da insbesondere sozialwissenschaftliche Theorien das Handeln in alltagspraktischen Situationen sowie das Denken und Sprechen des Common sense-Verständnisses von sozialer Wirklichkeit zu ihrem Hauptgegenstand haben, muß davon ausgegangen werden, daß sozialwissenschaftlichem Wissen als einer weiteren Form von Rationalität keineswegs *im voraus* der Rang einer privilegierten Interpretation des alltagsweltlichen Lebens eingeräumt werden kann (vgl. Gadamer 1971a, 75).

Gerade weil Wissenschaft(lichkeit) und vernünftiges Handeln nicht identisch sind, bedarf die Wissenschaft eines Korrektivs; denn: „wenn es außerhalb der Wissenschaft keine Rationalität gäbe, dann gäbe es überhaupt keine Rationalität. Wenn es also um die vernünftige Einrichtung unserer Welt des Handelns geht, haben wir keinen Grund, von Wissenschaftlichkeit gering zu denken, aber noch weniger Grund, uns auf sie zu verlassen" (Krüger 1981). Dieser Annahme liegt die Auffassung zugrunde, daß die wissenschaftliche Rationalität auf jener basalen Rationalität beruht, die bereits das alltägliche Handeln und Wissen aufweist (vgl. Saidi 1983; Liessmann 1983).

In dieser Hinsicht garantieren die Rationalität der Wissenschaft und die Rationalität des Alltagshandelns einander gegenseitig. Die implizite erkenntnislogische Annahme einer ‚Gleichstellung' von Alltagswissen und wissenschaftlichem Wissen ist etwa mit der positivistischen These eines „epistemischen Bruchs" zwischen Alltag(swissen und -erfahrungen) und der Wissenschaft nicht vereinbar. Vielmehr wird hier unter der Zurückweisung dieser als höchst problematisch zu betrachtenden These — bei der dezidiert auf kognitive Differenzen der Wissensinhalte rekurriert wird — die wissenssoziologisch relevante Frage nach den sozialen Differenzen der Beziehungen von Wissensträger und Wissensinhalten thematisiert (vgl. hierzu etwa Böhme 1980, 49).

In diesem Sinne konstatiert O'Neill etwa: „Bevor wir die alltägliche, doch weithin ohne Prüfung und Lehre zustande gekommenen Kompetenzen der Leute zu einem niedrigen Denken degradieren, sollten wir ... zwischen verschiedenen Elementen der Alltagsrationalität unterscheiden" (O'Neill 1978a, 43). Er unterscheidet folgende Fälle von common-sense-Rationalität in alltäglichen Handlungssituationen:

„1. Wenn ‚rational' synonym ist mit ‚vernünftig', so ist die alltägliche Verwendung eines bewährten und erprobten Kochbuch-Wissens sicherlich rational. Doch wir betrachten es ebenfalls als rational, Konventionen und Vorurteile zu respektieren und neue Wege auszuprobieren.

2. Rationales Handeln kann mit überlegtem Handeln gleichgesetzt werden. Doch gibt es mehrere Bedeutungen von Überlegtheit: a) Alltagshandeln ist überlegt, insofern es sich auf den Akt der Überlegungen rückbezieht, auf den die Praktiken ursprünglich zurückgehen; b) Alltagshandeln ist überlegt, wo es Einsicht hat in die Anwendbarkeit eines Vergangenheitswissens auf eine Gegenwartssituation; c) Alltagshandeln ist überlegt in demselben Sinne, wie jede Handlung es ist, die durch ein antizipiertes Ziel motiviert ist; d) Alltagshandeln ist seiner eigenen Natur nach *nicht* überlegt in dem Sinne, daß es vorab ein ausgearbeitetes Repertoire verschiedener Handlungsverläufe zu seiner Verfügung hat" (O'Neill 1978a, 49).

Mit dem zuletzt erwähnten Hinweis thematisiert O'Neill die relevante handlungslogische Differenz. Denn von der *Erkenntnishaltung* her gesehen ist die „soziologische Denkweise" von der Einstellung des praktisch handelnden Subjekts verschieden. Sie leistet „Gesellschaftsanalyse" (Lepsius 1973), d. h. unter der Bedingung des auf Dauer gestellten Zweifels fragt sie, ob die sozialen Bedeutungszusammenhänge, mit denen das Alltagshandeln umgeht, wirklich so sind, wie sie den praktisch handelnden Subjekten erscheinen. In diesem Sinne ist es eine Aufgabe der Soziologie, mit Unsicherheiten über den Zustand der sozialen Wirklichkeit umzugehen — Unsicherheiten, die für die alltagsweltliche Praxis, die für ihre laufenden lebenspraktischen Problemlösungen auf Verhaltenssicherheit angewiesen ist, teilweise nicht handhabbar sind. Hierin liegt die eigentliche Leistung sozialwissenschaftlichen Wissens für das Alltagshandeln und der funktionale Bezugspunkt für die Verwendung dieses Wissens. Umgekehrt aber speist sich sozialwissenschaftliches Wissen seinerseits im Prozeß der Forschung aus dem Alltagswissen und liefert in der Explikation von Bedeutungsstrukturen immer auch eine Kritik der Legitimität von Alltagshandlungen als nicht hinterfragbar unterstellten Bedeutungen (Giddens 1984). In der Kritik des Alltagswissens bietet die Soziologie somit einerseits durch den professionellen „Umgang mit Unsicherheit" (Nowotny 1983) eine verwendbare Dienstleistung für die Praxis, verletzt aber auch tendenziell deren Streben nach Verhaltenssicherheit, das auf Gewißheiten hofft bis hin zu einem Glauben, für den man keine Rechtfertigung sucht.

Eine gewisse Verunsicherung der sinnhaften Selbst- und Weltentwürfe und des Handelns scheint aber die notwendige Folge solcher Kritik des Alltagswissens, wenn es nicht gelingt, die erfaßte Komplexität auch zu reduzieren. „Die Wissenschaft wird den Handelnden über die für ihn latenten Probleme und Strukturen, über unbewußte ‚Gründe' seines Handelns, daher nur aufklären dürfen, wenn sie deren Funktionszusammenhang kennt, wenn sie darüber hinaus auch weiß, welche Funktion die Latenz selbst für den Handelnden erfüllt und wenn sie funktional-äquivalente Alternativen dafür anbieten kann. Auch insofern ist die Abklärung der Aufklärung das Programm der Soziologie" (Luhmann 1972, 70).

Es muß aber bezweifelt werden, ob das ‚Praktischwerden' der soziologischen Kritik analog zur praktischen Verwendung naturwissenschaftlichen Wissens gedacht werden kann.

Naturwissenschaftliches Wissen hat in Industriegesellschaften eine erfolgreiche Verwendung über den Weg der Technik gefunden. Das heißt, durch die Anwendung technischer Regeln, die auch ohne Kenntnis ihrer naturwissenschaftlichen Begründung erfolgreich zu handhaben sind („Knopfdrucktechniken"), hat sich naturwissenschaftliches Wissen wirkungsvoll in lebenspraktische Verwendungszusammenhänge von Nicht-Wissenschaftlern umsetzen können. Es muß hier jedoch einschränkend gesagt werden, daß gegenwärtig etwa unter ökologischer Perspektive Laien die bloß technische Anwendung von Naturwissenschaft als einen bedenkenlosen, d. h. auf Zweit- und Drittfolgen nicht achtenden Umgang mit Geräten und Materialien zunehmend anzweifeln und selber nach den im Feld der Wissenschaft vorhandenen Begründungen technischer Regeln suchen — häufig mit der Absicht, „alternative" technische Lösungen zu finden. Für sozialwissenschaftliches Wissen ist dieser Verwendungsmodus, der für die Naturwissenschaften strukturell möglich ist, auch wenn er sich heute praktisch weniger bewährt, *strukturell* ausgeschlossen.[17])

Die *Rückübersetzung* sozialwissenschaftlichen Wissens in die „alltägliche Wirkwelt" (Schütz) bzw. in lebenspraktische Handlungsvollzüge hat dann wesentlich den Charakter einer „Aufklärung" über die Bedingungen der jeweiligen praktischen Handlungsprobleme. Im Falle der beratenden Sozialwissenschaften findet ‚*Wissensverwendung*' typischerweise in der Verbesserung der Begründung lebenspraktischer Entscheidungen statt, nicht aber in der Übernahme dieser Entscheidungen selber, wie es bei einer Technisierung sozialwissenschaftlichen Wissens der Fall ist; ein Umstand der in der Diskussion um die Praxismöglichkeiten der Sozialwissenschaften häufig verkannt wird (vgl. etwa Lenk 1973).

---

[17]) Folgt man der Weberschen wissenschaftstheoretischen Position — „Eine empirische Wissenschaft vermag niemanden zu lehren, was er *soll*, sondern nur, was er kann, und — unter Umständen — was er will" (Weber 1973, 151) — dann scheidet für die Handhabung sozialwissenschaftlicher Kritik eine Technisierung im Sinne der Übernahme *nicht begründeter Regeln* aus. Das wissenschaftliche Rekonstruieren von Alltagskonstruktionen (i. S. v. alltagspraktischen Handlungsmustern und Sinnstrukturen) dient keinem unmittelbar „praktischen Zweck. Es hat nicht zum Ziel, die Welt zu berherrschen, sondern sie zu beobachten und womöglich zu verstehen" (Schütz/Luckmann 1984, 396). Schelsky spricht im Prinzip den gleichen Gedanken aus, wenn er den Übergang von den Wissenschaften, die auf die Frage „Was soll ich tun?" unmittelbar antworten und für die deshalb das Motivbewußtsein gewichtigster Teil menschlicher Handlungen ist, zu jener rein „beschreibenden, konstatierenden Wissenschaft, die den Anspruch, unmittelbar Handlungsvorstellungen bilden zu können, aufgibt ...", konstatiert (Schelsky 1965, 46).

Es läßt sich jedoch schon aufgrund beiläufiger Beobachtungen feststellen, daß heute in der Öffentlichkeit eine Technisierung sozialwissenschaftlichen Wissens trotz dieser strukturellen Problematik überwiegend erwartet wird. Es gibt offenkundig historisch-aktuell ein verbreitetes Deutungsmuster, das von den Sozialwissenschaften im technischen Sinne verwertbare Ergebnisse für die Alltagspraxis, die die Sozialwissenschaften alimentiert, fordert. Diese strukturell unmögliche, aber praktisch immer wieder für realisierbar gehaltene und damit erwartete Technisierbarkeit sozialwissenschaftlichen Wissens verfehlt aber nicht nur das Leistungspotential der Sozialwissenschaften, sondern behindert zugleich die Verwendung sozialwissenschaftlichen Wissens und wird einer der Gründe ihrer „gesellschaftlichen Irrelevanz" (Nowotny 1975).

Folgt man der vorgenommenen Charakterisierung der „soziologischen Denkweise", dann ist festzuhalten, daß das aus dieser Einstellung gewonnene Wissen resistenzfrei ohne verzerrende ideologische oder sozialtechnische Umformungen nur von jenen Handlungssubjekten rezipiert werden kann, die bereit und in der Lage sind, sich analog zur beobachtenden Einstellung des Sozialwissenschaftlers aus einer unmittelbaren lebensweltlichen Involviertheit in soziale Beziehungen herauszubegeben; denn die *Erkenntnis dieser Beziehungen ist nicht primär an kognitive, sondern an handlungslogische Voraussetzungen gebunden* (Mead 1969). Diese aber sind nicht beliebig herstellbar, sie resultieren aus der *sozialen Lage* der Handlungssubjekte, die sie zu den gesellschaftlichen Verhältnissen in eine jeweils spezifische Relation und Wahrnehmungsperspektive versetzt (Dewe/Schmitz 1984).

Historisch gesehen gelangte zuerst das Mitglied der *bürgerlichen Klasse* als „public man" in diese Wahrnehmungsperspektive gegenüber einer als objektiv, aber zugleich als unveränderbar angesehenen gesellschaftlichen Struktur, die als etwas Differentes gegenüber der eigenen Identität erfahren wird. Für diesen Idealtypus besaß Wissenschaft den orginären Stellenwert von *Aufklärung* und Wissen den von Bildung (Adorno 1975). Der *Intellektuelle* ist auch zu verstehen als ein Sozialcharakter, der diese reflektierende Perspektive verinnerlicht hat und darin zumindest teilweise von seiner Umwelt akzeptiert wird — wobei, wie die Literatur zur Soziologie des Intellektuellen zeigt, diese distanzierte Haltung empirisch immer wieder in Frage gestellt oder aber auch praktisch-politisch instrumentalisiert wurde (Lepsius 1964; Gouldner 1979).

Auf einer späteren Stufe der historischen Entwicklung war es dann aus der Sicht der Kritik der politischen Ökonomie der *Proletarier*, der durch seine Klassenlage in eine distanzierte und gezwungenermaßen beobachtende Position gegenüber der bürgerlichen Gesellschaft gestellt wurde, deren Mechanismen sich so seiner Erkenntnis am ehesten erschlossen (Sebag 1970, 278ff.). Das Mitglied der Arbeiterklasse als unmittelbar lebenspraktisch Handelnder war daher auch Adressat des Wissens der Kritik der politischen Ökonomie, zum Beispiel in der Arbeiterschulung, in der Erwartung, daß es hier seine Verwendung in politischer Aktion erreichen könne. Auch heutige Vorstellungen über die Verwendung sozialwissenschaftlichen Wissens innerhalb der Gewerkschaftsbewegung halten noch teilweise an diesem Zusammenhang zwischen Klassenlage und Erkenntnischance fest, wenn auch die „unstrukturierte Situation der Arbeiters" als folgenreiche Brechung dieses Zusammenhangs gesehen wird (Negt 1971). Gleichwohl ist die Verwendung sozialwissenschaftlichen Wissens in der Arbeiterbewegung schon sehr früh auch durch den heute verbreiteten Modus einer indirekten Verwendung durch stellvertretende Kader und Funktionäre gekennzeichnet; der einzelne Arbeiter als „Laie“ wird von der Organisation weder als Adressat noch als Verwender des Wissens gesehen.

Ergo: Sozialwissenschaftliches Wissen kann handlungslogisch nur gewonnen und in purifizierten Begriffen gefaßt werden aus der handlungsentlasteten und distanzierten Beobachterposition, die eine Perspektive auf systematische Zusammenhänge und topische Sinnmuster der textförmig strukturierten Realität (Lacan) eröffnet. Alltagspraktisches Handeln hingegen ist gewonnen und bewährt sich aus der Position des mit der Bewältigung konkreter Handlungsprobleme befaßten sozialwissenschaftlichen Laien, in dessen Perspektive nur solche sozialwissenschaftlichen Begriffe vermittlungsrelevant sind, die sich pragmatisch mit Deutungen seiner Handlungsprobleme vereinbaren lassen, d.h. seine sinnliche Erfahrung des eigenen Handelns in der Welt abbilden.

„Unser Alltagsdenken ist weniger an der Antithese ‚wahr — falsch‘ interessiert, als an den gleitenden Übergängen ‚wahrscheinlich — unwahrscheinlich‘ ... Soweit und nur soweit ist das Prinzip des Pragmatismus zweifelsfrei begründet. Er ist eine Beschreibung des Stils des Alltagsdenkens, aber keine Theorie der Erkenntnis“ (Schütz 1971a, 36).

Die handlungslogische Differenz zwischen Alltaghandelndem und Sozialwissenschaftler bringt nun unterschiedliche Erfahrungsstile und Bedingungen der „Produktion“ der Wissensbestände mit sich, so daß jegliche Absicht, zwischen wissenschaftlichen Wissensbeständen und alltäglichem Wissen zu vermitteln — sei es in Beratungs- oder Forschungsprozessen —, vor dem Problem steht, entsprechende Formen der Übersetzung zu entwickeln, da — wie Schütz es formuliert — kein unmittelbarer Übergang, keine schlichte und universal gültige Transformationsregel besteht.

Im Hinblick auf die sozialen Differenzen der Wissensformen konstatiert Grathoff (1978): „Vom ‚subjektiven Sinnzusammenhang‘, der auf seine Typik untersucht werden kann, ... gibt es keinen widerspruchsfreien Übergang, keine Transformation in ‚schlichter Regel‘ ... in die Systematik der wissenschaftlichen Theorie. Wissenschaft und Alltag stehen ... weiterhin in Opposition, allerdings grundsätzlich vergleichbar dem Gegensatz zwischen Wahnsinn und Wissenschaft“.

Dies gilt prinzipiell auch für die Rückübersetzung, sprich: Vermittlung soziologischen Wissens in die „Wirkwelt“ (Schütz). Forschungslogik wie auch institutionelle und organisatorische Arrangements (‚settings‘) und professionelle Handlungslogik in der Vermittlungssituation ‚Beratung‘ stehen vor diesem doppelten Transformationsproblem.

VIII. Aporien der Wissensverwendungsforschung

Die Diskussion um den Anwendungsbezug der Sozialwissenschaften und um die Verwendungszusammenhänge der von den Sozialwissenschaften produzierten Ergebnisse scheint, auf den ersten Blick betrachtet, lediglich einen Teilaspekt der traditionellen Diffusionsforschung (vgl. Katz/Levin/Hamilton 1963; Havelock 1969, 1973) zu betreffen. Bei genauerer Betrachtung fällt jedoch auf, daß die Untersuchungen zur Dissemination und Verwendung wissenschaftlichen Wissens, die in der Regel auf einem schlichten Nachrichten-Übertragungsmodell basieren (vgl. Alemann 1975), eine im Prinzip verlustfreie Transmission wissenschaftlicher Inhalte und Ergebnisse von der Ebene der Wissensproduktion auf die der Wissensanwendung unterstellen.

Zweifel bezüglich einer Übertragbarkeit der klassischen Diffusionsmodelle auf das anstehende Problem der Verwendung sozialwissenschaftlichen Wissens in der personalen Interaktion der Beratungskommunikation scheinen allemal berechtigt zu sein (vgl. Cornelissen u.a. 1973). Die bisherigen Untersuchungen zur Dissemination wissenschaftlicher Innovationen und technischem Know-how beschränkten sich unter Ausblendung lebensweltlicher Handlungskontexte und konkreter lebenspraktischer Probleme vorwiegend auf innerorganisatorische Problemstellungen und beachteten die Wechselbeziehung zwischen den die Innovationen aufnehmenden Organisationen und deren ‚Umwelt' zu wenig. „Neben der Einteilung in zeitliche Phasen und Situationen konzentrieren sich die vorwiegenden Untersuchungsansätze auf die Ermittlung innovationsfreudiger oder -hemmender Organisationsstrukturen und Persönlichkeitsvariablen" (a.a.O., 2). Zudem wird in den Disseminationsstudien der Vorgang der Dissemination und Diffusion wissenschaftlichen Wissens einseitig aufgefaßt.

Die Rückkopplung der Beziehung zwischen Wissenschaft und gesellschaftlicher Praxis wird in der Regel nicht thematisiert. Doch insbesondere für sprachlich vermittelte Ver- und Anwendungsprozesse sozialwissenschaftlichen Wissens müßte die Gegenseitigkeit des Diffusionsprozesses rekonstruiert werden, da sich Sprache stärker einer Operationalisierung entzieht als etwa technische Innovationen. Die Ansätze zur Disseminations- und Innovationsforschung geben darüber hinaus nur eine unbefriedigende Antwort auf das Problem des Wandels des Gegenstandes der Diffusion. Doch mögliche Veränderungen von Bedeutungsinhalten können bei sozialwissenschaftlichem Diffundans eine nicht unerhebliche Rolle spielen. So mögen sich zwar die Disseminationskonzepte für die Beschaffung von Hypothesen zum Diffusionsprozeß, seinem Ablauf, seinen Strukturen und seinen Variablen eignen, sie vermögen aber nichts zu der Frage des etwaigen Bedeutungswandels von sozialwissenschaftlichem Wissen für die Lebenspraxis sozialwissenschaftlicher Laien auszusagen (Sozialwissenschaftliche Schriften 1975; Cornelissen 1976). Da in der Regel nicht hinreichend getrennt wird zwischen dem Prozeß der Vermittlung und dem der konkreten Ver- und Anwendung sozialwissenschaftlichen Wissens, kann man sich hier auch von der problematischen Annahme leiten lassen, „ein gutes Wissen unter die Leute zu bringen", ein Wissen, dessen Inhalte und interne Strukturen nicht problematisiert werden müssen, sondern lediglich die Modi seiner effektiven Verteilung (vgl. Weber 1980). Nimmt man aber neben dem Diffusionsprozeß einen mitlaufenden Umsetzungsprozeß an, in dem ‚brauchbare' sozialwissenschaftliche Wissenselemente unter der Dominanz lebensweltlicher Deutungs- und Handlungsmuster in Handlungsstrategien gleichsam umgesetzt werden, so lassen sich diese beiden im Falle der Verwendung sozialwissenschaftlichen Wissens nicht trennbaren Prozesse der Diffusion und der Umsetzung auch als Transformationsprozeß von sozialwissenschaftlichem Wissen bezeichnen (Cornelissen 1976; Dewe 1983). So gesehen scheint es fragwürdig, „sozialwissenschaftliche Denkweisen an die Praxis vermitteln (zu wollen)" (Wurzbacher 1982, 770; vgl. auch Opp 1967). Betrachtet man vielmehr die Dissoziation sozialwissenschaftlicher und lebensweltlicher Wissenssysteme als ein prinzipielles Problem (vgl. Wahl/Honig/ Gravenhorst 1982), dann wird davon auszugehen sein, daß die Vermittlung sozialwissenschaftlichen Wissens kein Verwischen der Unterschiede von Wissenschaft und Praxis, sondern gerade umgekehrt deren Anerkennung in den gegenseitigen Erwartungen beider Parteien verlangt (Neidhardt 1979). Die theoretische Klärung der Möglichkeiten und Grenzen einer Übertragung sozialwissenschaftlichen Wissens sind aber insbesondere im Falle der Soziologie problematisch, da sie typische „Verwendungsdiskurse" bisher noch nicht hinreichend institutionalisiert hat (vgl. Weber 1980). Dieses Problem thematisiert die Studie von Riegel (1974). Doch hier wird lediglich eine systemtheoretisch begründete Nomenklatur von Vermittlungsinstanzen vorgestellt (der wissenschaftlich-technische Berater, der wissenschaftliche Journalist, der wissenschaftliche Experte in der Politikberatung, der wissenschaftliche Experte in formalen Organisationen sowie die unspezifische Diffusion wissenschaftlichen Sonderwissens). Riegel setzt ‚Berater' und ‚Experten' gleich, weil er den Verwendungszusammenhang sozialwissenschaftlichen Wissens lediglich aus der Perspektive des Wissenschaftssystems betrachtet, von wo aus er als ein Problem effizienter Wissensvermittlung an eine ignorante Lebenspraxis, nicht aber als eine Transformation oder gar Aufklärung lebenspraktischen Wissens begreifbar ist.

An dieser Stelle setzt die in Rede stehende Rekonstruktionsarbeit an. Die schon erwähnte Studie von Cornelissen u. a. (1976) kann hier als eine wertvolle Vorarbeit betrachtet werden. Differenzen zum eigenen Vorgehen bestehen nun aber darin, daß bei Cornelissen u. a. (1976) auf eine direkte Verfolgung des wissenschaftlichen Wissens im Transformationsprozeß verzichtet wurde und zudem eine methodische Vorgehensweise favorisiert wurde, die mir problematisch erscheint. Die Verwendung sozialwissenschaftlichen Wissens als Transformationsprozeß scheint mir in geeigneter Weise anhand der Thematisierung Kommunikationsvorgänge in lebenspraktischen Beratungsprozessen entschlüsselbar zu sein, was im Fortgang der Argumentation versucht wird. Da hier die praktische Relevanz sozialwissenschaftlichen Wissens bezüglich konkreter Handlungsprobleme zum Gegenstand der theoretischen Konstruktion gemacht werden soll, scheiden alle Formen der Politik- und Institutionenberatung (Klages 1977; Wissenschaftszentrum Berlin (Hrsg.) 1977; Badura (Hrsg.) 1976) aus, da hier ein tatsächlich prozeßnaher Erfolg der Verwendung sozialwissenschaftlichen Wissens in der Beratungskommunikation mir nicht möglich erscheint. Ist das theoretische Interesse gerichtet auf die Analyse der konkreten Modi der Vermittlung und lebenspraktischen Anwendung sozialwissenschaftlicher Ergebnisse in face-to-face-Interaktionen zwischen sozialwissenschaftlich argumentierenden Beratern und berufs- und lebenspraktisch handelnden Alltagsmenschen, so fällt auch die signifikante Differenz zu bisher vorliegenden sozialwissenschaftlichen Ansätzen der Beratungsforschung (Beratungsforschung 1979; Seel 1979, 1981) auf. Diese methodologischen Überlegungen sozialwissenschaftlichen Beratungsforschung können wegen der dort vernachlässigten Trennung zwischen Institutionen- und Politikberatung einerseits und der hier in Rede stehenden berufs- und lebenspraktischen Beratung, darüber hinaus aber auch wegen der dort vertretenden empiriefernen Position und einer zu normativ gewonnenen Programmatik für die hier verfolgte theoretische Rekonstruktion lediglich den Stellenwert von Vorüberlegungen beanspruchen. Denn der Versuch, Hinweise auf lebensweltliche Kriterien der Brauchbarkeit sozialwissenschaftlichen Wissens zu gewinnen, wird in den vorliegenden Untersuchungen zur Beratungsforschung nicht explizit angestrengt.

Die zur Untersuchung des Wissenstransfers üblicherweise benutzten Diffusionstheorien (z.B. Siebert 1967; Havelock 1969; Becker 1970 und Zintl 1970) geben allesamt wenig Aufschluß über den Wandel des Wissens in diesem Prozeß (vgl. Cornelissen u.a. 1973, 4). In meinen Überlegungen wird aber Verwendung gerade unter dem Gesichtspunkt thematisiert, daß sowohl das wissenschaftliche wie das Allgemeinwissen Veränderungen unterliegen, deren genauere Betrachtung Hinweise auf Möglichkeiten und Folgen des Wissenstransfers ergeben soll; in diesem Sinne ist hier von „Transformationsprozessen“ die Rede.

Um den so noch leeren Begriff der „Transformation“ konkreter zu fassen, kann der hier unter wissenssoziologischen Gesichtspunkten im Mittelpunkt der Betrachtung stehende Prozeß, in dem wissenschaftliches Sonderwissen allgemein zugänglich wird, unter verschiedenen Fragestellungen untersucht werden.

Da der Alltag genau der Ort ist, indem in das Allgemeinwissen einfließende Elemente aus Sonderwissensbeständen „angeeignet“ werden und dabei in Konfrontation mit dem Deutungsschemata des Alltagswissens geraten, läßt sich fragen, in welcher Weise — aufgrund der Kenntnis der Merkmale und Besonderheiten beider Wissensformen — eine Integration wissenschaftlichen Wissens in Alltagswissen denkbar ist und welchen Veränderungen beide Wissensformen dabei unterliegen. Die so beschriebenen personal gebundenen Transformationen bilden sozusagen die Folie, auf der dann die Transformationsprozesse zwischen soziologischem Deutungswissen und gesellschaftlich relevantem Allgemeinwissen betrachtet werden. Spezifische intermediäre Instanzen und institutionalisierte Transformationsprozesse außerhalb der Beratungskommunikation werden hier nicht berücksichtigt.

Die Wissenschaft mit ihren theoretischen Aktivitäten von Systematisierung und Formalisierung ruht zwar auf der Lebenswelt und ist in der Praxis des Alltagslebens begründet, entfernt sich aber doch im Verlaufe der Wissensgewinnung so weit von ihr, daß Schwierigkeiten entstehen, das gegenüber der subjektiven Gebundenheit und Bedeutsamkeit des Alltagswissens universelle, affektfreie Wissen in praktische Handlungszusammenhänge zu integrieren.

Findet nun wissenschaftliches Wissen Eingang in die gesellschaftlichen Wissensbestände, so lassen sich auf der Grundlage der bisher gewonnenen Kenntnisse über Wissenschaft und Alltag bzw. wissenschaftliches Wissen und Alltagswissen folgende Möglichkeiten von Transformationen zwischen beiden Bereichen erkennen:

(1) Es findet keine Transformation im eigentlichen Sinne statt; in das Alltagswissen werden lediglich Verweise auf die Existenz wissenschaftlichen Wissens aufgenommen, das im übrigen aber von Experten verwaltet und „angewendet" wird. Zu solchen Verweisen gehört auch die ungefähre Kenntnis, wann, mit welchem Problem man sich an welchen Experten zu wenden hat oder auch nur, wer hierüber Auskunft erteilen kann.

(2) Es erfolgt eine Aufnahme wissenschaftlicher Begriffe in die Umgangssprache (z. B. „Gen", „Rolle", „Atom", etc.) (vgl. Luckmann 1977, 21). Die Begriffe verlieren dabei die in ihrem wissenschaftlichen Theorierahmen gegebene Eindeutigkeit, werden vager und unbestimmter und verknüpfen sich möglicherweise mit wissenschaftlich nicht zulässigen Vorstellungen (z. B. Atome als kleine „Bausteinchen").

(3) Es werden wissenschaftliche Teilmodelle und -aussagen in das Alltagswissen übernommen (vgl. Luckmann 1977, 22). Eine Integration von Teilerklärungen geht in der Regel einher mit der Popularisierung eines wissenschaftlichen Begriffes bzw. werden diese in ihm „auf den Begriff gebracht". Wissenschaftliche Aussagen werden aus dem theoretischen Zusammenhang, innerhalb dessen sie streng genommen allein Gültigkeit besitzen, herausgenommen und einer Typisierung unterworfen, d. h. sie werden auf einen individuell oder gesellschaftlich relevanten Zusammenhang hin als typisch wiederkehrendes Argumentationsmuster und so bereinigt von anderen, nicht überschaubaren Implikationen, als Deutungsschemata neben anderen im Wissensvorrat abgelagert. Wissenschaftliches Wissen, das der Alltagserfahrung naheliegt (z. B. medizinisches Wissen) kann dabei auch vorgängig vorhandene Deutungen (z. B. die Deutung von Krankheit als schicksalhaft, als Strafe) durch neue überdecken oder sogar vollständig ersetzen (Viren, Bakterien als Krankheitsursachen). Diese neuen Deutungsschemata sind im Alltagswissensbestand handlungsanleitend (z. B. hygienisches Verhalten). Zu der Maßnahme, einem grippekranken Kollegen nach Möglichkeit aus dem Wege zu gehen, bedarf es allerdings keiner differenzierten bakteriologischen Kenntnisse, sondern es reicht eine allgemeine Vorstellung von „sich anstecken können" aus.

Es kann aber auch gerade im Bereich des medizinischen Wissens oder bei starker subjektiver Betroffenheit, eine weitergehende und differenziertere Übernahme wissenschaftlicher Erkenntnisse beobachtet werden, so daß hier über die Bindung der medizinischen Profession an die Entwicklung des medizinischen Wissens und die wissenschaftliche Definition von Krankheit das Alltagswissen zunehmend mit auf wissenschaftlichem Wissen basierenden Deutungen von

Krankheiten, Symptomen und Ursachen versehen wird. In diesem Sinne kann von einer „Verwissenschaftlichung" des Alltagswissens gesprochen werden, wenn auch die Struktur des Alltagswissens nicht verändert wird.

(4) Die Übernahme von Gesamtmodellen der Wissenschaft ins Alltagswissen (vgl. Luckmann 1977, 22) ist am wenigsten faßbar; inwieweit das Wissen um das kopernikanische Sonnensystem, die Darwinsche Entwicklungstheorie oder die wissenschaftliche Rationalität einen kognitiven, affektiven und moralischen Orientierungsrahmen für das Leben abgeben, ist schwer zu bestimmen. Vermutlich aber können wissenschaftliche Theorien auf einfache und sehr allgemeine Deutungsschemata gebracht und auf verschiedene Lebensbereiche bezogen, vorübergehend einen Ersatz für verlorengegangene normative religiöse Weltbilder liefern. Wenn die Wissenschaft im Zuge der Aufklärung diese traditionell religiöse Funktion übernahm, eine Gesamtorientierung für den Lebensvollzug zu bieten, so zeigt sich doch im Laufe der Entwicklung, daß sie „in ihren Einzeldisziplinen und als Gesamtheit in dieses Kleid nicht so richtig hineinpaßte" (Luckmann 1981, 106). Zwar ist wissenschaftliches Wissen immer auch ein öffentliches Wissen, das jeweils in die öffentliche Weltauslegung — die Deutung und Auslegung der Kultur einer Gesellschaft — einfließt und sich diesen Einfluß durch seine öffentliche Legitimation sichert. Trotzdem handelt es sich nicht um normativ begründete kulturelle Orientierungsschemata, auch nicht um die Gesamtgesellschaft erfassende Denksysteme oder normativ verpflichtende Handlungsregeln, wenngleich auch wissenschaftliche Aussagen öfters als solche genommen werden (vgl. Riegel 1974).

Von der Aufnahme wissenschaftlichen Wissens, in welcher Reichweite auch immer, kann noch einmal die Übernahme der wissenschaftlichen Methode, die systematische Analyse eines Gegenstandes, unterschieden werden. Eine systematische Bearbeitung von Handlungsproblemen ist nun aber genau die Vorgehensweise, die das Alltagsdenken gerade nicht auszeichnet. Die systematische Analyse von alltäglichen Handlungsproblemen kann zudem erst dann erfolgen, wenn selbstverständliches Handeln nicht mehr möglich ist und somit schon die Grenze des alltäglichen Sinnbereiches erreicht ist. Die Bearbeitung solcher Probleme erfolgt in moderen Gesellschaften zunehmend durch Professionen und Institutionen (vgl. auch Sprondel 1979, 141): man denke dabei z.B. an Statuspassagen im Lebenslauf (Eintritt in die Berufswelt), die nicht mehr auf dem Hintergrund stabiler gesellschaftlicher Strukturen und biographieintegrierender Deutungsmuster (z.B. Handwerkertradition und eine damit verbundene Arbeits- und Lebensauffassung) „selbstverständlich" zu bewältigende Phasen sind, sondern zum Problem werden, das von Experten systematisch bearbeitet werden kann.

Angenommen, die wissenschaftliche, d.h. systematische Methode fände weitere Verbreitung und „inkompetente" Anwendung von jedermann (Lepsius 1964), so hätte dies in der Konsequenz weitreichende Folgen für das Alltagswissen. Die systematische Analyse einer Situation hätte die sukzessive Systematisierung des Alltagswissensbestandes und den konsistenten Einbau neuer Elemente zur Folge, d.h. interne Umstrukturierungen des Wissensvorrates würden nötig. Gegenüber einer solchen Verwissenschaftlichung erweist sich das Alltagswissen jedoch ganz erheblich resistent: einerseits findet dieser Prozeß sofort dort seine Grenze, wo unter Handlungsdruck schnelle Entscheidungen vonnöten sind, andererseits steht ihm die Flexibilität bzw. „Borniertheit" des Alltagsbewußtseins entgegen, die eine identitätssichernde Funktion besitzt; Identitätskrisen und damit verbundene Handlungschwierigkeiten, die Beratung erfordern, sind allerdings notwendig mit Umbrüchen im individuellen Wissensvorrat verbunden.

Im folgenden soll nun die *besondere* Problematik der Soziologie entwickelt werden, die sich aus ihrem spezifischen Verhältnis zur ihrem Gegenstand ergibt, um schließlich auf Grundlage der gewonnenen Transformationstypen Aspekte aufzuzeigen, die bei der „Verwendung" soziologischen Wissens in der gesellschaftlichen Praxis eine mehr oder weniger bedeutsame Rolle spielen.

Ohne an dieser Stelle auf die Geschichte der Auseinandersetzungen um die besondere Problematik der Soziologie im Unterschied zu den Naturwissenschaften eingehen zu können, läßt sich feststellen, daß es das grundlegende Merkmal des Gegenstandsbereiches der Soziologie darstellt, daß sie es mit einer gegliederten, vorstrukturierten und vorinterpretierten Welt, mit vorgegebenen Sinnstrukturen und Reflexionen zu tun hat (vgl. Schütz 1971, 6). In der Kritik der einheitswissenschaftlichen Methodologie ist immer wieder und heute anscheinend mit wachsender Überzeugungskraft ins Feld geführt worden, daß die Sozialwelt als Gegenstand nicht mit der Naturwelt gleichzusetzen sei. Der Haupteinwand in dieser Kritik ist bekanntlich, daß die Objekte der Naturwelt unabhängig von den Intentionen der handelnden Subjekte existieren, daß aber die Objekte der Sozialwelt nicht als solche gegeben sind, sondern nur als interpretierte, in Symbolen gefaßte Tatbestände existieren, an denen sinnhaftes Handeln Bedeutungen festmachen kann. Die Soziologie untersucht soziale Bedeutungszusammenhänge, die nicht unabhängig sind vom Handeln der praktisch agierenden Subjekte. Insofern stellt sich der Umgang mit sozialen Sachverhalten komplizierter dar als z.B. der wissenschaftsmethodische Umgang mit der äußeren Natur. Dem entspricht, daß soziale Sachverhalte in hohem Maße alltagssprachlich vorinterpretiert sind, also im Prinzip jeder mitreden kann. Enthält dies die besondere Chance, Alltagswirklichkeit und -erfahrung mit wissenschaftlichen Aussagen in Beziehung zu setzen, so ist beides doch nicht umstandslos integrierbar, weil wissenschaftliche Erkenntnis auf Verallgemeinerungsfähigkeit aus ist und dabei ohne Distanz zu ihrem ‚Gegenstand' nicht auskommt — was analog gilt für die Vermittlung wissenschaftlicher Erkenntnis in ihrem Verhältnis zur Unmittelbarkeit praktischer Erfahrungen und Ansprüche. Damit ist die Beziehung von Sozialwissenschaft und sozialer Wirklichkeit einem eigentümlichen Spannungsverhältnis ausgesetzt, das immer Gefahr läuft, nach der Theorie- und Praxisseite hin aufgelöst zu werden.

Zwar lassen sich auch im Bereich des sozialen Handelns „objektive" Zusammenhänge, soziale Strukturen, Funktionen und Beziehungen ausmachen, die nicht unbedingt von den Handelnden intendiert, sondern vom Beobachterstandpunkt des Sozialwissenschaftlers aus konstruiert sind. Der Soziologe entwirft so methodisch und systematisch ein Bild von der sozialen Realität, das sich von den Vorstellungen der Handelnden unterscheidet.

Gleichzeitig aber ist er auf die subjektive Sinnsetzung und die Vorstellungen der Handelnden verwiesen. In dieser Hinsicht hat die dialektische Theorie darauf insistiert, daß das Sinnverhältnis für die soziologische Theorie konstitutiv zu sein hat, während zugleich der „objektive Sinn" eines historischen Lebenszusammenhanges festgestellt werden muß (vgl. Habermas 1965, 296) (zur „doppelten Konstitution der sozialen Wirklichkeit" siehe auch Berger/Luckmann 1970; Hack et al. 1979), wobei das menschliche Sinnverständnis mit den gebräuchlichen Verfahren empirischer Datenerhebung und statistischer Auswertung nur unzulänglich und verzerrt erfaßt werden kann (vgl. Kapitel VI).

In dieser Besonderheit des Gegenstandsbereiches liegt die Ursache für die Schwierigkeit der Soziologie, eine ausreichende Autonomie gegenüber der gesellschaftlichen Praxis zu erringen. Denn: wie beschrieben, löst die Wissenschaft ihr Objekt aus seinem Zusammenhang, um es unter ihm eigenen Problemstellungen zu untersuchen. Läßt die Natur dies indifferent geschehen und kann der menschliche Körper noch relativ problemlos zum Objekt medizinischer Forschung gemacht werden, so gilt aber gerade für die Soziologie, daß „offenbar das kulturelle Selbstverständnis gegen die Herauslösung von sozialen Elementen aus dem Sinnzusammenhang der menschlichen Existenz weit größeren Widerstand (leistet), als etwa die Herauslösung der Wirtschaftsgesetzlichkeiten oder anderer Teilfunktionen der gesellschaftlichen Ordnung" (Lepsius 1973, 113).

Dies mag seinen Grund darin haben, daß das Soziale konstitutiv ist für den menschlichen Lebensvollzug überhaupt. Das bedeutet für die Soziologie aber einerseits eine erschwerte Autonomie und andererseits einen verstärkten Legitimationsdruck durch gesellschaftliche Erwartungen gegenüber der Disziplin. (Relativ) autonomen und professionalisierten Wissenschaften, die ein Monopol des in Frage kommenden Spezialwissens besitzen, gelingt es, eine auf bestimmte Kriterien eingeengte und spezifierte Interpretation der Legitimität der jeweiligen wissenschaftlichen und professionellen Aktivitäten öffentlich durchzusetzen und die an die Disziplin gestellten Erwartungen zu kontrollieren. Dies gilt etwa für die Medizin, die die allgemeine Wertvorstellung ‚Erhaltung des Lebens und Verringerung des Leidens' so interpretiert, daß sie nur für organische Ursachen des Leidens zuständig ist. Als hochprofessionalisierte Disziplin mit einem Wissensmonopol kontrolliert sie die Kriterien dessen, was als Krankheit zu gelten hat. Die erreichte Autonomie versetzt sie zugleich in die Lage, die Frage nach dem Sinn des Leidens als eine im Rahmen ihrer Disziplin nicht zu bearbeitende Fragestellung abzuweisen.

Der Soziologie fehlt nun eine Homogenität der Wertvorstellungen für die Legitimierung. Konstatiert wird hier ihre Abhängigkeit von politischen Diskussionen und der „Zeitkultur", ihre relative Unfähigkeit, gegenüber den Ansprüchen der Geldgeber und Wissensabnehmer (Staat, Institutionen, Organisationen) einen autonomen Standpunkt zu behaupten, sowie die Diskrepanz zwischen diffusen und hochgeschraubten Erwartungen der Öffentlichkeit und eigenen Leistungen zu kontrollieren und des weiteren *Sinngebungszwänge* abzuwehren:

„Die allgemeine Verunsicherung bewirkt, daß etwas aufkommt, was besonders die um ihren wissenschaftlichen Reputationsgewinn besorgten Sozialwissenschaften längst für überwunden gehalten hatten, etwas, daß ich ... mit dem antiquierten Terminus von Sinnfragen umschreiben muß" (Nowotny 1983, 2; vgl. auch Jaeggi/ Berking 1983). Die höhere Verflechtung des Sozialen mit „den gesamtgesellschaftlich wirksamen, moralisch relevanten und politisch herrschenden Konstruktionen der sozialen Wirklichkeit unterwirft die Gesellschaftsanalyse einem ... Sinngebungszwang" (Lepsius 1973, 113). Die übersteigerten Erwartungen, die sich hiermit verknüpfen, verstärken das nun öffentlich sichtbar werdende Leistungsdefizit (vgl. auch Offe 1977).

Elias (1983) beschreibt die prekäre Situation der Sozialwissenschaftler auf dem Hintergrund des immer komplexer werdenden Netzwerkes menschlicher Tätigkeiten und der wachsenden Interdependenz der Individuen. Der zunehmenden Kontrolle über die Naturgewalten entspricht eine immer größer werdende Schwierigkeit, die Kontrolle über die Prozesse sozialen Wandels und die eigene emotionale Betroffenheit von den sozialen Beziehungen zu erlangen. „Der gleiche Prozeß, der die Abhängigkeit der Menschen von den unkontrollierbaren Launen der Natur vermindert, verstärkt ihre Abhängigkeit voneinander" (a.a.O., 21).

Die Sozialwissenschaftler, deren Aufgabe es ist, „die sich wandelnden Muster, die Menschen miteinander bilden, und die Natur dieser Bindungen, die Struktur dieses Wandels sich und anderen verständlich zu machen" (ebd., 24) sind nun selbst Teil dieser „Muster", sind unmittelbar Beteiligte an sozialen Konflikten und sind Mitglieder gesellschaftlicher Gruppen.

So kommt es, daß sich die Forschung zwischen zwei Bewußtseinsebenen und zwei Einstellungen hin und her bewegt: zwischen mehr Engagement oder mehr wissenschaftlicher, objektiver Distanzierung.

Da das Engagement eine der Voraussetzungen für das Verständnis der Probleme ist, die ein Sozialwissenschaftler zu lösen hat, kann die Spannung auch nicht einfach zugunsten einer totalen Distanzierung nach naturwissenschaftlichem Vorbild aufgelöst werden. So ist nach Elias das gemeinsame Selbstverständnis vieler gegenwärtiger Sozialwissenschaftler folgendes:

„Sie gestehen einander, wie gegensätzlich auch ihre Grundannahmen sein mögen, einen sehr weiten Spielraum zu für die Verwendung dogmatischer Ideale und Wertungen als Basis ihrer Problemstellung, ihrer Auswahl von Belegen, ihrer Entwicklung von Theorien; und dieser Spielraum wird gewöhnlich um so größer, je mehr der Druck der Spannungen und Leidenschaften in einer Gesellschaft steigt" (a.a.O., 31).

Zwei weitere Aspekte der besonderen Problematik der Soziologie werden deutlich, wenn man die Relevanz soziologischen Wissens betrachtet. Jedes Wissen kann entweder als Problemlösungs- bzw. Leistungswissen oder aber als Orientierungs- bzw. Deutungswissen gesellschaftlich wirksam werden (zur Diskussion um die Unterscheidung von Funktionen des Wissens siehe Berger/ Luckmann 1970; Bellebaum 1977; Oevermann 1981; Offe 1982; Parallelen bereits bei Scheler 1926).

Soweit wissenschaftliches Wissen kein esoterisches Wissen, sondern ein öffentliches Wissen darstellt, geht es latent oder manifest in die öffentliche Weltauslegung der jeweiligen Gesellschaft ein und sichert sich diesen Einfluß durch seine öffentliche Legitimation (vgl. Riegel 1974, 94ff.). Wissenschaftliches Wissen stellt zwar keine normativen Aussagen zur Verfügung (Dahrendorf 1982), kann aber in seiner Orientierungsfunktion gesellschaftlich normative Bedeutung erlangen.

In den durch Ausdifferenzierung sozialer Systeme und die Institutionalisierung spezialisierter Handlungsfunktionen zunehmend komplexer werdenden modernen Gesellschaften wird Identität und Sinn der sozialen Realität nicht mehr durch eine lokal geschlossene Gruppe (z. B. Familie) vermittelt und kontinuierlich aufrechterhalten, vielmehr werden Sinnhorizonte und Wirklichkeitskonstruktionen zunehmend an Institutionen und Teilsysteme der Gesellschaft gebunden. Aus der „Prämoderne" stammende, in biographischer Erfahrung auszudifferenzierende, kollektive und noch generative, d. h. für alle Gesellschaftsmitglieder relevante identitätsstiftende Deutungsmuster befinden sich zunehmend in der Destruktion, da sie die sich wandelnde soziale Realität nicht mehr adäquat erfassen und überdies auf der Grundlage reduzierter Primärerfahrung nicht mehr reproduziert werden können.

Durch die Zugehörigkeit zu verschiedenen Kontaktkreisen und Organisationen, in denen der einzelne in zeitlich rascher Abfolge agiert, wird er mit wechselnden Aspekten der sozialen Wirklichkeit, mit wechselnden Wirklichkeitskonstruktionen konfrontiert (vgl. Braun 1971, 117f.). Die Konfrontation mit sozialer Komplexität und einer „Pluralität der Lebenswelten" erzeugt eine ständige (latente) Unsicherheit der sinnhaften Daseinsentwürfe, die sicheres Handeln im Alltag und gesellschaftlichen System gefährdet. Für die Gewinnung eines strukturierten Bildes, die Aufrechterhaltung der Handlungsfähigkeit der Individuen und auch größerer sozialer Gebilde, ist ein Wissen notwendig, das die Komplexität nicht nur erfaßt, sondern auch reduziert (vgl. Luckmann 1972, 166f.).

Soziologisches Wissen kann, gerade, weil es die gesellschaftliche Wirklichkeit zum Gegenstand hat, hierzu prinzipiell schon einen Beitrag leisten. Indem es Einzelbereiche und — Standpunkte übergreifende Deutungen — in Form von Aussagen über strukturelle Zusammenhänge — anbietet, eignet es sich zur sozialen Konfliktsteuerung und kognitiven Integration der Gesellschaft. Dieser Funktion kommt die Tatsache entgegen, daß religiöse, philosophische oder individualistische Begründungen des Lebenssinns und der gesellschaftlichen Ordnung an Deutungskraft verlieren und soziologisches Wissen hier einen Ersatz anzubieten scheint (vgl. Lepsius 1974). Diese Orientierungsfunktion soziologischen Wissens ist allerdings problematisch. Einerseits werden zwar durch „sekundäre Symbolsysteme" (Schmitz/Thomssen 1976), d. h. in nicht alltäglichen Zusammenhängen erzeugte Wissens- und Kategoriesysteme, die eine sekundäre Wirklichkeitserfassung leisten, Bedingungen für eine komplexere und universalistische Wahrnehmungsstruktur geschaffen, andererseits aber findet durch sekundäre Sinnbildung eine Selektion von Erfahrungen und Deutungen statt, die die Artikulation von Bedürfnissen und Interessen steuert, soziales Handeln kanalisiert.

Das soziologische Wissen in seiner Orientierungsfunktion ist durch seine Allgemeinheit und Kontextunabhängigkeit i. a. R. zwar nicht orientiert auf eine pragmatisch argumentierende Praxis (vgl. Brown 1983) und auch nicht auf die Bedürfnisse der Individuen in konkreten Handlungssituationen abgestellt, sperrt sich somit einer individuellen „Aneignung", doch es kann — außer irrelevant bleiben — auch als Ersatz für die „hilflos werdende Primärerfahrung" (Schelsky 1965, 131; siehe auch Braun 1971, 104f.) und darin gründenden Deutungsschemata genommen werden; in diesem Prozeß der „Laisierung soziologischen Wissens" (Scheuch 1965) unterliegt es einer Vereinfachung und Umsetzung in Klischees, d. h. in ideologisierte „soziologische Wahrheiten". Hier muß jedoch einschränkend gesagt werden, daß die übliche Verwendung sozialwissenschaftlichen Wissens nicht auf derart ursprüngliche Beziehungen trifft, sie adressiert sich an Praktiker, die ihrerseits bereits distanzierte Perspektiven aufgebaut haben. So ist zu Recht festgestellt worden, daß die Verwendung häufig in einem Prozeß der „Sekundärverwissenschaftlichung" (Beck/Bonß 1984) auf Praktiker stößt, deren Handeln bereits durch die Übernahme von Teilen wissenschaftlicher Perspektiven gesteuert wird. Dies ist insbesondere dann der Fall, wenn Sozialwissenschaft zur Klärung der Nebenfolgen einer stattgefundenen Rationalisierung herangezogen wird.

Der zweite hier anzuführende Aspekt des Problemkontextes soziologischer Forschung und Anwendung bezieht sich auf das soziologische Leistungswissen, das sich — auch aus oben schon erwähnten Gründen — angesichts der vorherrschend ökonomischen, pädagogischen und vor allem juristischen Bearbeitung gesellschaftlicher Probleme nicht unmittelbar in die gesellschaftliche Praxis überführen läßt (vgl. Braun/Hahn 1973, 121; Lüschen 1979). Da sich gesellschaftliche Praxis weitgehend innerhalb institutionalisierter Teilbereiche vollzieht, verfügt die Soziologie über kaum eigenständige Eingriffsmöglichkeiten in das soziale Geschehen, sondern kann nur ihr Fachwissen den Organisationen und Institutionen zur Verfügung stellen bzw. Probleme in ihrem Auftrag bearbeiten. Aufgrund der Rationalität des Wissens und der wissenschaftlichen Methode eignet sich soziologisches Wissen zur Planung von Arbeits- und Produktionsabläufen, zur „Verwissenschaftlichung der Arbeitsorganisation" (vgl. Hoffmann 1970) und zu „technischer Sozialreform" (Gouldner 1973). Dieser Tatbestand hat der Soziologie wiederholt den Vorwurf der „Sozialtechnologie" eingetragen. Wenn mit ihrer Hilfe „Sozialmanagement" betrieben wird, so steht sie in der Gefahr, sich in den Dienst einer immer effizienteren Verwaltung des Menschen zu begeben und Herrschaft zur Grundlage ihrer Anwendung zu machen (vgl. Beck 1980, 423f.; Dreitzel 1972).

Der Konflikt, der hier zumindest latent angelegt ist, resultiert vor allem daraus, daß gerade auch jene gesellschaftlichen Strukturen, in die die Soziologie anwendungsmäßig eingebunden wird, Gegenstand ihrer Forschung sind, und daß sie aufgrund ihrer mangelhaft ausgebildeten Autonomie schwer einen unabhängigen, wissenschaftlich objektiven „Beraterstandpunkt" gegenüber den Eigeninteressen der Wissensabnehmer behaupten kann. Austragen muß diesen Konflikt vor allem der in Organiationen praktisch tätige Soziologe.

„Der praktische Soziologe, selbst in ein Netz von sozialen und materiellen Verpflichtungen und Eigeninteressen eingebunden, kann in einem bestimmten sozialen Feld immer nur entlang der vorgegebenen, von seiner eigenen sozialen

Position her zugänglichen, verfestigten Handlungsmöglichkeiten praktisch tätig werden" (Beck 1980, 421; vgl. auch Fiala u.a. 1975).

Als Möglichkeit, diesen Schwierigkeiten der praktischen Soziologie Abhilfe zu schaffen, diskutiert Beck einerseits die Notwendigkeit, sich auf die Objektivität soziologischen Wissens zu berufen und so einen autonomen „Handlungsspielraum aufzubauen und gegenüber Fremderwartungen und wechselnden politischen Konjunktionen zu festigen" (ebd.). Andererseits scheint es notwendig zu sein, die Umsetzung soziologischen Wissens in demokratisch verfaßten, hoch komplexen Sozialverhältnissen nicht über Herrschaft, sondern über den Konsens aller Betroffenen erfolgen zu lassen (ebd., 426ff.; vgl. auch O'Neill 1978, 62).

Eine wesentliche Voraussetzung für die Konsensfähigkeit soziologischen Wissens ist aber, daß es sich „in die Handlungsperspektiven und Handlungsmöglichkeiten der beurteilenden Akteure einordnen" (Weber 1980, 302) läßt. Eingedenk der damit verbundenen Probleme votiert J. Ben-David dafür, die gesamte Problematik der Anwendung der Soziologie aus dem Zuständigkeitsbereich der Soziologie als Wissenschaft zu verbannen, indem er vorschlägt, die Einteilung von Grundlagenforschung, angewandter Forschung und Entwicklung, wie sie im Bereich der Naturwissenschaft üblich geworden ist, im Hinblick auf den praktischen Nutzen der Soziologie neu zu bedenken. Denn es ist immer nur von der „Entwicklung" ein direkter Nutzen für praktische Probleme zu erwarten, während die angewandte Forschung zwar einen praktischen Ausgangspunkt besitzt und eventuell auch praktisch wertvolle Ergebnisse erzeugt, aber nur in Ausnahmefällen sofort anwendbar ist (vgl. auch Archibald 1976, die den systematischen, den inkrementalistischen und den klinischen Ansatz in der Praxis des soziologischen Experten unterscheidet; ähnlich argumentieren auch Köckeis-Stangl u.a. 1975).

Die Komplexität der soziologisch erforschbaren Phänomene macht es — so gesehen — notwendig, zunächst den praktischen Nutzen außer Betracht zu lassen und allein entlang kognitiver Notwendigkeiten ein rationales Verständnis des Problems zu erreichen. Dies ist die Voraussetzung dafür, daß überhaupt eventuelle Anwendungsmöglichkeiten gefunden werden können, „since attempts at produced only intellectual bias and political propaganda" (Ben-David 1980, 339). Die „Entwicklung" dagegen muß nach dieser Argumentation ein von diesen Forschungsprozessen unabhängiger, aber unvermeidbarer Schritt in der Anwendung soziologischen Wissens sein. Die Praxis erfordert die Berücksichtigung der Umstände, angesichts nicht zu übersehender und nicht zu kontrollierender Variablen, sie erfordert intuitive Urteile und die Anerkennung der Besonderheiten jedes Falles. Dies alles hat mit dem wissenschaftlichen Forschungsprozeß nichts zu tun, der Anwender ist somit kein Forscher, kein Wissenschaftler in diesem Sinne (vgl. Ben-David 1980, 350).

Unabhängig von dem Für und Wider in der Diskussion um die Verwendungsmöglichkeiten der Soziologie fließt aber immer schon soziologisches Wissen in das Allgemeinwissen ein — durch die Arbeit der praktisch tätigen Soziologen, die Massenmedien und die Öffentlichkeit der politischen Diskurse — und unterliegt dabei Veränderungen, jedoch eben auch einer Popularisierung. Betrachtet man diesen Prozeß unter wissenssoziologischer Perspektive und mit der Frage nach der Relevanz für die gesellschaftliche Praxis, so geht es dabei wesentlich um die Stabilität, Verselbständigung, Veränderung, Auflösung und Wandlung von Wissensstrukturen und Deutungsschemata im Allgemeinwissen, das die Weltwahrnehmung bestimmt und so das Handeln orientiert. Es soll also im folgenden nicht einer genuinen Beurteilung unterzogen werden, welches reale Ausmaß die Verwissenschaftlichung des Allgemeinwissens angenommen hat, sondern welche möglichen Implikationen und Aspekte ein solcher Prozeß aufweist. Dabei wird den Überlegungen die zuvor entwickelte Typologie von Transformationsprozessen zugrunde gelegt.

(1) Die festgestellten Schwierigkeiten einer Professionalisierung der Soziologie angesichts des Fehlens eines eigenständigen Wirkungsbereiches sowie hinreichend institutionalisierte Diskurse wurden im Zusammenhang gesehen mit der Schwierigkeit, das Soziale als Objekt sozialwissenschaftlicher Forschung aus dem gesellschaftlichen Zusammenhang herauszulösen (vgl. auch Nettler 1980; Nunner-Winkler u.a. 1981). Dieses Problem weist aber noch einen weiteren Aspekt auf: Immer besteht vor jeder soziologischen Erklärung schon eine, wenn auch in manchen Fällen defiziente Deutung des Phänomens durch den Alltagsverstand oder den Sachverstand eines Experten für wirtschaftliche oder politische Fragen, die sich bisher auch immer für kompetent erachteten, die anstehenden Probleme zu bewältigen.

Angesichts den immer komplexer werdenden Entscheidungssituationen in den sich wandelnden modernen Gesellschaften, in denen auch das vorhandene Fachwissen einen Überblick über Problemimplikationen, Handlungsalternativen und vor allem soziale Folgen von Entscheidungen nicht mehr gewährleistet, besteht auf seiten der Öffentlichkeit und Auftraggeber soziologischer Forschung durchaus die Einsicht in die Notwendigkeit und mögliche Relevanz soziologischen Wissens. Daß dieses trotzdem irrelevant bleiben kann, liegt eben in der Stablität der vorgängigen Laienvorstellungen über die soziale Wirklichkeit begründet:

„Anforderungen und Konkurrenz durch die laienhaften Wissenschaftsvorstellungen sind so groß, daß viele Sozialwissenschaftler dadurch praktisch immobilisiert werden: entsprechen die Ergebnisse ihrer Arbeit den Laienvorstellungen, dann haben die Sozialwissenschaftler nichts neues zu bieten; sind sie hingegen inkompatibel, so wird die Annahme und Verbreitung dieser Erkenntnisse verhindert. Eine weitaus größere Diskrepanz besteht zwischen professionalisiertem und Laienwissen, die auf widersprüchliche Wertvorstellungen und divergierende Interessen zurückzuführen ist. Andererseits sind jedoch die Sozialwissenschaftler durch die fehlende ‚Dringlichkeit' ihrer Erzeugnisse mehr als die Naturwissenschaftler auf die öffentliche Annahme angewiesen" (Nowotny 1975, 451).

Dieses Dilemma nötigt die Sozialwissenschaften ‚public relation' zu betreiben, Konzepte zur Professionalisierung und „Relevierung" des Wissens (vgl. Nowotny 1975, 448) zu entwickeln.

Tatsächlich aber liegt hier, wie versucht wurde zu zeigen, ein ganz fundamentales Problem zugrunde: Die Schwierigkeit der Etablierung einer Autonomie der Soziologie, die die Stabilität von Laienvorstellungen als auch die Tatsache, daß sie sich von den wissenschaftlichen Erklärungen unterscheiden, respektiert, liegt in der Besonderheit des soziologischen Gegenstandsbereiches begründet, die eine Beschäftigung der Soziologie mit sich selbst, die Entwicklung geeigneter Theorien und Methoden erfordert, ehe man versucht, Symptome zu kurieren (vgl. auch Köckeis-Stangl u.a. 1975).

Bleiben wir noch eine Augenblick bei den Laienvorstellungen und fragen nach den Gründen für ihre Stabilität. Sie sind eben jene Deutungsmuster oder „Alltagstheorien", mit denen die Menschen die soziale Wirklichkeit erfassen und interpretieren. Das Bild von der sozialen Wirklichkeit, das sich die Menschen machen, schließt ein Bild vom eigenen Selbst, der eigenen Stellung in der Gesellschaft ein.

Dreitzel (1962) unterscheidet demgemäß ein „Gesellschaftsbild" und ein „Selbstbild", die untrennbar zusammengehören und ganz zentrale Sinnkonstruktionen darstellen, durch die Identität im gesellschaftlichen Zusammenleben überhaupt ermöglicht wird. Solche zentralen Deutungsmuster weisen wegen ihrer identitätsstiftenden Funktion und ihrer großenteils institutionellen Verankerung eine große Stabilität und Resistenz gegenüber Veränderungen auf (vgl. Dreitzel 1962, 187).

Es wurde bereits festgestellt, daß die ‚praktische Logik' mit ihren Analogieschlüssen und „Unbestimmtheiten" dem Alltagswissen eine Flexibilität in der Deutung neuer Erfahrung ermöglicht, die es gegenüber Veränderungen widerstandsfähig macht. Ein zentrales Deutungsmuster wird nun aber auch in der Konfrontation mit widerstreitenden Informationen und Erfahrungen nicht ohne weiteres aufgegeben, wie das vielleicht mit einem weniger relevanten Deutungsschemata eher der Fall wäre. Vielmehr gibt es Möglichkeiten, seine Stabilität gegenüber solcher Bedrohung aufrechtzuerhalten: Die unliebsamen Informationen werden einfach nicht zur Kenntnis genommen, oder werden, wenn sie eine größere Intensität erreichen, in den Hintergrund gedrängt. So weiß man zwar, daß die Dinge ‚eigentlich' so sind, verhält sich aber nach dem alten, traditionellen Bild (Dreitzel 1962, 196). Um die *Voraussetzung* für eine konsensfähige personale Vermittlung soziologischen Wissens zu schaffen, müßten also diese Deutungsmuster in Rechnung gestellt und explizit gemacht werden. Wenn es dem Sozialexperten gelingt, diese Deutungen zum Ausgangspunkt zu nehmen und auf dem Hintergrund seines Fachwissens das Problem in den Begriffen der Laienvorstelung zu interpretieren und diese dabei ‚von innen heraus' um Perspektiven zu erweitern und zu differenzieren, dann mag die Chance einer handlungsrelevanten Vermittlung soziologischen Wissens bestehen. Denn prinzipiell könnte die Soziologie sehr wohl dazu beitragen, das Verhältnis des Alltaghandelnden zur Wirklichkeit zu ergründen, bietet sie doch eine nicht-alltägliche Sicht von dieser Wirklichkeit (vgl. Goudsbloum 1979; Hadorn 1977). Da der Sozialexperte aber keine Tabletten zur Heilung von sozialen Problemen verschreiben, sondern nur ein Wissen um gesellschaftliche Zusammenhänge vermitteln kann, muß er gleichzeitig auch die Fähigkeit, dieses Wissen anzuwenden weitergeben, d.h. mit den Betroffenen eine Vermittlung mit den zentralen, soziales Handeln anleitenden Deutungsmustern erarbeiten. Sicherlich lassen sich bestimmte Probleme als gesellschaftliche Sonderprobleme definieren (z.B. Arbeitslosigkeit, Drogenabhängigkeit, Städteplanung), die unter anderem von Soziologen mit einem spezialisierten Wissen bearbeitet werden, verantwortlich handeln müssen letztendlich aber die Betroffenen und Auftraggeber. ‚Expertisierung' des Sozialen ist so nach dem alten Muster, nach dem mit dem Aufbau eines professionalisierten Wissensmonopols die Laien ihre Handlungskompetenz verlieren und nur noch Anweisungen befolgen, weder wünschbar noch möglich. Das den Laien zur Verfügung stehende Lösungswissen kann zwar erweitert, wegen seiner Zentralität für die Identität und das soziale Handeln jedoch nicht zugunsten eines Wissensmonopols der Experten abgebaut werden. Eine sozialwissenschaftliche Explikation der Bedingung der Möglichkeit einer rationalen Bewältigung praktischer Fragen in der jeweiligen Handlungspraxis selbst ist etwas ganz anderes als eine inhaltlich zu gebende wissenschaftliche oder wissenschaftlich zu rechtfertigende Antwort auf ein konkretes Entscheidunsproblem. In dem zuletzt genannten Gedanken steckt jene technokratische Bevormundung von Praxis, die vereinbar ist mit dem technokratischen Begriff von „Praxisrelevanz" und ebenso vereinbar ist mit einer unkritischen Forderung nach Politisierung der Soziologie. Die Rolle des praktischen Soziologen kann aber nur die eines stellvertretenden Problemdeuters und Beraters (nicht Problemlösers) sein, der sich ständig selbst überflüssig macht (vgl. Schmitz/Dewe 1983; Offe 1982).

(2) Unabhängig von der Schwierigkeit, der Soziologie eine gesellschaftliche Wirkung zu verschaffen, finden soziologische Kategorien und mit ihnen verbundene Vorstellungen und Erkärungsmuster Eingang in die gesellschaftlichen Diskurse und etablieren sich als Bestandteile des Allgemeinwissens. Wissenschaftliche Begriffe und Erklärungen unterliegen dabei einer Vereinfachung und auch einer Lösung aus ihrem Kontext, der durch gesellschaftliche und tagespolitisch relevante Zusammenhänge ersetzt werden kann. Aufgrund der beschriebenen Differenz von subjektiven Sinnsetzungen und auf Abstraktion und Generalisierung basierendem, entpersonalisiertem, objektivem wissenschaftlichem Wissen, das unabhängig von den Intentionen der beteiligten Subjekte Sinn konstituiert, können popularisierte soziologische Begriffe zur Entfremdung des Menschen von sich selbst und seinen sozialen Beziehungen beitragen (vgl. Kriesi 1980).

Nun ist es aber nicht so, daß jede Außenbetrachtung eines Gegenstandes sinnfremd zu nennen ist (vgl. Mannheim 1926, 396). Die soziologische Betrachtung der gesellschaftlichen Wirklichkeit, die die Menschen immer schon mit Bedeutung belegen, konstituiert nicht bloß sinnfremde Kausalerklärungen. Vielmehr geht der „immanente" Sinn immer schon als Voraussetzung des Verstehens überhaupt in die Erklärungen ein. Auf dem Wege der wissenschaftlichen Bearbeitung und Konstitution des Gegenstandes aber gehen die individuellen und situationsgebundenen Zusammenhänge, die eben im Alltag den Sinn ausmachen, verloren. Denn die soziologische Erfassung eines Gegenstandes bleibt nicht bei den Deutungen der Menschen stehen, sondern sucht nach Invarianten in den subjektiven Deutungen, konfrontiert die sozialen Phänomene mit Maßstäben, die sich aus den von der Theorieentwickung abhängigen Fragestellungen herleiten und sich von denen des Alltags unterscheiden, sie erfaßt vom Standpunkt der objektiven Analyse die Funktionalität der Phänomene in bezug zur Gesellschaft (vgl. Mannheim 1980, 76). Soweit die Soziologie soziale Aspekte thematisiert, stehen am Ende des Prozesses Begriffe und Theorien, die von der Individualität der einzelnen Ereignisse und Personen abstrahieren. Jede wissenschaftliche Betrachtung relativiert so den immanenten Sinn, indem sie ihn in einen höher gelagerten Sinnzusammenhang einbettet und durch diese „Funktionalisierung" einen neuen Sinn konstituiert (vgl. Mannheim 1926, 398).

Jede wissenschaftliche Betrachtung zerlegt den Gegenstand in Aspekte und schafft erst dann eine gedachte künstliche Einheit.

In dem Maße aber, in dem der subjektive Aspekt der Gesellschaft mit zufälligen individuellen Meinungen und wechselnden Einstellungen verwechselt wird — anstelle ihn „in den ganzheitlichen Bildern der sozialen Wirklichkeit zu suchen" (vgl. Dreitzel 1962, 194) — oder nach dem Vorbild der Naturwissenschaften, deren Gegenstand allerdings nichts dergleichen aufweist, als etwas betrachtet wird, von dem sich die wissenschaftliche Erkenntnis zu befreien hätte, wird in den soziologischen Kategorien und Theoriemodellen eben jene Seite der Konstitution der sozialen Wirklichkeit systematisch vernachlässigt, bzw. die objektive Seite der gesellschaftlichen Faktizitäten hypostatiert.

Ist der „homo sociologicus" nie ein Abbild der Realität, sondern eine wissenschaftliche Konstruktion (vgl. Dahrendorf 1958, 183), so hat andererseits seine Definition als „Träger sozialer Rollen" dazu geführt, daß man „zwar dem rationalen Verständnis der Tatsache der Gesellschaft um manchen Schritt näher gekommen ist, dabei aber den autonomen ganzen Menschen und seine Freiheit aus den Augen verloren hat" (ebenda, 364). Die Innenseite des Individuums, sein Bewußtsein, seine Motive und seine Selbstauffassung, soweit sie nicht sozial relevant sind, verschwinden in dieser Konstruktion hinter dem als Rolle gegebenen Verhaltensmuster (vgl. auch Plessner 1966, 247).

Da aber in der „natürlichen Einstellung" die Tendenz besteht, die soziologischen Kategorien für die Sache selbst zu nehmen (vgl. Braun/Hahn 1973, 147), d. h. nicht zu berücksichtigen, daß es sich dabei um eine unter einer bestimmten Perspektive zustande gekommene Konstruktion handelt, wird der „homo sociologicus" mit dem „ganzen Menschen" verwechselt. Dies kann dazu beitragen, daß die Gesellschaft oder hier konkret die soziale Rolle im Weltbild der Menschen übermächtig und mit eigenen unkontrollierbaren Gesetzmäßigkeiten ausgestattet erscheint, so daß eine Aneignung dieser Welt in sinnhaften Daseinsentwürfen nicht mehr gelingt. Zurück bleiben die Gefühle der Angst und Ohnmacht und ihre jeweiligen Kompensationen.

Entfremdung nennt man auch diesen Prozeß, in dem die Einheit zwischen Produzent und Produkt zerbricht. Das Produkt erscheint dem Produzenten dann als fremde Faktizität und Macht, die ihm als selbständige gegenübersteht und nicht mehr als Produkt kenntlich ist. Entfremdung ist, anders ausgedrückt, „der Prozeß, der den Menschen vergessen läßt, daß die Welt, in der er lebt, von ihm selbst produziert wurde" (Berger/Pullberg 1965, 101).

So bringt ein Wissen um Rollenhandeln es mit sich, daß die Person zum Rollenträger *wird*, der sich so verhält, wie man es von ihm erwartet. Nach dem Mechanismus der „self fulfilling prophecy" stabilisiert sich ein solches Bild durch entsprechendes Handeln, wodurch genau die Bedingungen geschaffen und reproduziert werden, die es wiederum bestätigen.

Selbst wenn nun die Soziologie Begriffe und Modelle entwickelt, die geeignet sind, den Zusammenhang zwischen Selbst und Gesellschaft transparent zu machen, bleibt das Problem bestehen, Übersetzungen zu finden, die für die Handelnden plausibel und verständlich sind, d. h. die Vereinfachungen zulassen, ohne wesensmäßige Verkürzungen der Aussagen vorzunehmen und schließlich die Wissensverbreitung zu kontrollieren.

Gerade aber der Charakter der Massenmedien im Stile der Kulturindustrie bringt es nach Adorno mit sich, daß Bildungs- und Kulturgut zur Massenware verkommt. Über den Weg der allgemeinen Verbreitung erfahre ein Kulturgegenstand eine Veränderung, eine Entstellung seiner selbst; die massenweise Verbreitung von Kulturgütern produziere im schlechten Sinn Kultur und Halbbildung würde zur universellen Erscheinung: „Im Klima der Halbbildung überdauern die warenhaft verdinglichten Sachgehalte von Bildung auf Kosten ihres Wahrheitsgehaltes und ihrer lebendigen Beziehung zu lebendigen Subjekten" (Adorno 1962, 176).

Halbbildung hat nach Adorno den unmittelbaren Kontakt zur Wirklichkeit verloren, den dagegen Unbildung als bloße Unkenntnis „kraft ihres Potentials von Skepsis, Witz und Ironie" noch herzustellen vermag. Adorno verweist auf Sombart und Max Weber, die in der bürgerlichen Rationalität das Prinzip des Abbaus von Tradition, Erinnerung und geschichtlichem Bewußtsein enthalten sehen. Der Traditionsschwund führe zu einer zunehmenden Bilderlosigkeit, dem Unvermögen, sich dank des subjektiven Geistes durch die Fassade objektiver Realität hindurch zu freien Vorstellungen zu erheben. Halbbildung aber greift zu Leitbildern und Ideologien. Was noch an kritischer Haltung übrig bleibe, sei taktierende Schlauheit, ausschließlich auf den Erfolg gerichtet.

(3) Betrachtet man nun den Eingang von soziologischen Teilmodellen und -erklärungen in das Allgemeinwissen, so gilt für diesen Prozeß ebenso, was bisher ausgeführt wurde. Darüber hinaus aber soll hier im Hinblick auf die Frage nach Veränderungen im Allgemeinwissen und ihrer Folgen für die gesellschaftliche Praxis noch ein weiter Aspekt thematisiert werden: Es gilt für die Verwissenschaftlichung der Gesellschaft allgemein, daß sie die Reflexivität der Praxis erhöht. Die gesellschaftliche Praxis selbst wird zunehmend wissenschaftlich interpretiert, Wissenschaft wird dabei konstitutiv für die Komplexität der wirtschaftlichen und sozialen Organisation (vgl. Weingart 1976, 216).

Schelsky hält mit Gehlen die auf Dauer gestellte Reflexion für ein universales und grundlegendes Prinzip der Moderne, das durch den Abbau der traditionellen Institutionen entstanden ist. Die Dauerreflexion, die „hochintellektuelle Durchdringung und Selbstverarbeitung des modernen Menschen", „die ständige Steigerung des Bewußtseins in sich selbst", hat alle festen Wahrheiten aufgelöst; „die Wahrheit ist das Ganze, der Reflexion nämlich, die im Kreise oder in unendlicher Iteration verläuft, sich jedenfalls dauernd durch die Wahrheit der Widersprüche hindurcharbeitet" (Schelsky 1957, 160).

Dauerreflexion erscheint so als die auf sich selbst zurückgeworfene Aufklärung, die mit ihren enthüllenden Fragen nicht mehr nur in die Welt und die Zeit hinausgreift, sondern nachdem die Tradition aufgelöst, die Zukunft vorweggenommen und selbstverständlich oder bedrohlich und die Gegenwart zum vorrangigen Problem geworden ist, sich auf sich selbst zurückwendet. Die Wissenschaft erfüllt dieses „Bedürfnis der Moderne", dessen Motor sie selber ist, indem sie die Reflexivität der Praxis erhöht. Und in der Soziologie wird sich die moderne Gesellschaft selbst zum Problem; hier kann sich die Aufklärung, deren Produkt sie ist, tatsächlich selbst aufklären.

Indem die Soziologie nun jene traditionellen und selbstverständlichen Deutungsweisen und Handlungsmuter thematisiert und ihre gesellschaftlichen Funktionen sichtbar macht, werden latente Funktionen ins reflexive Bewußtsein gehoben und in den gesellschaftlichen Diskursen als Meinungen zur Disposition gestellt. Latente Funktionen werden so zu manifesten (vgl. auch Braun/Hahn 1973, 139). Die weitgehende Latenz der handlungsleitenden Deutungs- und Handlungsmuster garantiert aber gerade die Handlungssicherheit. Mit ihrem Manifestwerden und in Frage stellen durch die Konfrontation mit differenten Erklärungen der Wirklichkeit wird aber die erfaßte Komplexität erhöht und die Orientierungssicherheit gefährdet. Eine allgemeine Verunsicherung der sinnhaften Selbst- und Weltentwürfe und des Handelns scheint — wie an anderer Stelle schon festgestellt — die notwendige Folge, wenn es nicht gelingt, die erfaßte Komplexität auch zu reduzieren. „Die Wissenschaft wird den Handelnden über die für ihn latenten Probleme und Strukturen, über unbewußte ‚Gründe' seines Handelns, daher nur aufklären dürfen, wenn sie deren Funktionszusammenhang kennt, wenn sie darüber hinaus auch weiß, welche Funktion die Latenz selbst für den Handelnden erfüllt und wenn sie funktional-äquivalente Alternativen dafür anbieten kann. Auch insofern ist die Abklärung der Aufklärung das Programm der Soziologie" (Luhmann 1972, 70).

Die Reduktion der erfaßten Komplexität vollzieht sich im Wissen durch die Bildung von Sinn und seine Ablagerung als Muster der Interpretation der Welt im Wissensvorrat. Dem entsprechen Handlungsmuster, die — wenn sie kollektiv geteilt werden — sich institutionell verfestigen können. Die Reduktion durch Sinnbildung kann geschehen über einen gesellschaftlichen oder auch nur gruppenspezifischen Konsens hinsichtlich der zur Disposition stehenden Meinungen und Deutungen der sozialen Wirklichkeit. Konsens läßt sich aber auch herstellen über Klischees und Stereotype, die als Ersatz für identitätsstiftende Sinnentwürfe genommen werden können. „Stereotype und Vorurteile entlasten das Bewußtsein — wenigstens vorübergehend — von der Notwendigkeit, in einer rasch sich wandelnden Welt größter Funktionsverflechtungen die Leistung ständiger Neuorientierung zu erbringen" (Dreitzel 1962, 209).

Einer solchen Banalisierung und Trivialisierung der Dauerreflexion entspricht ihre Institutionalisierung. „Nicht die problematischen, hochbewußten und in schöpferischer Anstrengung erreichten Erfüllungen neuer Bedürfnissse oder Lösungen von Lebensfragen lassen sich in institutionelle Form bringen, sondern erst deren trivialisierte, banalisierte und formalisierte und damit auf den Durchschnitt und die Menge der jeweilig betroffenen Menschengruppe umlegbaren Befriedigungen (Schelsky 1957, 166).

Nach Schelsky kann nun die Institutionalisierung der Dauerreflexion in den Massenmedien und dem Bildungs- und Unterhaltungswesen des Kulturbetriebes gesehen werden, die den Erlebnis-, Vorstellungs- und Informationsfluß als formales Kennzeichen der Dauerreflexion institutionell sicherstellen. So bleibt zwar die Dauerreflexion als Leitvorstellung vorhanden, zugleich aber wird ihre Einlösung behindert, indem „diese in die Außenwelt und ihre Einrichtungen entfremdete Führung der Dauerreflexion gerade nicht die Initiative des einzelnen in seiner inneren Selbststeigerung, den immer bewußteren und unaufhörlich vertieften Weg nach innen garantiert, ja ihn gewissermaßen durch die Erledigung auf vordergründigem Niveau behindert" (Schelsky 1957, 168).

Institutionalisiert wird also die von Adorno so bezeichnete Halbbildung mit ihren verdinglichten und ideologischen Gehalten als deren Funktion es sich erweist, einen Ersatz für die Leistung der Identitätsbildung zu bieten angesichts eines Prozesses, der seiner Logik nach auf die Auflösung aller Sicherheiten zielt. Diese Funktion mag den von Adorno konstatierten übermächtigen Zug zur Halbbildung verständlich machen. Denn eine derartige Versozialwissenschaftlichung des Alltagswissens jedermanns bedeutet letztlich eine Destruktion der lebenspraktischen Erfahrungsbasis (Oevermann 1983).

(4) Hat auch die Aufklärung an den Dogmen der religiösen Glaubenssysteme, die die Weltbilder der Menschen historisch geprägt und ihnen eine umfassende Lebensorientierung angeboten haben, gerüttelt und alle festen Wahrheiten der Dauerreflexion überantwortet, so kann doch nicht „jedermann" eine reflexive, bewußte Auseinandersetzung mit Glaubensinhalten und ihrer Relativität unterstellt werden. Die Rede von der Rationalisierung und der Entzauberung der Welt, die dazu beigetragen hat, daß religiöse Deutungen ihre normative Kraft verlieren, gibt noch keine Auskunft darüber, wie der Gang dieser Entwicklung zu verstehen ist, d. h. auf welchen Prozessen eine Ablösung der normativen Orientierungssysteme beruht. Darüber hinaus wird vielleicht der Blick für ein Verständnis verstellt, in welcher Weise eine „moderne" Religion gefaßt und beschrieben werden kann, da der Eindruck entsteht, daß verbindliche Glaubenssysteme nicht mehr existieren, sondern ein anomischer Zustand der Konkurrenz divergierender und zusammenhangloser Wirklichkeitskonstruktionen an deren Stelle getreten ist (vgl. Döbert 1973, 131). Der Rekonstruktion der Möglichkeit einer modernen Religion und ihrer Beziehung zu den Wissenschaften soll hier allerdings nicht nachgegangen werden — dies ist eine Aufgabe der Religionssoziologie und schließlich der Theologie — vielmehr soll lediglich die Frage gestellt werden, wie eine Auflösung von Weltbildern vorgestellt werden könnte und in welcher Weise soziologisches Wissen in diesem Prozeß wirkt, wenn es selbst auch keine „Kosmologie" zur Verfügung stellt.

Dreitzel entwickelt eine plausible Vorstellung, — allerdings bislang kaum empirisch gestützt (vgl. Dreitzel 1962, 220) —, die den Vorgang des Auflösens von Weltbildern verständlich machen kann. Es wurde dargestellt, daß kollektiv geteilte, normativ strukturierte Images neue Erfahrungen und Informationen selegieren, vorhandene Typisierungen in ein Bild integrieren und sie so mit anderen Erfahrungen nach Maßgabe der Struktur des Images in Beziehung gesetzt werden. Jede neue Erfahrung stellt so eine Bereicherung dar, die die individuelle

Ausdifferenzierung des Bildes ermöglicht. „Eine bestimmte Menge an Informationen erweist sich als hinreichend, ja unter Umständen optimal, um einem Image jene Farbigkeit und Fülle zu verleihen, die es braucht, um eine verhaltensorientierende Intensität zu bekommen" (ebd., 207). Ist der Punkt größtmöglicher Plastizität des Bildes erreicht, wirken weitere Informationen entstrukturierend: das dem Bild zugrundeliegende Muster kann die erfaßte Komplexität nicht mehr integrieren und verliert an Deutungskraft. „Sichere Meinungsbestände (stabile Images) verlieren ihre Orientierungsfunktion durch Auflösung in neutrale Fakten: In der unmittelbaren Lebenswelt des einzelnen, wo der eigene Aktionsradius noch das Image bestimmt, schmilzt der sichere Kreis des Gewohnten immer mehr zusammen in dem Maße, wie die Aufklärung die ‚normative Struktur' des Image durch ein Übermaß an Informationen desintegriert oder durch neue Informationen verunsichert. So wirkt die Verwissenschaftlichung bis in die privatesten Bereiche hinein zugleich entbindend und belastend" (ebd., 209). Das Maximum an Informationen liegt somit innerhalb eines Image jenseits seines Optimums. Das Optimum bestimmt sich dabei nach der Verhaltenssicherheit, die ein Image zu geben vermag (vgl. ebd., 220). Verschiedene, nebeneinander im Wissensvorrat vorhandene Deutungsschemata müssen nun zur Bewältigung verschiedener Handlungssituationen, wie sie sich in ausdifferenzierten komplexen Gesellschaften stellen, herangezogen werden; je nach Teilbereich muß die Wirklichkeitskonstruktion gewechselt werden. Bei fehlendem integrativen Identitätsentwurf kann die Auswahl der jeweils relevanten Deutungen zum Problem werden. Erhöhte Reflexivität macht auch die Inkonsistenzen zwischen ihnen sichtbar, die Verhaltenssicherheit ist damit gefährdet.

Überträgt man diese Überlegungen auf das Weltbild der Menschen, das als umfassendes Integrationsmuster dem Leben in Natur und Gesellschaft einen Sinn verleiht und somit Natur-, Gesellschafts- und Selbstbild miteinander verbindet, würde dies bedeuten, daß zunehmende wissenschaftliche Erklärungen nicht nur dadurch ein religiös geprägtes Weltbild auflösen, als daß sie diesem explizit widersprechen, sondern auch durch einen derart steigenden Prozeß des Überhandnehmens von Informationen. War ein solches Muster der Weltdeutung vielleicht geeignet, die beschränkte Wahrnehmung von Natur und der sozialen Realität, wie sie sich in traditionalen Gesellschaften darstellte, sinnhaft zu integrieren, so wird es angesichts der erfaßten Komplexität der modernen Welt entstrukturiert und verliert an normativer Deutungskraft.

Nun ist damit allerdings nicht gesagt, daß einheitliche Weltbilder sich überhaupt auflösen und nur eine Vielzahl konkurrierender Wirklichkeitskonstruktionen hinterließen. Vielmehr läßt sich vermuten, daß sich über gemeinsame „Themen" der Informationen und das durch die Aufklärung erzeugte Prinzip der Dauerreflexion ein neues Grundmuster der Weltdeutung etabliert. In diesem Prozeß kann dann wissenschaftliches Wissen die Funktion von Heilswissen (zeitweise) übernehmen. Besteht die Wissensaufnahme hauptsächlich in naturwissenschaftlichen Erklärungen und technischen Informationen, so mag sich über das Thema „Naturbeherrschung" das „Machbare" als Deutungsmuster niederschlagen und eine Leistungs- und Erfolgsethik erzeugen. Eine Akzentverschiebung auf ein vorrangig sozialwissenschaftlich geprägtes Weltbild ließe das

„Soziale" als Prinzip und die Reflexion auf die verhaltensdeterminierende Kraft der Gesellschaft und der sozialen Verhältnisse in den Vordergrund treten. Bleibt im naturwissenschaftlich geprägten Weltbild Raum für ein transzendentales Heilswissen und wird dieses auf die Innerlichkeit der Person bezogen zur „Privatsache", so kann eine Hervorhebung des Sozialen im Weltbild einen Wandel der „Letztwerte" (Max Weber) von der Person- zur Sozialbezogenheit (vgl. Schelsky 1975, 272) bedeuten, dies jedenfalls auf der Grundlage der Verschränkung von Selbst- und Gesellschaftsbild. Denn: wird das Bild von der Gesellschaft übermächtig, die Entfremdung des Menschen von sich selbst und seinen sozialen Beziehungen und die Oberflächlichkeit einer trivialisierten Dauerreflexion in der Produktion von Halbbildung institutionalisiert, so mag das Hervortreten des Sozialen dazu führen, „daß in breitem Umfange das Handeln von Menschen nicht mehr als primär individuelles und damit moralisches, sondern als soziales und damit organisationsgeführtes Handeln verstanden wird" (Schelsky 1975, 272). Verantwortung wird dementsprechend vom Individuum auf soziale Verhältnisse und Organisationen (Gruppe, Staat, Gesellschaft) übertragen.

Das Prinzip der Dauerreflexion, das wesentlich durch die wissenschaftliche Erforschung der Welt konstituiert wird, bedeutet aber demgegenüber den Weg nach innen, das Zurückgeworfensein des Menschen auf sich selbst, den reflexiven Selbstentwurf, in dem sich die Aneignung der sozialen Wirlichkeit vollziehen kann und dessen erneutes In-Frage-stellen. Dieses Prinzip impliziert die Überwindung des Zwanghaften und Übermächtigen des Sozialen. Ein solches Bewußtsein aber könnte auch als religiöses Bewußtsein bezeichnet werden. So zieht Döbert aus seiner Analyse von Phasen der religiösen Entwicklung den Schluß, „daß sich im Gesamtgang der Entwicklung des religiösen Bewußtseins ein Reflexionsprozeß manifestiert, innerhalb dessen die Menschheit sich in zunehmenden Maße über ihr eigenes Wesen Klarheit verschafft und sich von dem naturwüchsigen Zwang herrschender Normensysteme emanzipiert" (Döbert 1973, 140). In seiner institutionalisierten Form aber wird das Prinzip reduziert auf sein formales Kriterium, die Bewegung, die sich als Grundmuster des modernen Weltbildes etabliert, wobei sich entsprechend den Gegebenheiten der modernen Gesellschaft ein „Mobilitätsethos" (vgl. Beck 1983) herausbilden kann, bzw. sich gemäß einer Dominanz des sozialen Aspekts ein „Ethos der sozialen Mobilität" ausprägt. In bezug auf die amerikanische Gesellschaft konstatieren Luckmann und Berger: „Aber das übergreifende Mobilitätsethos ‚paßt' zu einer Vielzahl kultureller und subkultureller Themen. Es kann so zu einer ‚Religion' im Durkheimschen Sinne werden, das heißt, es kann als umfassende integrative Vorstellung gelten" (dies. 1980, 154f.). Inwieweit diese umfassende integrative Vorstellung tatsächlich aber zur Grundlage eines ausdifferenzierten, sinnhaften Identitätsentwurfes wird und in welchem Sinn sie es überhaupt werden kann, muß als Frage hier offenbleiben. Immerhin läßt sich feststellen, daß das Ethos der sozialen Mobilität in Diskrepanz zu den tatsächlich gegebenen Mobilitätschancen in einer Gesellschaft geraten kann. Insofern es aber ein „Bedürfnis" der Moderne darstellt, kann es institutionalisiert werden, d.h. es muß eine Minimalerfüllung des Bedürfnisses sichergestellt werden, solange nicht jedermann seine volle Einlösung möglich ist.

Die „Leitvorstellung" müßte dabei, gemäß der Logik der Institutionalisierung, einer Trivialisierung unterliegen, die schließlich die Überwindung sozialer Zwänge und Schranken durch Mobilität doch vordergründig verhindert und zur Reproduktion des „naturwüchsigen" Zwanges der Verhältnisse beiträgt.

Aus den skizzierten Überlegungen wird deutlich, daß noch einige semantische Schwierigkeiten zu überwinden und einige begriffliche Arbeit zu leisten sind, um die Dynamik der Entwicklung von (Welt-)Bildern und gesellschaftlicher „Realität" theoretisch systematisch zu fassen. Speziell müßte es gelingen, den (rational) zu rekonstruierenden Prozeß der Transformation auf dem Hintergrund der Bewegung von Entäußerung und Aneignung — das jeweils geltende ideale Prinzip, das Prinzip seiner „Realisierung" im Handeln und dessen institutionelle Verfestigung, das Prinzip der Transformation von Grundstrukturen und ihre Ablagerung im Weltbild — analytisch sauber zu begreifen. Nur so ließe sich auch zwischen „Religion", „religiösen Bewußtsein", zwischen „Transzendenz" (als grundlegendes Merkmal der menschlichen Erfahrung; vgl. Luckmann 1980, 177), „transzendentaler Erfahrung" und dergleichen mehr unterscheiden.

In bezug auf die Soziologie bleibt weiterhin notwendig, festzustellen, welche Beziehungen zwischen Religion/religiösem Bewußtsein und wissenschaftlich/soziologischem Wissen bestehen und inwiefern letzteres die Funktion von Heilswissen nicht vollständig ausfüllen kann und inwieweit diese „Leerstellen" mit „Irrationalismen" aller Art (Ideologien, Aberglauben, Sektengläubigkeit), also mit vor der Wirklichkeit sich immunisierenden Deutungen, besetzt werden.

Als zusätzlicher Aspekt von Transformationsprozessen zwischen Soziologie und gesellschaftlicher Praxis soll hier der abschließend soziologische Beitrag zum Bildungswissen diskutiert werden. Es kann dabei nicht darum gehen, den Bildungsbegriff in seiner historischen Entwicklung nachzuzeichnen, noch pädagogische Bildungskonzeptionen zu diskutieren. Ausgegangen werden soll vielmehr von der Spannung zwischen Begriff und Erfahrung. Denn erst die Aufrechterhaltung dieser Spannung ermöglicht Differenzierungen, die Adorno mit Bildung gleichsetzt (vgl. Adorno 1965, 16). Es soll gefragt werden, wie diese Feststellung aus den bisherigen Ausführungen verstanden werden kann, welche (ideale) Bedingung für das Gelingen von Bildungsprozessen von daher bekannt ist, hinsichtlich welcher Leitidee Bildung wissenssoziologisch beschrieben und schließlich welchen Beitrag die Soziologie zu Bildungsprozessen leisten kann.

Als Prüfstein jeder modernen Bildungskonzeption kann das Verhältnis von Bildungsinhalten und Leben angesehen werden (vgl. Heydorn 1967, 35). Wurde in der idealistischen bürgerlichen Pädagogik die Entwicklung des Selbstbewußtseins als Ziel von Erziehungsprozessen herausgestellt (vgl. ebd., 14), so kann sich aber Selbstbewußtsein nur in der Konfrontation mit den Gegebenheiten der (gesellschaftlichen) Wirklichkeit finden (vgl. die Ausführungen zur Gegenübersetzung von Selbst- und Gesellschaftsbild als Bedingungen für eine Selbstfindung). Bildung beruht so auf Distanz zur Welt, die zum Gegenstand der Erkenntnis wird, Bildung kann so nur bedeuten „über Erkenntnis Leben als Inbegriff aller Spannungen in das Bewußtsein zu nehmen" (vgl. ebd., 35). Durch einen so in

Bildungsprozessen gewonnenen „Begriff" von der Wirklichkeit in ihrer ganzen Widersprüchlichkeit, kann die Spannung zur konkreten Erfahrung aufrechterhalten werden, die eine humane Korrektur der Gesellschaft offenläßt. Denn: „Über bewußte Erfassung durch sein Ertragen erst im Bewußtsein gewinnt der Widerspruch seine humane Potenz" (ebd., S. 42).

Von einer solchen Konzeption von Bildungsprozessen gibt es zwei Abweichungen, die in ihr selbst angelegt sind. Einerseits besteht die Gefahr einer Verselbständigung von Bildung, ihrer Bezugslosigkeit zu praktisch gesellschaftlicher Nützlichkeit. So können vor allem im Rahmen humanistischer Bildungstraditionen sich die Gehalte von Bildung derart weit von der gesellschaftlichen Wirklichkeit entfernen, daß eine Verbindung herzustellen dem Menschen in modernen und funktionalen Gesellschaften schwerfällt. Damit sei nicht gesagt, daß dies prinzipiell nicht möglich sei, sondern nur, daß der Zugang erschwert und auch früher nicht für „jedermann" möglich war. Eine derart auf klassisch humanistische Inhalte orientierte Bildungkonzeption bringt daher die Gefahr mit sich, von der realen Wirklichkeit der modernen Gesellschaft abgehobene, idealistische bis idyllische Wirklichkeitskonstruktionen für gruppen- oder schichtspezifische Schein- und Sonderwelten anzubieten.

Eine „Bildung für alle" müßte dagegen von einer wesentlichen Orientierung auf klassische Bildungsgehalte abgelöst und mit der konkreten Erfahrung der gesellschaftlichen Wirklichkeit in Verbindung gebracht werden. Das Bemühen hierum aber, in der Pädagogik als „realistische Wende" bezeichnet (vgl. Roth 1962, 481), führte des weiteren zur entgegengesetzten Abweichung des beschriebenen Verhältnisses von Bildung und Leben: Bildung wird zur Ausbildung, der Bildungsbegriff durch den Lernbegriff ersetzt. Die Kategorie der Bildung wird in Ökonomie aufgelöst, Schule macht den Menschen produktionsfit und bereitet auf industrielle Mobilität und Funktionsdifferenzierung vor; die pragmatische „Bildung" richtet sich in der Wirklichkeit ein und verdoppelt diese im Bewußtsein. „Die positivistische Nachfolge hat Schule und Leben zweifellos aneinander nähergerückt, versachlichende Klammern geschaffen, den humanen Widerspruch jedoch noch vertieft, indem nicht mehr erkennbar wird, auf welche Weise Bildung über das jeweils Gegenwärtige, human doch zumindest Unvollendete hinausführen kann" (Heydorn 1967, 35).

Wenn festgestellt wurde, daß sich Selbstfindung des Menschen auf der Grundlage der Differenzierung und Gegenübersetzung von Selbst- und Gesellschaftsbild vollzieht und dies geschieht, indem die gesellschaftliche Wirklichkeit in ihrer ganzen Mannigfaltigkeit, ihren gegenläufigen und zusammenwirkenden Tendenzen ins erkennende Bewußtsein gehoben wird, so läßt sich nach den Bedingungen fragen, unter denen so begriffene Bildungsprozesse erfolgreich sein können.

Sinnhafte Bilder von der Wirklichkeit, die in Bildungsprozessen geschaffen oder differenziert werden, leiten das Handeln zur Gestaltung der Welt an. Aber die gestaltete Wirkung des Handelns muß ständig an der „Wirklichkeit" überprüft werden. Das Individuum benötigt ein gewisses Regulativ für Sinnentwurf und Handlungsweise (vgl. Dreitzel 1962, 200). „Diese Wirkung entspricht dem, was in der Sprache der Kybernetik als *feedback* bezeichnet wird. Damit aber die

Verhaltensregulierung durch ‚rückgekoppelte' Informationen wirklich funktionieren kann, bedarf es der wechselseitigen Kommunikation" (ebd.). Soziales Handeln wird so reguliert durch das „feedback", durch andere Handelnde und ihre Mitteilungen; die verhaltensbestimmten Images können sich so gegenseitig und fortlaufend (im Rahmen ihrer Grundstruktur) verändern und anpassen. Angelegt ist hier ebenfalls die Spannung zwischen Begriff und Erfahrung. Ist die Kommunikation gestört oder einseitig, können die Bilder von der Wirklichkeit isoliert oder manipuliert werden, Scheinwelten hervorbringen und Fehlverhalten verursachen. Dies kann als Grund angesehen werden, weswegen Halbbildung im Charakter der Massenmedien schon angelegt ist, wobei kollektiv geteilte Scheinwelten im Handeln der Konsumenten zur sozialen Wirklichkeit werden können. Diese Funktion von Kommunikation liegt so als „normale" Struktur gelingenden Interaktionsprozessen zugrunde, die als Bildungsprozesse im weiteren Sinne angesprochen werden können. Für Bildungsprozesse im Rahmen organisierter und institutionalisierter Erziehung bedeutet dies, daß wechselseitige Kommunikation zwischen „Lehrenden" und „Lernenden" (und unter diesen) eine ideale Voraussetzung bildet, die nicht einfach eine Anpassung an den vermittelnden Stoff nahelegt, sondern eine aktive Auseinandersetzung und ein Hinausgreifen über diesen, d. h. seine Aneignung ermöglicht. „Die Existenz des Lehrers schützt vor der Entlassung in das Nichts, weil sie Selbstinnewerden am konkreten Gegenüber möglich und Herausforderung erfahrbar macht" (Heydorn 1967, 37).

Selbstfindung und Identitätsbildung zu beschreiben ist schwierig, ohne in leer und idealistisch anmutende Phrasen zu verfallen, es ist in der Geschichte der Bildungsideen schon zu viel dazu gesagt worden. Anzumerken wäre vielleicht, daß Bildung im oben beschriebenen Sinne als Synthese verstanden werden kann, namentlich eine, die neue Deutungen in die vorhandenen Muster der Weltinterpretation integriert und diese Bilder ausdifferenziert und bei Möglichkeit zur Distanz diese auch in freiem Sinnentwurf überschreitet.

„Insofern Selbstbild und Gesellschaftsbild nur die beiden Seiten ein und desselben Phänomens sind, nämlich der Image-Struktur der Vermittlung von Mensch und Welt, zeigt sich die Distanz zum Selbstbild an der Distanz zum Gesellschaftsbild." „In der Dialektik von Selbstbild und Gesellschaftsbild vollzieht sich ‚Freiheit' als eine *Form* des Handelns, in der der Mensch sich seinen Objektivierungen entzieht und sie selbst zum Objekt macht. Wo soziale Images manipuliert werden können, ist auch die Freiheit zur Gestaltung als Möglichkeit gegeben" (Dreitzel 1962, 226 u. 227).

Berücksichtigt werden muß weiterhin, daß Erfahrung von der Welt immer eine ganzheitliche Erfahrung darstellt, daß — wie oben schon bemerkt — ebenso kognitive wie auch emotionale, affektive und andere Komponenten hier systematisch in Rechnung zu stellen sind. Gerade zu diesem Zusammenhang aber liegen in Soziologie und Verwendungsforschung nur wenige Analysen und Ergebnisse vor (vgl. Holzinger, 152ff.), so daß es unmöglich ist, weitere Aussagen zu treffen.

Aus dem bisher Gesagten sollte deutlich geworden sein, daß Bildung und Identität als Synthese von Elementen verschiedener Wissensformen und anderen

Komponenten nicht als Selbstzweck oder als „Persönlichkeitsbildung" als solcher verstanden werden soll. Vielmehr läßt sich Bildung (wissens-)soziologisch nur im Hinblick auf ihre praktische, weil handlungsmäßige Verwirklichung konzipieren. Bildungswissen ließe sich so verstehen als das Wissen, das der Konstitution einer „zusammenhängenden Lebensorientierung", eines „Orientierungsfeldes", d. h. des Geflechts von Images, die den Horizont des einzelnen bestimmen (Dreitzel 1962, 206) dient, und „die sowohl Bezug hat zu der Gesamtpersönlichkeit als zu der jeweils übersehbaren Ganzheit einer objektiven Lebenssituation" (Mannheim 1932, 46). Die „Realisierung" des eine Gesamtorientierung bietenden, integrativen Deutungsmusters im Handeln könnte soziologisch als eine „Lebensform" beschrieben werden. Bildung ließe sich so verstehen im Hinblick auf die „Idee autonomer Lebensformen" und es gälte zu begreifen, daß Wissenschaft der Organisierung des theoretischen und praktischen Wissens von den Lebensverhältnissen unter dieser Idee dient (vgl. Mittelstrass 1979, 25).

„Dabei steht auch die Wissenschaft selbst (gegen das Selbstverständnis der meisten Wissenschaftler) unter *historischen Bedingungen* ihrer Abweichung von der Idee einer *vernünftigen Praxis*. Und deswegen ist es, statt Trauer und Resignation, bleibende Aufgabe, (a) die Wissenschaft über sich selbst, d. h. institutionell, *aufzuklären* und (b) *Methoden* und Ziele aufgeklärter Wissenschaft zu bestimmen" (ebd.).

Der Beitrag der Soziologie zum Bildungswissen kann unter einem inhaltlichen und einem formalen Aspekt betrachtet werden. Die Soziologie stellt, inhaltlich gesehen, Wissen zur Verfügung, das geeignet ist, die Verbindung von Bildungswissen und Verwirklichung herzustellen. Mannheim sieht in der Soziologie „die angemessene Lebensorientierung des Menschen der industriellen Gesellschaft" und betrachtet als ihren politischen Nutzen, daß sie zu der für eine Demokratie, die nicht von der „Vernunftsdemokratie" zur „Stimmungsdemokratie" werden soll, notwendigen „Massenaufklärung und -schulung" beitragen, den „verantwortlichen Staatsbürger" erziehen kann (vgl. Mannheim 1932, 37). Unabhängig von der politischen Bestimmung der Bildungsfunktion der Soziologie, ließe sich nach dem oben Gesagten diese als ein Beitrag zur Herausbildung „autonomer Lebensformen" in der modernen Gesellschaft beschreiben. Die Bildungsfunktion soziologischen Wissens wird allerdings nur dann erfüllt, wenn die Widersprüchlichkeit der gesellschaftlichen Wirklichkeit und besonders ihre grundlegende „doppelte Konstitution", also das gesellschaftliche Leben als spannungstragendes ins Bewußtsein gebracht wird; wenn weiterhin — eingedenk der Tatsache, daß wissenschaftliches Wissen immer ein entpersonalisiertes, kontextunabhängiges Konstrukt darstellt — seine Übersetzung und Integration in die handlunganleitenden Wissensbestände der Lernenden gelingt bzw. hierzu Anleitung gibt, wenn also das Alltagswissen zum Ausgangspunkt genommen und dieses sozusagen von „innen" heraus differenziert und verändert wird. Dies zu beachten ist für Bildungsprozesse bei Kindern und Jugendlichen gerade deshalb wichtig, da die Images in der Regel noch nicht die feste normative Struktur besitzen wie bei Erwachsenen und so eher in der Konfrontation mit wissenschaftlichen Erklärungen von diesen überdeckt oder ersetzt werden können, was dann

Traditions*brüche* anstelle der Verarbeitung des Vergangenen und die Erweiterung der Kluft zwischen den Generationen fördern kann. Hier sachhaltige Überlegungen anzustellen, ist Aufgabe der Pädagogik, die soziologische Betrachtung von Prozessen kann lediglich darauf aufmerksam machen, was es in solchen Konzeptionen strukturell zu berücksichtigen gilt.

Hinsichtlich des formalen Aspekts trägt wissenschaftliches Wissen allgemein und damit verbunden die wissenschaftliche Methode dazu bei, analytisches und systematisches Denken zu schulen. Gerade aber soziologisches Vorgehen kann nicht nur analytisch-zerlegendes, empirisch-quantitatives Denken fördern, das allzuleicht das Ganze in beziehungslose Teile zerfallen läßt, wenn nicht der synthetische Aspekt hinzutritt, sondern muß aufgrund des komplexen Charakters des soziologischen Gegenstandes vielfältige und voneinander abhängige Wirkungen als Zusammenhänge begreifen und darstellen. Mannheim bezeichnet diese als „Verklammerungsproblematik“: „Das eigentlich Soziologische liegt in der *Betonung dieser Interdependenz der Geschehnisreihen*, in dem Suchen nach der mutmaßlich ursprünglichen Verklammerung der Ereignisse, in dem Eifer, nichts isolierend und abstraktiv zu sehen, sondern die Grundstrukturen jener Symbiose nachzuzeichnen, in der sich jene Elemente und Sphären der Wirlichkeit befinden, die die abstrakte Wissenschaft nur vorläufig vor der Einheit des Geschehens und für sich betrachtet hatte. Das ‚soziologische Denken' besteht im wesentlichen eben in diesem *‚kohärend-sehen-können'*, in dieser Erfassung jeder scheinbar isolierten Gegebenheiten vom sozialen Lebenszusammenhang her“ (Mannheim 1932, 25f.).

Die soziologische Erfassung von „Gesamtsituationen“ und „Gesamtkonstellationen“, die für eine „Epoche“ „relativ stabil“ anzusetzen sind, „ersetzt nicht die kausalerklärende Forschung. Ganz im Gegenteil, sie setzt sie geradezu voraus, gibt aber den dort erfaßten Tatsachen eine neue Bedeutung“ (Mannheim 1980, 144).

Eine Einübung in eine so verstandene soziologische Denkweise fördert also das Sehen von Zusammenhängen in den gesellschaftlichen Einzelheiten, fördert das „Gestaltsehen“, das als Grundstruktur in der Wahrnehmung angelegt ist und das als Voraussetzung für eine Synthesenbildung angesehen werden kann. Wesentliches Merkmal einer Synthese ist es daher, daß sie nicht nur die Summe einzelner Teile darstellt, sondern durch einen übergreifenden, integrativen Zusammenhang neuen Sinn setzt und daher auch den Teilen eine neue, erweiterte Bedeutung zuweist. Und es sind eben diese „Konstellationen“, „Bedingungsgefüge“ oder „Wirkungszusammenhänge“, die als „Totalitäten“ angesprochen werden können, die eben darum nicht apriori spekulativ und metaphysisch sind, auch wenn sie über das Vorgegebene hinausgreifende, neue Weltdeutungen darstellen, sondern wissenschaftlich systematisch (re-)konstruiert werden können.

Wenn im Prinzip der Dauerreflexion jede Synthese nur eine vorübergehende darstellt, so mag das Einüben von Gestaltsehen um so wichtiger sein als Förderung der Fähigkeit, integrative Zusammenhänge immer wieder herzustellen, gewissermaßen als Verstärkung des „Selbstheilungspotentials“. Und schließlich muß man sich darüber im klaren sein, daß all das hier zu Idee von Bildung angeführte eine „Leitvorstellung“ darstellt, deren praktische Einlösung bekanntermaßen jenen Trivialisierungen unterliegt. Trotzdem aber kann die Soziologie nichts anderes tun, als diesen systematisch als ideales Prinzip zu konstruierenden „Appell nach oben“ (Schelsky 1957, 168) aufrechtzuerhalten und Abweichungen und Fehlentwicklungen vor dem Hintergrund einer so begriffenen „Normalität“ sichtbar zu machen (zum Problem von Typik und Normalität siehe Grathoff 1979). Darin mag denn ihre kritische Funktion bestehen.[18])

---

[18]) Als Nachbemerkung zur hier bemühten wissenssoziologischen Argumentation möchte ich betonen, daß bewußt darauf verzichtet wurde, allgemeine Ausblicke auf sich aus dem Kapitel ergebende Fragen und Unterschungshorizonte zu geben, diese sind in den letzten Abschnitten hoffentlich deutlich geworden. Vielmehr soll an dieser Stelle versucht werden, einige abschließende Überlegungen zur Wissenssoziologie in der Perspektive der Disseminationsforschung anzustellen, auf die ich während der Bearbeitung des Themas gestoßen bin. Dreitzel ist der Meinung, daß mit dem Imagebegriff ein zentrales Problem der Wissensoziologie getroffen ist, wenn man deren Aufgabe als die Erforschung der Beziehungen zwischen dem Wissen der Menschen und ihrer gesellschaftlichen Lage (vgl. Dreitzel 1962, 214) und des Verhältnisses zwischen Wissen und sozialen Handeln definiert. Ebenso hält Elkana die Entwicklung der „theory of images of knowledge“ für eine wichtige Aufgabe der „historical sociology of scientific knowledge“ (Elkana o. J., 25). Dabei ist die Entstehung, die Struktur und Veränderung von Images eine zentrale Frage, denn das Handeln folgt diesem sinnhaften Bild von der Wirklichkeit, das durch die Konfrontation mit dieser verändert wird: „In der Dialektik von freiem Sinnentwurf und widerständiger Faktizität gestaltet der Mensch die Wirklichkeit nach seinem Bilde, ohne jedoch das Bild in Realität umsetzen zu können“ (Dreitzel 1962, 199). Bilder von der Welt sind die ursprüngliche Weise, in der wir uns in der Wirklichkeit orientieren. Die Konstitution des Bildes folgt dabei durchaus anderen Gesetzen als die Wirklichkeit, wenn auch nicht unabhängig von dieser (vgl. ebenda, 184). Ein Bild stimmt nicht mit der Wirklichkeit über ein, sondern stellt eine Auswahl und eine Akzentuierung dar. Hiervon ausgehend kann die Wissenssoziologie Wirklichkeitsbilder bestimmter Gesellschaften, Klassen, Schichten, Gruppen etc. zuordnen, ihre Entstehung aufzeigen und beschreiben, wie im Handeln sich eine Wirklichkeit nach dem Bilde verfestigt, welche Transformationsmöglichkeiten durch die Rückwirkungen gegeben sind usw., ohne nach „richtigem“ oder „falschem“ Bewußtsein fragen zu müssen. Die Tatsache, daß Bilder zwar eine Vorstellung von der Wirklichkeit geben, nicht aber mit dieser zusammenfallen, macht sie noch nicht „ideologisch“. Theoretisch und empirisch aber kann untersucht werden, ob Images sich so weit von der Wirklichkeit entfernt haben, daß sie Fehlverhalten verursachen, ob sie sich so weit immunisiert haben, daß eine Gestaltung der Welt und Anpassung des Bildes nicht mehr stattfindet, sondern nur noch bei der Reproduktion, ob solche Images, bezogen auf bestimmte gesellschaftliche Interessenlagen, ideologischen Charakter haben, ob sie keine individuelle Lebensgestaltung erlauben und der Manipulation unterliegen etc. „Schließlich sind manche Images Ausdruck eines ‚cultural lag‘ indem sie traditionelle Verfestigungen anzeigen, die den aufklärerischen Tendenzen der Gesellschaft entgegenstehen können. Ein solches ‚falsches Bewußtsein‘ gegenüber gesellschaftlichen Entwicklungstendenzen mag dann in einem Image manifestiert werden, das zu Recht ‚ideologisch‘ genannt wird“ (Dreitzel 1962, 199).

In einem solchen Untersuchungsrahmen ließe sich ein Ideologiebegriff verwenden, der „auf die Bezeichnung der bewußten oder unbewußten *Verhüllung gesellschaftlicher Interessenlagen*, die sich *empirisch aufweisen lassen*“ (ebenda) eingeschränkt bleibt.

Forstsetzung Fn. 18.

Es ist also zu überlegen, ob nicht mit dem Weltbilder- und Deutungsmusterkonzept ein zu entwickelndes Instrumentarium vorliegt, das geeignet ist, die für die klassische Wissenssoziologie nicht lösbaren erkenntnistheoretischen Probleme in soziologisch faßbare Fragestellungen zu transformieren. „Epistemology" als Wissens- und Erkenntnislehre könnte auf diese Weise vielleicht der empirischen Wissenssoziologie dienlich sein.

Reichenbach beschreibt Epistemologie folgendermaßen:

„What epistemology intends is to construct thinking processes in a way in which *they ought to occur* if they are to be arranged in a consistent system; or to construct justifiable sets of operations which can be interlaces between the starting point and the issue of thought processes replacing the real intermediate links". „Epistemology thus considers a logical substitute rather than the real processes. For this logical substitute the term *rational reconstruction* has been introduced" (Reichenbach, 1938), zitiert nach Elkana o. J., 28).

Primär ist somit hier die Rekonstruktion der *internen* Struktur von Wissen vor den Wissensinhalten und ihrer *Verbindung zur Umwelt* (vgl. Elkana o. J., 27). In bezug auf die Images wird diese Verbindung zur Welt hergestellt durch das Handeln — einem durchaus soziologisch faßbaren Tatbestand. Es wäre also die Frage zu stellen, ob einer Wissenssoziologie, die eine um den Handlungsaspekt erweiterte und konzentrierte Epistemologie in sich aufnimmt, die Aufgabe zuzuweisen ist, ausgehend von empirischen und theoretischen Einzelstudien, die Struktur von Wirklichkeitsbildern, den Prozeß ihrer Verwirklichung und den damit einhergehenden Transformationen von Bild und Welt als idealen Prozeß, bezogen auf eine jeweils gegeben Einheit (Gesellschaft, Gruppe, Kultur, Epoche), rational zu rekonstruieren, um schließlich einen heuristischen Rahmen für empirische Untersuchungen bereitzustellen oder auch das Verständnis für Einzelereignisse zu fördern:

„In being set before the rational reconstruction, we have the feeling that only now we do understand what we think" (Reichenbach 1938, zit. nach Elkana, 29). Das Kapitel beansprucht nicht, eine rationale Rekonstruktion des Prozesses der Versozialwissenschaftlichung zu leisten, dem ständen schon allein diverse begriffliche Schwierigkeiten entgegen, aber zurückblickend muß ich feststellen, daß hier zumindest angelegt ist, Überlegungen *zu* einer solchen anzustellen.

IX. Handlungsmuster von Sozialwissenschaftlern im Innovationsprozeß

Sieht man mit Beck (1980) die Soziologie im „Übergang von einer ‚gelehrten' zu einer ‚beratenden' Profession", muß die wissenschaftspragmatisch gestellte Frage nach den Bedingungen des tatsächlichen Wirksamwerdens sozialwissenschaftlichen Wissens (Kaufmann 1969) zwingend verknüpft werden mit der Frage nach den Möglichkeiten und den Voraussetzungen praktisch relevanter sozialwissenschaftlicher Ergebnisse.

Es scheint aber fragwürdig, im Lichte der dargelegten Argumente, „sozialwissenschaftliche Denkweisen an die Praxis zu vermitteln (zu wollen)" (Wurzbacher 1982, 770; vgl. auch Opp 1967). Die Sozialwissenschaften sind in ihrer faktischen Institutionalisierung und Ausdifferenzierung aus dem Kontext des alltäglichen Handelns zwar nicht aus der Pflicht zu entlassen, lebenspraktische Handlungsprobleme stellvertretend für die Alltagspraxis zu deuten. In diesem Sinne sind sozialwissenschaftliche Diskurse „Inseln im Meer der Praxis" (Habermas 1973). Die Soziologie deutet demnach stellvertretend für die Alltagspraxis dort entstehende Handlungsprobleme; sie darf aber keine Therapie der Gesellschaft oder ihrer Subsysteme betreiben, sondern muß ihre Aufgabe darin sehen, dem Alltagshandeln mittels Kritik durch eine extensive Sinnexplikation mögliche Alternativen aufzuzeigen.

So ist es ein Mißverständnis zu meinen, man könne — wie etwa in der Handlungsforschung — die kritische und motivabstinente wissenschaftliche Rekonstruktion und Analyse lebenspraktischen Handelns unmittelbar und bedingungslos mit wissenschaftlich gesteuerter Intervention in lebensweltliches Handeln koppeln oder gar gleichsetzen (vgl. Soeffner 1983, 14). Dies würde die Fähigkeit soziologischen Wissens, zur praktischen Problemlösung alltagsweltlicher Handlungsprobleme beitragen zu können, implizieren.

Die andere Gefahr besteht nun darin, soziologisches Wissen technologisch zu verwenden im politischen Handeln (Institutionen- und Politikberatung); hier geht Wissenschaft gleichsam in Auftragsforschung unter.

Betrachtet man vielmehr die Dissoziation sozialwissenschaftlicher und lebensweltlicher Wissenssysteme als ein prinzipielles Problem (vgl. Wahl/Honig/Gravenhorst 1982), dann wird davon auszugehen sein, daß die Vermittlung sozialwissenschaftlichen Wissens kein Verwischen der Unterschiede von Wissenschaft und Praxis, sondern gerade umgekehrt deren Anerkennung in den gegenseitigen Erwartungen beider Parteien verlangt (Neidhart 1979). Die empirische Klärung der Möglichkeiten und Grenzen einer Verwendung sozialwissenschaftlichen Wissens sind aber insbesondere im Falle der Soziologie problematisch, da sie typische „Verwendungsdiskurse" bisher noch nicht hinreichend institutionalisiert hat (vgl. Weber 1980). Die Soziologie, von der eine weitverbreitete These besagt, sie sei eine „Wissenschaft ohne Beruf", ist in der Vermittlung ihrer Ergebnisse wohl mehr als jede andere Wissenschaft dadurch gehandicapt, daß ihr eine institutionell stabile professionelle Praxis fehlt, über die sie die Transformation ihres Wissens in gesellschaftliche Verwendungszusammenhänge organisieren kann. Die These, die es im folgenden zu erhärten gilt, ist die, daß, wenn man einmal von der schriftgebundenen Weitergabe soziologischen Wissens und seiner Rezeption durch Praktiker absieht, der Soziologie für eine Vermittlung personengebundenen Wissens durch professionelles Beratungshandeln ein enger Spielraum bleibt. Ihr ist durch den Grundcharakter ihres Gegenstandes, die Erklärung sozialer Beziehungen, strukturell eine hohe Schwelle für die Vermittlung zu lebenspraktischen Entscheidungen gesetzt, die es dem Soziologen schwermacht, der Aufforderung nachzukommen, die Soziologie müsse sich von einer „gelehrten" in eine „beratende Wissenschaft" verwandeln.

Vom alltagsweltlichen Zusammenhang her betrachtet werden sozialwissenschaftliche Erkenntnisse und Deutungen erst dann zu lebenspraktisch relevanten, „wenn sie sich in die Handlungsperspektiven und Handlungsmöglichkeiten der beurteilenden Akteure einordnen lassen" (Weber 1980, 302). Dieses „Einordnen" bringt aber notwendigerweise mit sich, daß die sozialwissenschaftlichen Wissensbestände in praktische Deutungsmuster integriert und von diesen auch in ihrer Begrifflichkeit aufgesogen werden. Dieser Sachverhalt ist verschiedentlich als „Laisierung" (Schelsky 1965) oder auch als „Trivialisierung" bzw. „Verschwinden" (Beck/Bonß 1984) des sozialwissenschaftlichen Wissens charakterisiert worden. Während naturwissenschaftliches Wissen sich in seiner Verwendung in meßbaren Veränderungen des praktischen Umgangs mit der Naturwelt manifestiert, kann ein solches Ursache-Wirkung-Verhältnis zwischen Wissenschaft und Praxis für die Sozialwissenschaften bei einer ausschließlichen Betrachtung der praktischen Verwendungsseite nicht unterschieden werden. Hier erschließen sich Ursache-Wirkungs-Zusammenhänge nur, wenn es gelingt, auf der einen Seite sozialwissenschaftliche Argumentationssysteme und ihre Ergebnisse und auf der andere Seite rezipierende praktische Handlungskontexte gegeneinander abzugrenzen.

Sozialwissenschaftliche Argumentationssysteme lassen sich üblicherweise prinzipiell in zweierlei Weise ausgrenzen. In dezisionistischer Absicht kann der jeweilige Forscher versuchen, aus seinem Verständis für den Gehalt sozialwissenschaftlichen Wissens dieses im untersuchten Verwendungszusammenhang durch das Anlegen eines innerwissenschaftlichen Maßstabs zu definieren und so zu ermitteln. Aus einer wissenschaftssoziologischen Sicht, die die Ausgrenzung wissenschaftlicher Argumentationssysteme als Resultat gesellschaftlicher Konventionen ansieht, würde sich eine bloße „Selbstdefinition" verbieten. Hier bestimmen sich ausdifferenzierte sozialwissenschaftliche Argumentationssysteme aus den gesellschaftlichen Erwartungen, die diese von praktischen und anderen Argumentationssystemen abheben, was sich dann in der These zuspitzen ließe, „Soziologie ist das, was Soziologen tun".

Zunächst mag der These etwas Beliebiges anhaften; so als bliebe die Definition soziologischen Wissens dem subjektiv-zufälligen Urteil von Einzelpersonen überlassen. Gemeint ist jedoch ein Handeln, das von anderen als ein spezifisch soziologisches anerkannt wird, das den in einer Gruppe oder der ganzen Gesellschaft geltenden Erwartungen an einen Soziologen entspricht. Das aber ist nicht notwendigerweise das Handeln einer Person, die eine soziologische Ausbildung besitzt; denn dieses muß nicht immer schon auch auf die Anerkennung als Wissenschaft stoßen.

Es sind also die gesellschaftlichen Erwartungen, die jeweils bestimmen, was soziologisches Handeln ist und was nicht. Wenn andere an der Handlung Beteiligte das Handeln des einen Akteurs als ein soziologisches akzeptieren, dann ist dessen Praxis Soziologie. Um soziologisches Wissen identifizieren zu können, muß deshalb der Inhalt von Aussagen rekonstruiert werden, die ein in diesem Sinn soziologisch Handelnder macht. Dies setzt andererseits voraus, Beratungssituationen festzumachen, in denen Sprecher bzw. Akteure unter der Erwartung, Soziologe zu sein, handeln.

Es wäre allerdings vereinfacht, die konventionalistische Bestimmung disziplinären Wissens auf außerwissenschaftliche Erwartungsstrukturen zu reduzieren. Disziplinen haben in diesem Ausgrenzungsprozeß selber eine Definitionsmacht, indem sie der Öffentlichkeit und den Verwendern des wissenschaftlichen Wissens Erwartungen anbieten, die an dieses Wissen von außen zu richten sind:

„Jede Wissenschaft erfordert insofern eine Binnen- und eine Außenlegitimität. Die Binnenlegitimität bezieht sich auf Wertvorstellungen, die sowohl den Objektbereich einer Wissenschaft betreffen, als auch ihre Methoden, und läßt die Fragestellung einer Wissenschaft als gerechtfertigt erscheinen, die solche Wissenschaft betreiben. Die Außenlegitimität hingegen bezieht sich auf Wertvorstellungen, die jenen eine wissenschaftliche Tätigkeit gerechtfertigt erscheinen lassen, die diese weder in ihrer Vorgehensweise noch in ihren vorhersehbaren Ergebnissen überblicken können. Die Chance für eine autonome Wissenschaft beruht insofern auf dem Aufbau und der gegenseitigen Vermittlung von institutionalisierten Wertvorstellungen für die Rechtfertigung einer Wissenschaft nach außen gegenüber denjenigen, die sie betreiben, wie nach außen gegenüber denjenigen, die sie alimentieren und ihre Folgen hinzunehmen bereit sind" (Lepsius 1973, 106f.).

Ein Vergleichsfall einer Disziplin, den auch Lepsius der Soziologie gegenüberstellt, gibt die Medizin ab, der eine entsprechende „Vermittlung von institutionalisierten Wertvorstellungen" weitreichend gelungen ist und ihr „medizinisches Modell" eines wesentlich organischen Gesundheitsverständnisses auch für die Öffentlichkeit und die Patienten verbindlich machen konnte. Dies ist der Medizin nicht nur dadurch gelungen, daß sie innerhalb der Disziplin eine einheitliche Binnenlegitimität herzustellen verstand (wie Spree 1982 nachzuweisen versucht: vor allem durch die „Elimination von Kurpfuschern"), sondern auch dadurch, daß sie die Verwendung ihres wissenschaftlichen Wissens durch die professionelle Ausübung der ärztlichen Praxis gegenüber der Öffentlichkeit disziplinintern kontrollieren konnte. Dadurch gelang es der Medizin, die Perspektiven, unter denen Wissenschaftler und Laien den Gegenstand der Disziplin wahrnehmen, argumentativ zu vermitteln und geschlossen zu halten.

Für die Soziologie stellt sich ein zentrales Dilemma, daß sie über eine entsprechende professionelle Praxis nicht verfügt. Im Unterschied zu anderen Humanwissenschaften, wie der Medizin, der Psychologie, der Jurisprudenz und — mit Einschränkungen — der Pädagogik, hat die Soziologie bislang nur in Rudimenten ein institutionelles Muster gefunden, in dem sie ihr Wissen durch Professionsinhaber unmittelbar an die mit lebenspraktischen Handlungsproblemen konfrontierten Laien oder andere Professionen weitergeben kann. Diese fehlende Verzahnung zwischen dem Diskurs der scientific community und dem Handeln einer Klientel macht für die Sozialwissenschaften, speziell für die Soziologie, das Verwendungsproblem in hohem Maße virulent.

Und sicherlich liegt in dieser weitgehend fehlenden professionellen, d.h. personengebundenen Praxis einer Wissensverwendung ein Grund dafür, daß vor allem die Soziologie ihr Wissen in weit höherem Maße als andere Humanwissenschaften in schriftgebundener Form an die Öffentlichkeit weitergibt. In seiner schriftlichen Form manifestiert sich soziologisches Wissen am klarsten in der einschlägigen Fachliteratur der Bücher und Fachzeitschriften, die sich vor allem an Fachvertreter anderer Disziplinen sowie an Intellektuelle richtet. Eine weitere unspezifische Diffundierung (Riegel 1974) schriftlich gefaßten Wissens innerhalb der Öffentlichkeit leisten sicherlich die Medien, Verbände, politische Parteien sowie in jüngster Zeit offenkundig auch die „Neuen sozialen Bewegungen". Schließlich finden sich auch Beispiele für von Sozialwissenschaftlern selber unternommene Versuche der Entwicklung von terms einer Bildungssprache (Mitchell 1977). Problemgerichtete Transmissionen schriftlichen Wissens liefern vor allem die Gutachten und die Auftragsforschung, die von verwendungsinteressierten Agenturen initiiert werden. In letzterem Fall liegen augenscheinlich nachzeichenbare Vermittlungszusammenhänge vor, in denen sozialwissenschaftliches Wissen in einen unmittelbaren Bezug zur Lösung von Handlungsproblemen vor allem innerhalb des politisch-administrativen Systems gesetzt wird. In den anderen Fällen einer weniger problembezogenen Diffundierung lassen sich die Leistungen schriftlich verbreiteten Fachwissens wohl eher in einem allgemeinen kulturellen Wert bei der öffentlich veranstalteten Reflexion über die Gesellschaft veranschlagen bzw. als ein Beitrag zu der Information einer laufenden „Sozialberichterstattung" verbuchen.

Während sozialwissenschaftliches Wissen über die genannten Kanäle einer schriftlichen Verbreitung besonders seit Ende der sechziger Jahre in den öffentlichen Sprachgebrauch eingesickert ist, so daß bereits von einer „Versozialwissenschaftlichung" des Alltagswissens und insbesondere des politischen Vokabulars gesprochen wird, sind die Bahnen, in denen sozialwissenschaftliches Wissen in seiner personengebundenen Form über die Qualifikationen formal ausgebildeter Soziologen und deren unmittelbaren Kontakt zu einer Klientel verwendungswirksam weiterleitet wird, weniger zahlreich und enger gezogen.

Außerhalb des Bereichs von Forschung und Lehre war dies am ehesten noch möglich im Bereich der öffentlichen Verwaltung und der Stabsabteilungen großer Organisationen, wo für planende und konzipierende Funktionen ausdrücklich soziologisches Wissen nachgefragt wurde. An vielen dieser Arbeitsplätze vermischte sich das Anforderungsprofil jedoch mit beträchtlichen Bestandteilen eines juristischen, kaufmännischen und allgemeinen Organisationswissens, wodurch sich ein Berufshandeln nach Maßgabe disziplinärer Standards teilweise ausschließt (Foote 1974; Lange 1981). Bei vielen dieser Tätigkeiten ist daher zu bezweifeln, ob auf seiten der Abnehmer dieser Arbeitsleistungen die Erwartung besteht, es handele sich um eine spezifische soziologische Kompetenz (Maindok 1977).

Ein Handlungsmuster praktisch arbeitender Soziologen ist hingegen das des „klinischen Soziologen"[19]), das bereits seit längerer Zeit in der Professionalisierungsdiskussion immer wieder als ein Vermittlungsmodus soziologischen Wissens benannt wird, aber in institutionalisierter Ausprägung kaum existent ist, das — dem Modell der Psychologie und der Medizin nachgeformt — nicht nur Funktionen einer Diagnose sozialer Bedeutungszusammenhänge zu erbringen hätte, sondern in unmittelbarem Umgang mit Klienten an deren Gestaltung von Lebensverhältnissen nach dem Muster einer professionalisierten Beratungslogik mitwirkt.

Archibald (1976) weist darauf hin, daß die Konzeption des klinischen Soziologen theoriegeschichtlich starke Verbindungen zu Therapiegruppenkonzepten wie überhaupt zum psychotherapeutischen Modell hat. „Sein ursprüngliches Modell der Interaktion zwischen Experte und Klient (ist) von der Beziehung zwischen dem Psychotherapeuten und seinem Klienten abgeleitet" (ebd., 196).

Für das Modell des klinischen Soziologen ist konstitutiv, daß die sozialisatorischen und situationsdeutenden Funktionen der Soziologie über klinische Kompetenzen wirksam werden. Diese klinischen Kompetenzen müssen nun praktisch handlungswirksam werden in Beratungsbeziehungen mit einer Klientel, die im Prinzip aus Laien (Alltagshandelnden) oder aber aus praktisch arbeitenden Professionen (Psychologen, Sozialarbeiter, Juristen, Lehrer etc.) besteht.

Ungeachtet der Differenzen in der Debatte über den klinischen Soziologen (vgl. hierzu etwa Ulrich 1949; Lee 1955; Gouldner 1957; Albrow 1970) scheint im klinischen Ansatz eine Form der Erzeugung *und* Vermittlung soziologischen Wissens angesprochen zu sein, die, über die unspezifische Diffusion sozialisatorischer und situationsdeutender Komponenten soziologischen Wissens hinausgehend, dezidiert die klientenbezogene professionalisierte Beratungskompetenz von Soziologen sowie die Bedingungen ihrer Möglichkeit thematisiert. D.h. in der Figur des klinischen Soziologen werden neben den Möglichkeiten und Folgen der Vermittlung eines allgemeinen soziologischen Orientierungsrahmens für gesellschaftliches Handeln, die sich im wesentlichen auf diagnostizierende

---

[19]) Schon Ende der 20er Jahre waren in der „Chicagoer Soziologie" Versuche angestellt worden, ein systematisches Konzept für „klinische Soziologie" zu entwickeln. In Auseinandersetzung mit inkrementalistischen und systemtheoretischen Verwendungsmodellen wurden später die Überlegungen zur Realisierbarkeit der Anwendungsfigur des „klinischen Soziologen" vor allem von Gouldner (1975); Ulrich (1949) und Lee (1955) wieder aufgenommen und unter dem Gesichtspunkt der Professionalisierung der Soziologie fortgeführt. Anfang der 80er Jahre hat vor allen Dingen Oevermann unter dem Gesichtspunkt einer nicht-technokratischen Anwendung sozialwissenschaftlichen Wissens die Figur aktualisiert. Für ihn stellt der „klinische Soziologe" ein Praxismodell dar, welches der eben genannten Maxime gehorcht, wobei eine Gleichsetzung mit dem Wissenschaftler erfolgt (vgl. Oevermann 1990).

und interpretative Funktionen von Soziologen beziehen, unmittelbar praktisch folgenreiche Beratungsprozesse im Sinne des professionalisierten Handelns initiiert. Wird also das Bild einer Soziologie mit klinischer Priorität entworfen, ist stets an eine Tätigkeit gedacht, deren Auswirkungen auf soziales Handeln auch manifest erkennbar sind.

Im klinischen Ansatz verwendet idealtypischerweise der Soziologe die Grenzen des Klientensystems bzw. die manifesten Handlungsprobleme der zu Beratenden zur Definition seiner eigentlichen Aufgabe. Das Klientensystem wird dabei im Prinzip als ein „geschlossenes System“ behandelt, dessen interne Handlungsweise oder Funktionsweise optimiert werden kann. Daraus ergibt sich — etwa im Gegensatz zum systemanalytischen bzw. inkrementalistischen Ansatz —, daß im klinischen Ansatz der Soziologe die außerhalb der Problemdefinition des Klienten angesiedelten Umweltprobleme und ihre interne Struktur lediglich als Hintergrundformation behandelt und statt dessen die Absicht verfolgt wird, Handlungsentwürfe und Sinninterpretationen seiner Klientel zu rekonstruieren in der Perspektive, daß die Klientel zukünftig „besser“ mit ihnen fertig wird. Verallgemeinert schließt dies ein, daß alle „von außen“ kommenden Probleme im Interaktionsprozeß umgewandelt bzw. umgedeutet werden in Probleme der Wahrnehmung, der Werte und der Fertigkeiten seines Klienten. Dadurch können sie auch legitimerweise innerhalb des Klientensystems angesiedelt bleiben.

„Der klinische Experte ist in erster Linie an Kommunikationen und Wahrnehmungen interessiert, wie sie stattfinden, und an ihren Auswirkungen auf die Beziehungen und Werthaltungen von Individuen und Gruppen“ (Archibald 1976). Dies schließt ein, daß im klinischen Ansatz der ideale Handlungs- und Entscheidungsprozeß als partizipatorisch angesehen wird. Der Berater ist zielperspektivisch weniger an wissenschaftlicher noch an technologischer als vielmehr an „sozialer Rationalität“ (Diesing 1962) interessiert.

Mit anderen Worten, der Klient wird weder als dumm noch als rational auf (politischen) Druck reagierend angesehen, sondern eher als ein „soziales System“, das wegen seiner Komplexität Schwierigkeiten hat, sein Handlungspotential voll zu entfalten (vgl. Archibald 1976). Der klinische Ansatz ist stark an individueller Autonomie seiner Klientel orientiert, und dies zwingt ihn, sich sowohl mit der Ethik von Interventionen als auch mit gesellschaftlichen und subjektiven Handlungszielen zu befassen. Diese Orientierung läßt ihn aber auch geeignet erscheinen für die Verbesserung kreativer und „außerrationaler“ Komponenten der Entscheidungsbegründung bzw. ihrer Entwicklung (Köckeis-Stangl 1975).

Gegenüber der Registratorstrategie des ‚Systemanalytikers‘ sowie der technizistischen Orientierung des social engineers, welcher in der Regel unmittelbar von den vom Auftraggeber explizit gemachten Problemen ausgeht und versucht, für diese eine adäquate Lösung durch seine Forschung zu finden (etwa Politikberatung), versucht der klinisch orientierte Soziologe eben eine derartig einseitige Anpassung zu vermeiden. Die vor allem von Gouldner (1965) empfohlene Strategie des klinisch orientierten Soziologen geht demgegenüber davon aus, daß die Klienten ihre Handlungsprobleme nicht hinreichend gut kennen bzw. sich ihrer oft nicht völlig bewußt sind, also verständlicherweise Hemmungen haben, diese dem beratenden Soziologen tatsächlich mitzuteilen. Somit ist ein wesentlicher Bestandteil seines „Geschäfts“ in der Explikation latenter Sinnentwürfe für Handlungsentscheidungen zu sehen.

„Analog zum Arzt, der die Mitteilungen des Patienten nur als Anhaltspunkt betrachtet, nicht aber als komplette Diagnose seiner Krankheit, wird der Sozialwissenschaftler als ‚Kliniker' von vornherein vermuten, daß seine Klienten ihre Probleme nur unzureichend darstellen“ (Köckeis-Stangl 1975, 162). D.h. der Kliniker muß bemüht sein, durch selbständige Exploration herauszufinden, wo die Ursachen für mögliche Nichtbegründbarkeiten von Handlungsentscheidungen des Klienten liegen.

Die zweite bedeutsame Differenz zum ‚technischen' Konzept des social engineerings besteht in gewisser Analogie zur Psychotherapie darin, daß für die Spannungen und Konflikte zwischen beratendem Soziologen und zu beratendem Klientel eine Ursache darin gesehen wird, daß die zu Beratenden dazu neigen, den Deutungen und Befunden des Beraters desto mehr Widerstand bzw. Aggression entgegenzusetzen, je zutreffender diese tatsächlich sind, d. h. je mehr sie das Image, die Selbstdeutung des Klienten, sein Alltagswissen etc. in Zweifel ziehen.

D. h. der Kliniker wird im Bereich von normativen Orientierungen jeweiliger Handlungsbereiche nicht nur die Angemessenheit, sondern auch die ‚Wahrhaftigkeit'/Richtigkeit von Handlungen thematisieren müssen.

Ein dritter Unterschied zur ‚Ingenieurstrategie' besteht nun darin, daß im Klinikermodell — in deutlicher Differenz zum Psychotherapeutenbild — als Klient nicht nur der zu Beratende, also der „Auftraggeber“ bzw. Interessent selbst angesehen wird, sondern sämtliche an den betreffenden Problemkreis mit ihren u. U. durchaus verschiedenen Schwierigkeiten, Handlungsorientierungen und Interessenlagen Beteiligten (Köckeis-Stangl 1975; vgl. hierzu auch Archibald 1976). Damit ist schon angesprochen, daß Wert- und letztendlich auch Wahrhaftigkeitsproblematiken im klinischen Ansatz eine weitaus bedeutendere Rolle spielen als etwa im „Ingenieurskonzept“, da hier etwa Wertprobleme weitgehend ausgeklammert werden können, weil der Soziologe in der Regel die Zielsetzungen seines Klienten bereis im vornhinein akzeptiert und zum Ausgangspunkt seiner Forschung bzw. soziologischen Intervention macht. Im klinischen Modell hat der Soziologe also wesentlich auch die Aufgabe, Wertprobleme in bezug auf vollzogene Handlungen oder zutreffende Handlungsentscheidungen mit seinem Klienten zu erörtern (vgl. Gouldner 1965, 13/14).

Das Prekäre einer sogearteten „erzeugenden Vermittlung“ sozialwissenschaftlichen Wissens besteht aber u. a. darin, daß dabei den Soziologen häufig eine ihre disziplinäre Identität stützende Außenlegitimität nicht in hinreichendem Maße als selbstverständlich zugestanden wird, sie also die Angemessenheit ihres sozialwissenschaftlichen Wissens- und Methodenrepertoires für die Bearbeitung der anstehenden Handlungsprobleme jeweils in der Situation unter Beweis stellen müssen.

Zwar sind diese Ansätze einer Vermittlung personengebundenen sozialwissenschaftlichen Wissens unter direktem oder zumindest sehr nahem Bezug zu lebenspraktischen Handlungproblemen im Prinzip die interessantesten, weil sich hier die Bedingungen einer praktischen Umsetzung theoretischen Wissens in der Interaktion mit sozialwissenschaftlichen Laien beobachten lassen, gleichwohl hängt es jedoch vom Gelingen des Einzelfalls ab, ob eine Legitimation aufgebaut werden kann, die die Akzeptanz des betreffenden Soziologen als eines Professionsinhabers und damit seines Wissens als sozialwissenschaftlich möglich macht.

Aus der Perspektive des ‚klinischen Ansatzes' sind jedoch besonders Tätigkeiten von Soziologen mit Ausbildungsfunktionen von Bedeutung (Young 1955).

Ihre Funktion ist, das berufliche Fachwissen ihrer Klientel um eine soziologische Orientierung zu ergänzen, d. h. zum Beispiel, der didaktischen Perspektive von Lehrern eine Sichtweise für die strukturelle Bedingtheit von schulischen Interaktionsprozessen oder über die funktionale Einbettung der Schule in das soziale System hinzuzufügen (Luhmann 1979), oder die organmedizinische Denkweise von Ärzten auf die Einbettung von Krankheit und therapeutischen Erfolg in ein soziales Umfeld hinzuweisen. Solche Orientierungsleistungen für andere Berufe werden von der Soziologie heute in unterschiedlichster Form abgefragt, und hier,dürfte ein in der Disziplin angelegter — im erkenntnislogischen Sinne gesprochen — „angemessener" Vermittlungsbezug ihres Wissens liegen:

„On the basis of the inherent logic of sociological inquiry and knowledge, plus the results of past efforts and experiences, there is little reason to assume that sociology will soon develop a strong practice-oriented specialization. A great deal of valuable energy can be lost in such enterprise which would weaken the intellectual vitality of the profession. In the contrary, there is every reason to assume that sociology will remain basically a staff-oriented profession rooted in academic and education settings" (Janowitz 1973, 130).

Diese Aussage über die Lage der amerikanischen Soziologie hat auch für die Bundesrepublik bereits seit längerem Gestalt angenommen (Schumann 1971, 11): Wichtigstes Tätigkeitsfeld von Soziologen bleibt die Vermittlung von Wissen. Und diese Vermittlung richtet sich in zunehmendem Maße an Nicht-Soziologen, die dieses Wissen in ihr berufliches Fachwissen als eine zusätzliche Orientierung integrieren sollen. Diese Entwicklung wird seit ungefähr Mitte der 60er Jahre getragen von den Ideen einer auf Berufsbezug achtenden Hochschulreform und von einer Modernisierung der gesellschaftlichen Institutionen, vor allem der öffentlichen Verwaltung, in deren Vollzug die Qualifizierung des Personals sich loslöste von bloß berufspraktischem Erfahrungswissen und organisationsinternen Konditionalprogrammen und eine Orientierung an weitergreifenden sozialen Zusammenhängen gefordert wurde. Teilweise in einer euphorischen Einschätzung des Problemlösungspotentials der Soziologie wurde diese realiter oder versuchsweise zum Bestandteil der Ausbildung der akademischen Professionen der Pädagogen, Mediziner, Juristen, Ökonomen und auch Theologen gemacht und des weiteren in die Curricula der helfenden und verwahrenden Tätigkeiten von Sozialarbeitern, Erziehern, Katecheten, Pflegepersonal, Strafvollzugsbeamten, betrieblichen Ausbildern usw. eingebaut.

Schließlich gewinnt diese Form einer indirekten Verwendung soziologischen Wissens über das Berufswissen anderer Professionen für die Soziologie akturell an Bedeutung dadurch, daß die Ausbildung von Hauptfachsoziologen an den

Hochschulen zunehmend in Zweifel gezogen und in einigen Hochschulen bereits eingestellt wurde.

Der Mechanismus einer „indirekten Verwendung" soziologischen Wissens ist diesem von seiner internen Struktur her inhärent, so daß der klinische Einsatz soziologischen Wissens einer sachlichen Zwangläufigkeit zu entsprechen scheint. Es stellt sich aber nochmals die Frage nach den möglichen klinischen Funktionen der Soziologie und damit zusammenhängend die nach den klinischen Kompetenzen praktisch arbeitender Soziologen in Beratungsprozessen.

Worin ist die Differenz zu sehen zwischen einer Soziologie, die klinische Funktionen wahrnimmt, und der allgemeinen Verbreitung soziologischer Ideen in Form der Ausübung sozialisatorischer und situationsdeutender Funktionen gegenüber der Gesellschaft? In der Diskussion um den klinischen Soziologen ist es bisher noch verabsäumt worden, in der eingangs umrissenen handlungslogischen Perspektive die klinischen Orientierungsweisen und Praxisformen eines derartigen Einsatzes soziologischen Wissens zu rekonstruieren, da man sich in der Regel damit begnügte, die unterschiedlichen Institutionalisierungsformen der Soziologie als angewandter Profession bzw. als akademischer Fachwissenschaft zu betrachten (Maindok 1977).

Eine Wirksamkeit der Soziologie im Sinne einer klinischen Profession läßt sich nur über Verwendungsdiskurse zwischen Soziologen und lebenspraktisch Handelnden bzw. praktisch arbeitenden Professionellen rekonstruieren, in denen neben Situationsdeutungen ein manifest folgenreicher Einsatz soziologischen Wissens erwartbar ist, ohne daß es dabei zu einer Verkürzung interpretativer, stellvertretender Sinnauslegung kommen darf. „Ein manifest folgenreicher Einsatz soziologischer Fertigkeiten würde bedeuten, daß soziologische Interpretationsmuster von Bereichen sozialen Handelns als entscheidungsorientierender Bezugsrahmen in diesen Bereichen verbindlich institutionalisiert würden" (Maindok 1977, 37). Daß eine derartige Position leicht an einem sozialtechnologischen Mißverständnis des Kliniker-Modells leidet, ist nun allzu offenkundig.

So liegen nur wenige Arbeiten vor, die sich etwa zum Verhältnis von praktisch arbeitendem Soziologen zu seiner Klientel äußern und die Rollenproblematik professionalisierter Soziologen und die damit verbundene Frage nach den Beratungskompetenzen entfalten. Dieses Problem wird in aller Regel als eines der nicht ausreichend definierten Erwartungen des Klienten an den Soziologen umschrieben.

Rollenkonflikte zwischen Klient und Soziologe werden somit als durch ein von beiden Seiten gestörtes System wechselseitiger Erwartungen verursacht angesehen (a. a. O.).

„The general public image of the sociologist that he in some way represents the human factor, that he speaks for people, may well be an expectation to which the acticity of the sociologist corresponds far more than some self-deceiving concept of the value-free professional" (Albrow 1972, 80).

Für die Diskussion um das klinische Modell ist zudem typisch, daß eine Reduktion gesellschaftlicher Probleme auf ihre technisch lösbaren Dimensionen als Orientierung oft wirksam ist.

Unter der eingangs aufgeworfenen Fragestellung, ob eine *nicht-technokratische* Verwendung soziologischen Wissens möglich ist, soll nun im weiteren Gang der Argumentation mittels Hinzuziehung des in den vorangegangenen Kapiteln erarbeiteten begrifflich-analytischen Instrumentariums das Problem der Wissensvermittlung im Handlungsmuster des klinischen Soziologen eingehend erörtert werden.

Die (erwähnte) konstruierte perspektivische Distanz des Soziologen gegenüber der sozialen Wirklichkeit ist nicht nur für die Erzeugung soziologischen Wissens konstitutiv, sondern ebenfalls für seine Vermittlung und Übernahme durch sozialwissenschaftliche Laien: Diese Distanz macht somit die handlungslogisch bedingte Einheit von Erzeugung und Verwendung soziologischer Erkenntnisse aus (vgl. Kap. III und IV).

Die Diskrepanz der Perspektiven[20]) von sozialwissenschaftlichem und alltagsweltlichem Wissen führt nun zu der Konsequenz, daß eine *erzeugende Vermittlung* sozialwissenschaftlichen Wissens als Prozeß gedacht werden muß, in dem Reziprozität der Perspektiven als *Bedingung* des Möglichwerdens von Verstehensprozessen zwischen Soziologen und sozialwissenschaftlichen Laien situativ *praktisch hergestellt wird*. Die Vernachlässigung des immanenten Reziprozitätsanspruchs bei der Erzeugung wie bei der Verwendung soziologischen Wissens ist jedoch für die Soziologie selbst fatal, hat sie doch zur Folge, daß eine unmittelbare Übernahme soziologischer Begrifflichkeiten und eine handlungsanleitende, ‚sozialtechnische' Anwendung soziologischen Wissens (die ihrerseits ja nur möglich wird unter der Bedingung der Geringschätzung der handlungslogischen Implikationen einer Bevormundung von Alltagspraxis durch Wissenschaft) nicht nur einer „Trivialisierung" (Nowotny) soziologischen Wissens Vorschub leistet, sondern auch die „Versozialwissenschaftlichung des Alltagslebens" (Oevermann) befördert, nicht aber zu Erkenntnischancen im Alltagsleben führt.

Zudem kann die Ignoranz gegenüber der handlungslogischen Differenz zwischen Soziologie und Alltagspraxis den Soziologen bestenfalls dazu verleiten, als „Wissenschaftler ohne Inanspruchnahme seiner wissenschaftlichen Kompetenz unmittelbar lebenspraktisch (zu handeln — d. V.)" (Oevermann 1983, 146f). Das situativ praktische Herstellen reziproker Perspektiven zwischen Soziologen und

---

[20]) Es fehlt deshalb zwischen dem sozialwissenschaftlichen und dem praktischen Handlungsfeld eine Grundvoraussetzung für das Gelingen von Verständigung, die Schütz als die „Generalthese der reziproken Perspektiven" bezeichnet. Sie beruht auf der „Kongruenz der Relevanzsysteme" zwischen den Sprechenden. Die Schützsche These besagt: Wäre ein anderer an meiner Stelle, würde er die Welt wie ich sehen (vgl. Schütz/Luckmann 1979, 89). Es handelt sich um eine Voraussetzung für das Gelingen von Verständigung. Sie muß in konkreten Interaktionen nicht immer schon vorweggegeben sein, kann aber zum Beispiel durch die Mitteilung von zusätzlichen Informationen bei der Klärung von Mißverständnissen im Alltagsgespräch hergestellt werden. Sie muß aber im Prozeß der Verständigung von den Sprechenden schließlich mit hinreichender Plausibilität unterstellt werden können (vgl. de Folter 1983; vgl. zum im Konzept der Perspektivenübernahme enthaltenen Handlungsmodell als Basis für eine Theorie sozialen Handelns: Geulen 1982).

sozialwissenschaftlichen Laien setzt jedoch voraus, daß soziologische Wissensvermittlung als ein Handlungszusammenhang betrachtet wird, in dem sich die Beteiligten über die Divergenzen ihrer Perspektiven ausdrücklich verständigen und sich eine gemeinsam getragene Perspektive erarbeiten, innerhalb derer soziologisches Wissen erst im eigentlichen Sinne zu handlungsrelevanten Deutungsalternativen von Nicht-Sozialwissenschaftlern werden kann. Um das *Problem der praktischen Herstellung reziproker Perspektiven* zwischen Sozialwissenschaftlern und sozialwissenschaftlichen Laien als Bedingung der Möglichkeit, die handlungslogische Differenz zwischen ihnen zu überwinden, zu verdeutlichen, lassen sich drei Typen von Vermittlungssituationen bzw. -kontexten benennen, die das *Kontinuum* abstecken, innerhalb dessen der behauptete Prozeß sich bewegt:

— Der theorieinterne Diskurs

— Die psychoanalytische Diskurssituation

— Die Diskursform der beratenden Rekonstruktion von Praxisproblemen durch den ‚klinischen Soziologen'.

Relativierend muß jedoch festgestellt werden, daß die beiden erstgenannten Vermittlungskontexte nur eingeschränkt sozialwissenschaftliche Wissens*vermittlungs*fälle repräsentieren, sich hier aber zur Veranschaulichung des Problems als dienlich erweisen können.

Der eine Extremfall ist die Vermittlung des soziologischen Wissens innerhalb der soziologischen Fachdiskussion selbst. Hier kann aufgrund der institutionellen Bedingungen der ‚community of scientists' von jedem Sprecher voraussetzungslos davon ausgegangen werden, daß die Beteiligten seine Perspektive (Distanziertheit, Handlungentlastetheit, Zweifel etc.) gegenüber dem diskutierten Gegenstand teilen. Es handelt sich — wenn man so will — um die ‚ideale' Handlungssituation des Soziologen als Wissenschaftler. In der Interaktion im wissenschaftlich-rationalen Diskurs erübrigt sich eine Herstellung reziproker Perspektiven — sie können als gegeben von den Sprechern vorausgesetzt werden, und das Gespräch kann sich so direkt der soziologischen Begrifflichkeit bedienen. Ähnlich verhält es sich auch in Fällen des ‚strategischen' Diskurses etwa im Rahmen von Institutionenberatung, wo die Gleichwertikgeit und Synchronizität der Perspektiven zunächst unterstellt werden kann. Auch hier erfolgt ein Handeln zwischen den Beteiligten auf der Grundlage der stillschweigend unterstellten Geltung der Reziprozität der Perspektiven.

Der andere Extremfall ist die analytische Therapiesituation, in der am Anfang keinerlei Reziprozität zwischen dem vom Leidensdruck motivierten Patienten und dem fachlich orientierten Therapeuten vorhanden ist — eine Form der Vermittlung sozialwissenschaftlichen Wissens, die wesentlich in einem langwierigen Prozeß der Herstellung reziproker Perspektiven und der davon erwarteten Heilung des Patienten besteht. Der Leidensdruck sichert hier die Autonomie der Alltagspraxis des Patienten und gewährleistet die Freiwilligkeit der Behandlung.

Als Zwischenbemerkung sei hier festgehalten, daß psychoanalytisches Wissen über die Struktur und Genese des psychsichen Apparates als ein Typus sozialwissenschaftlichen Wissens genommen werden kann, weil dieses Wissen — im Selbstverständnis der Psychoanalyse — auf soziale Bedeutungszusammenhänge bezogen ist — und zwar auf diejenigen, die biographisch abgelagert das Triebschicksal des Subjekts verarbeiten (vgl. Habermas 1968, 307ff).

Die Spezifik der Wissensverwendung im psychoanalytischen setting läßt sich am besten in Freuds Werk über die „Traumdeutung" (1953) verdeutlichen. Habermas, der das Modell der Psychoanalyse als ein Muster der Beziehungen zwischen hermeneutischer Interpretation und nomologischer Erklärung betrachtet hat und das szenische Verstehen der psychoanalytischen Methode zu einem Eckpfeiler seines Konzepts des explanatorischen Verstehens gemacht hat, skizziert den hier interessierenden Verwendungsaspekt in aller Kürze:

„Zu Beginn eines analytischen Arbeitsschritts ist das Wissen des konstruierenden Arztes vom Wissen des Widerstand leistenden Patienten verschieden. Vom Standpunkt des Analytikers aus gesehen, bleibt die hypothetisch erwogene Konstruktion, die verstreute Elemente eines verstümmelten und entstellten Textes zu einem verständlichen Muster ergänzt, solange bloß ‚für uns', bis sich die Mitteilung der Konstruktion in Aufklärung, nämlich in ein Wissen ‚für es', für das Bewußtsein des Patienten verwandelt: ‚unser Wissen in diesem Stück ist dann auch sein Wissen geworden'. Die gemeinsame Anstrengung, die diese Spanne zwischen der Mitteilung und der Aufklärung überwindet, nennt Freud ‚Durcharbeiten'. Durcharbeiten bezeichnet den dynamischen Teil einer kognitiven Leistung, die nur gegen Widerstände zum Wiedererkennen führt" (Habermas 1968, 282f; Zitat im Zitat: Freud 1953, 36).

Die psychoanalytische Situation ist — wie gesagt — deshalb ein extremer Verwendungsfall, weil zunächst kaum Reziprozität der Perspektiven besteht. Das Leiden des Patienten besteht ja zu einem guten Teil gerade darin, daß er gegenüber der eigenen Identität und dem eigenen Verhalten das Maß an beobachtender Distanz nicht aufbauen kann, das für eine stabile Selbstwahrnehmung und Verhaltenssicherheit notwendig ist.

Reziprozität setzt auf seiten des Patienten im ersten Schritt den Aufbau oder die Revision einer Perspektive voraus — ein vom Therapeuten unter seiner Perspektive (den „Konstruktionen") angeleiteter Prozeß der Heilung. Dieser führt zu einer Vermittlung sozialwissenschaftlichen Wissens, das sich in die Handlungsperspektiven des Patienten integriert. Gleichwohl aber wird dieses Wissen nicht in seiner formal-sprachlichen Formulierung, und wenn, dann in vorsichtig vorgetragenen „Konstruktionen", in das therapeutische Gespräch eingebracht. Wenn man die psychoanalytische Intervention als eine tiefenhermeneutische Operation — etwa im Gegensatz zur philologischen Hermeneutik eines Dilthey (vgl. Habermas 1968, 265ff) — charakterisiert, dann wirkt sich das Fachwissen hier nicht in expliziten Formulierungen aus — denn gerade diese würden als „überfallartige" Konstruktionen den Aufbau von reziproken Perspektiven erschweren und verstärkte „Abwehr" hervorrufen —, sondern es hat eher den Status eines zunächst implizit bleibenden Erklärungswissens, mit dem der Therapeut seine Wahrnehmung der Patientenmitteilungen, seine Fragen und schließlich auch die Auswahl der zumeist umgangssprachlich formulierten Konstruktionen steuert. Unter dem hier interessierenden Gesichtspunkt gilt es jedoch bezüglich des psychoanalytischen Modells Einschränkungen zu machen. Wir haben es hier unter der konstitutiven Bedingung der Annahme, der Patient repräsentiere einen pathologischen Fall, mit einer Beziehung zwischen Wissenschaft und Lebenspraxis zu tun, in der die Handlungspraxis des Patienten keine oder nur wenige Perspektiven besitzt, die eine reflexive Haltung gegnüber dem eigenen Handeln zuläßt. Das damit verbundene Rationalitätsgefälle zwischen den Beteiligten drückt sich bekanntlich in dem extrem asymmetrischen therapeutischen setting aus, das als „Voraussetzung zur Erreichung einer rein analytischen Reziprozität in Übertragung und Gegenübertragung" (Castell 1976, 66) gilt.

Die professionellen Leistungen, die in der analytischen Psychotherapie zu erbringen sind, zielen auf die Wiederherstellung und Heilung des Patienten ab, dessen Beeinträchtigungen aus den in diffusen Beziehungen existenten und von ihnen nicht erbrachten funktionalen Äquivalenten resultieren.

Die therapeutische Handlung des Analytikers spezialisiert sich auf die in den Primärbeziehungen naturwüchsig nicht herbeigeführten Problemlösungen, in denen therapeutische Funktionen wirksam werden könnten. Das Modell der klassischen Psychoanalyse, das in der Einheit von Theorie und Praxis in reiner Form Existenzprobleme bearbeitet, gilt als Protobeispiel für professionalisiertes Handeln. Die für dieses Handeln überhaupt konstitutive strukturelle Ambivalenz zwischen den diffusen und spezifischen Elementen der Beziehung — in Anlehnung an Parsons pattern behavior — ist in der psychoanaytischen Therapie selbst Mittel und Medium der Restitution des Subjekts (Sahle 1984; vgl. auch Oevermann 1978).

Zwar ist in der Logik des therapeutischen Handelns die psychoanalytische Operation zuallererst verstehend, da es das Ziel des Therapeuten ist, die Verbalisierungen des Patienten zu verstehen, ihren versteckten Sinn zu deuten — was durch den Dialog erreicht wird. Aber sie bleibt vom Anspruch her nicht auf der hermeneutischen Ebene stehen; es ist ein wesentliches Ziel der analytischen Psychotherapie hinter die Beschreibung von Erfahrungen des Patienten zu gelangen, um kausal erklären zu können, warum sie verzerrte Wiedergaben sind oder etwas verbergen, was dem Bewußtsein unzugänglich geworden ist. In der therapeutischen Handlungssituation bewegt sich der Analytiker fortwährend von einem Bezugrahmen zum anderen, um so zu ‚erklären', was hinter dem gestörten Selbstverständnis des Patienten liegt. Das szenische Verstehen als explanatorisches Verstehen bewegt sich so zwischen hermeneutischen Verstehensleistungen und nomologischen Erklärungsansprüchen, bleibt dabei aber unbedingt an das psychoanalytische setting gebunden. Folgt man nun der von Habermas in methodologischer Absicht eingeführten Prämisse nicht, daß die in der analytischen Psychotherapie thematisierten Kommunikationsverzerrungen übertragen werden können auf den gesamten Bereich sozialen Handelns (vgl. Radtke 1985), wird spätestens deutlich, warum die psychoanalytische Handlungssituation unter dem Gesichtspunkt einer situativ-praktischen Überbrückung der handlungslogischen Differenz zwischen Alltagswissen und sozialwissenschaftlichem Wissen für den hier entfalteten Gedankengang nur von geringer Bedeutung ist.[21]) So stellt sich die Frage, inwieweit die ditte hier zu skizzierende Vermittlungssituation sozialwissenschaftlichen Wissens — die *beratende Rekonstruktion* —, als ein Handlungszusammenhang betrachtet werden kann, in dem situativ praktisch die Herstellung reziproker Beziehungen zwischen den Dialogpartnern angestrengt wird —, in dieser Hinsicht dem psychoanalytischen Arrangement nicht unähnlich —, jedoch ohne die problematische Annahme eines grundsätzlich pathologisch gestörten Verhältnisses des Alltagshandelnden zu den Deutungen seiner eigenen Lebenspraxis.

Es müssen zuvor in zwei Argumentationsgängen erstens die prinzipiellen Spezifika von „*Beratung*" als Kommunikationszusammenhang von Experten und Laien herausgearbeitet und zweitens die beratungsrelevanten Implikationen *professionalisierten Handelns* anhand relevanter soziologischer Professionalisierungsmodelle rekonstruiert werden.

[21]) Eine Besonderheit der psychoanalytischen Handlungssituation wird darin deutlich, als hier Redeverstehen nur als Mittel zur Diagnose pathologischer Beziehung betrachtet wird. Dies macht sie gewissermaßen zum Grenzfall einer dialoghermeneutischen Vorgehensweise. „Die vom Patient vorgebrachten Behauptungen werden nicht als solche ‚ernstgenommen', sondern nur als Symptome gestörter Beziehung während seiner Individualgenese" (Badura 1972, 255).

X. Konventionelle Beratung als asymmetrischer Kommunikationszusammenhang

Mit dem Terminus ‚Beratung' werden alltagssprachlich heterogene Handlungsformen unmittelbar personenbezogener Dienstleistungen bezeichnet, die durch die problembezogene Weitergabe von Fachwissen durch ‚Experten' an ‚Laien' gekennzeichnet sind. Beratung verweist in einem solchen Begriffsverständnis zunächst auf einen Typus kommunikativen Handelns, dessen Gemeinsamkeit darin besteht, daß innerhalb einer Situation, in der das thematisch relevante Wissen asymmetrisch verteilt ist, Informationen, Ratschläge, Deutungen und Empfehlungen weitergegeben werden, wobei davon ausgegangen wird, daß die Informations- und Wissensaneignung durch den Laien zur Verbesserung seiner Problembewältigung beiträgt. In diesem allgemeinen Sinne umfaßt Beratung sowohl die in naturwissenschaftlich-technischem wie die in sozialwissenschaftlichem Wissen begründeten Formen problembezogener Wissensvermittlung, einschließlich auf die Bearbeitung akuter psychosozialer Problemlagen gerichteter und in Nähe zu psychotherapeutischen Interventionen stehender Formen. Beratung in diesem allgemeinen Sinn steht also immer dann in Rede, wenn in Situationen, „wo Menschen nicht selbst aufgrund eigener Erfahrungen, Kenntnisse, Kompetenzen urteilen und sich orientieren, planen, entscheiden oder handeln können (und dort, wo ihnen das unterstellt wird)", Unterstützung durch einen Experten (Nestmann 1988, 101) auf freiwilliger Basis in Anspruch genommen wird.

„Beraten" kann in der (Alltags-)Sprache transitiv oder reflexiv benutzt werden; dementsprechend lassen sich auch zwei unterscheidbare Bedeutungen erkennen: In der reflexiven Form als „Sich-beraten" bedeutet Beratung eine bestimmte Form der Kommunikation zwischen zwei oder mehr Personen mit dem Ziel, zu einer gemeinsamen akzeptierten Handlungsentscheidung oder zu einem Konsens über die Beschreibung oder Beurteilung eines Sachverhalts zu kommen. In diesem Sinne wird das Wort „Beratung" von den Vertretern der Erlanger Schule in der Philosphie verwendet, etwa im Zusammenhang mit der „Beratung nach dem Moralprinzip" (Lorenzen & Schwemmer 1975).

In der transitiven Form als „jdn. beraten" bedeutet Beratung, jemandem einen Rat geben, oder einer anderen Person einen unverbindlichen Handlungsvorschlag machen, wobei „unverbindlich" heißt, daß diese andere Person den Handlungsvorschlag ablehnen oder akzeptieren kann, ohne als Folge ihrer Handlung eine Sanktion seitens der sie beratenden Person erwarten zu müssen." (Seel, 1979, S. 132).

In beiden Fällen impliziert „Beratung" eine soziale Beziehung, die sich durch Nicht-Bevormundung auszeichnet (vgl. Seel, 1979).

Die bereits erwähnte Freiwilligkeit der Teilnahme ist eine wesentliche Rahmenbedingung der Beratung. Dazu zählen im einzelnen

— Freiwilligkeit der Teilnahme an der Beratung (d. h. es besteht kein Zwang zur Initiierung einer Beratung)
— Abbruchfreiheit (d. h. es besteht kein Zwang zur Fortführung einer einmal begonnenen Beratung)
— Glaubwürdigkeit des Beraters (d. h. der Berater verfolgt nach Meinung der anderen Beratungsteilnehmer keine anderen als die von ihm angegebenen Ziele) (Seel 1979, S. 141).

Die *Institutionalisierung* einer für gesellschaftliche Kommunikationsbeziehungen typischen Experten-Laien-Beziehung bedeutet stets, daß ein Wissen von ‚außen', ein „objektives Wissen" gegenüber dem Wissen des Betroffenen die Herrschaft errungen hat.

Institutionalisierte Interaktionen zwischen Experten und Laien müssen folglich unter dem Gesichtspunkt von Macht und Herrschaft als asymmetrische gefaßt werden. Sie können also keineswegs als eine gleichberechtigte Beziehung zwischen zwei gleichwertigen Interaktionspartnern verstanden werden. Der Experte ist erstens derjenige, von dem eine „Leistung" erwartet wird, der aufgrund seiner durch Fachwissen legitimierten Stellung etwas geben soll, während die laienhafte, oder besser: laisierte Klientel eine „Leistung", zumeist als (lebenspraktische) Hilfe verstanden, erwartet. Und umgekehrt ist „strukturell betrachtet jemand Laie dann ..., wenn es in einem gegebenen historischen Sozialverband (aus traditionellen Gründen) als selbstverständlich, (aus ‚‚rationalen" Gründen) als zweckmäßig, oder (aus moralischen Gründen) als geboten gilt, bei der Lösung von Problemen ein entsprechendes Expertenwissen zu konsultieren" (Sprondel 1979, 148).

Der Experte ist, zweitens, derjenige, dessen Wissen in der Interaktionssituation zumindest scheinbar die größere Erklärungskraft zugesprochen wird, da der Laie von ihm die Lösung des anstehenden Problems erhofft, das heißt, daß er gleichsam über ein „Verweisungswissen" verfügt, welches die Konsultation eines Experten in bezug auf ein bestimmtes lebenspraktisches Handlungsproblem als notwendig erscheinen läßt.

Drittens, ist der Experte in aller Regel in einer anderen materiellen Lage als der Laie, da für ihn die einzelne Beratung, Intervention, Maßnahme usw. zwar Grundlage seines Einkommenserwerbs, aber darin doch nur eine Routine seines Berufsalltags ist, während der Laie sein Handlungsproblem häufig als eine existentielle Not mit entsprechender Dringlichkeit empfindet.

Viertens, schafft der äußere Rahmen, unter dem Experten-Laien-Interaktionen typischerweise stattfinden, zahlreiche, zum Teil sehr diffizile Interaktionsvorteile für den Experten, die für den Laien Barrieren darstellen, die er erst überwinden muß, um sich und sein Problem beispielsweise in einem Beratungsgespräch einbringen zu können.

Fünftens, wird dieser äußere Rahmen symbolisch ausgedrückt und verstärkt durch die Vorgabe sprachlicher Niveaus, die als soziale Kontrolle auf das Verhalten der Laien einwirken und zumeist auch eine Asymmetrie von Artikulationsfähigkeit bewirken, da die offiziöse, an Normen von Wissenschaft und Verwaltung orienterte Sprache des Experten als „Fachsprache" eine höhere Gültigkeit beansprucht als die Umgangssprache einer laisierten Klientel (vgl. Burrichter/Müller/ Pingel 1977, Feyerabend 1979).

Schließlich wird diese Abhängigkeit des Laien vom Experten noch interpretierend unterstützt durch Deutungsmuster einer Wissenschafts- und Expertengläubigkeit (vgl. Illich u. a. 1979, sowie Jansen 1979), die das Verhalten der Laien latent bestimmen — ein Faktor, der in seiner Bedeutsamkeit nicht unterschätzt werden kann, vor allem wenn man sieht, daß die Überlegenheit expertenhaften Wissens gegenüber dem lebensweltlich praktischen Allgemeinwissen der Laien auch organisatorisch insofern verfestigt ist, als die Experten als Professionsmitglieder zumeist in Berufsverbänden organisiert sind, die dieses Prestige in verschiedenster Weise (Ausbildung, Zertifikate, Berufszulassung, Gutachtermonopole, Ausschluß der Laien von der Kritik am professionellen Handeln [vgl. etwa Becker 1964, Lepsius 1964, Wilensky 1964, Hartmann 1968, Hesse 1972]) stabilisieren, während die Laien beispielsweise in Beratungssituationen, wie aber auch in Situationen, in denen durch die berufliche Praxis von Semiprofessionellen expertenhafte Problemdeutungen laienhafter Lebenspraxis auf dem Wege administrativer Verfahrensschritte durchgesetzt werden, immer nur als Einzelpersonen auftreten (siehe auch im Zusammenhang der Kritik an der Institutionalisierung von Experten-Laien-Beziehungen den Ansatz zu einer Theorie asymmetrischer Verbalhandlungen bei Siegrist 1976).

Das Typische an Beratung scheint meines Erachtens zu sein, daß hier — in wie unterschiedlicher Form auch immer — grundsätzlich versucht wird, Verhalten über die Definition von richtigem Wissen zu steuern. Eine theoretisch-analytische Frage, mit der man an Beratungsprozesse herangehen kann, heißt daher: Wer definiert das richtige Wissen? Ist das Expertenwissen das „richtigere Wisssen", an dem sich die Laien auszurichten haben (Beratung als soziale Kontrolle und als Anpassung abweichenden Verhaltens) oder ist das Wissen der Laien ein im Prinzip kompetentes Wissen, an dem sich ihr Verhalten durchaus orientieren kann — mit der Einschränkung, daß Expertenwissen dazu dienen kann, Laienwissen, dort wo die Betroffenen „punktuell-situativ" nicht mehr „weiter wissen", zu verbessern beziehungsweise zu korrigieren?

Die von den Experten erwarteten Hinweise sollen in der Regel zu ‚besseren' alltäglichen Problemlösungen und Interpretationen auf seiten der Laien führen, nicht aber diese ebenfalls zu Experten mit einem spezialisierten Wissen machen. Insofern unterscheidet sich Beratung zum Beispiel von einer Hochschulausbildung, in der Studenten systematisches Wissen erwerben, mit der Absicht, selbst Experten zu werden. Beratung als eine Transformation von systematischem in alltägliches Wissen ist aber nicht als eine isolierte Interaktion zu betrachten; sie ist zugleich eine sozial bedeutsame und anscheinend zunehmend häufigere gesellschaftliche Institution (vgl. Nagel/Seifert 1979).

Ausgehend von der gesellschaftlichen *Makrostruktur* ist Beratung eine Instanz der *Vergesellschaftung* von Individuen (beziehungsweise der „sozialen Kontrolle" oder der „sozialen Integration") neben anderen Instanzen mit vergleichbarer Funktion, so zum Beispiel den Sozialisationsinstanzen, der Anwendung physischer Gewalt, der bürokratischen Verwaltung von sozialen Beziehungen oder der Regulierung von sozialen Beziehungen durch das Lohnarbeiterverhältnis. Gemeint ist damit, daß erstens in allen Gesellschaftsformen Institutionen (beziehungsweise Institutionalisierungsformen) bestehen, das heißt dauerhafte und gegenseitige Erwartungsstrukturen (seien es anerkannte Höflichkeitsregeln, bekannte Befehle und der ihnen geschuldete Gehorsam oder seien es irgendwie akzeptierte Vorstellungen über eine „gerechte" Relation von erbrachter Arbeitsleistung und dafür zu erwartender Lohnhöhe) und, daß zweitens in diesen Institutionen die jeweiligen Mitglieder mit oder gegen ihren Willen dazu gebracht werden, sich entsprechend der gegebenen Erwartungsstrukturen zu verhalten. Dieser Vergesellschaftungsprozeß bedingt zudem eine laufende Anpassung der Institutionenmitglieder an die Erwartungsstrukturen (vgl. auch Vahle 1980).

Da diese Vergesellschaftung zugleich aber immer auch von divergierenden Interessen bestimmt wird, ist sie darüber hinaus anderen gegenüber auch zwanghaft, das heißt sie erzeugt auch ein gegen den Willen der Mitglieder stehendes Verhalten von ihnen.

In dem Maße, wie die Anpassung nicht vollkommen gelingt und zu Kompromissen zwischen den angesprochenen Interessen führt, ergibt sich daraus eine Veränderung der Erwartungsstrukturen, auf die sich die Beteiligten „einigen". Letzteres wird unter anderem gerade in Beratungssituationen deutlich (Dewe/Otto 1980, 127ff).

Hier geht es im Prinzip immer darum, daß zwischen den beratenden Experten und den ratsuchenden Laien Situationsdeutungen entstehen. Diese Situationsdeutungen können Erwartungsstrukturen definieren, die für die Ratsuchenden enorme lebenspraktische Folgen haben.

Diese Vergesellschaftung kann durchaus verschiedene Formen annehmen. Sie kann dadurch zustande kommen, daß die Mitglieder der Institutionen (insbesondere als Kinder und Heranwachsende) die betreffenden Erwartungsstrukturen im Prozeß der Sozialisation verinnerlichen. Vergesellschaftung kann im hier gemeinten Sinn auch durch Androhung oder Anwendung von Gewalt zustande kommen. Gefängnisse und militärische Organisationen sind hierfür Beispiele. Andere — und heute praktisch wohl relevantere — Formen der Vergesellschaftung, die vor allem im Bereich der Arbeitswelt und im politischen System eine Rolle spielen, sind die Lohnarbeit, die bestimmte Verhaltensweisen und Leistungen durch Angebote beziehungsweise den Entzug von Einkommen durchsetzen oder bürokratische Sozialbeziehungen, die ein konformes Verhalten durch festgeschriebene Regeln und Gesetze erzwingen (und dabei natürlich auch zugleich immer auf mögliche gewaltsame oder ökonomische Sanktionen zurückgreifen).

Die Beratung — soweit sie nicht als Therapie selbst schon wieder eine Form von (Re-)Sozialisation darstellt (vgl. Minsel 1975, 130; Scheller/Heil 1977)) — trägt insofern zur Vergesellschaftung von Individuen bei, als in der Beratung Information und Erklärungen angeboten werden, die die sachliche Angemessenheit von bestimmten oder auch alternativen Handlungen belegen. Beratung ist so stets ein Appell an die Vernunft und Beratung beruft sich auch immer auf die Überzeugungskraft des „besseren Wissens".

Wenn oben gesagt wurde, Beratung sei eine Instanz der Vergesellschaftung, die auch an die Stelle der anderen genannten Instanzen treten könne, so ist damit Bezug genommen auf verschiedene Beobachtungen, die ein Vordringen von Beratungssituationen belegen können (vgl. Jansen 1979).

Dabei läßt sich zum Beispiel feststellen, daß soziale Beziehungen, die früher in einem viel stärkeren Maße ausschließlich bürokratisch geregelt waren oder den Bedingungen von Lohnarbeit unterworfen waren, heute in stärkerem Maße (zumindest) auch über Beratungsverhältnisse geregelt werden: die Beratung in Arbeitsämtern und Sozialämtern sind Beispiele dafür, wie sich obrigkeitsstaatliche Verwaltung wandelt — ohne daß damit immer schon erwiesen wäre, daß diese neuen Formen auch dem Individuum bessere Möglichkeiten einräumen oder ob es sich dabei nur um die „sanfte Tour", das heißt um eine Verwaltung mit anderen Mitteln handelt. Ähnliches läßt sich in Fabriken und Büros beobachten, wo nicht nur ein „verständisvolleres Vorgesetztenverhalten" Züge von Beratung trägt, sondern wo in den Personal- und Sozialabteilungen zunehmend betriebliche Experten eingesetzt werden, die in Mitarbeitergesprächen usw. beabsichtigen, die Beschäftigten auf ein betriebskonformes Verhalten festzulegen (vgl. Bourdieu/Passeron 1973, 28ff; Schmitz 1978; 1982).

Betrachtet man Beratungssituationen unter diesem strukturellen Aspekt, so zeigt sich ihr ambivalenter Charakter; mit dem Appell an die „Vernunft" wird auch soziale Kontrolle, also auch Herrschaft ausgeübt. Und diese Ambivalenz muß grundsätzlich auch für jede Form von Beratung in der soziologischen Berufspraxis unterstellt werden (Weisser 1961).

So gesehen steht Beratung in der institutionalisierten Praxis in der Gefahr, selbst „hinter dem Rücken" der Soziologen und ihrer Adressaten ein Mittel der Verwaltung und unter Umständen auch der Manipulation von Menschen zu werden. Diese Gefahr darf unter anderem schon deshalb nicht unterschätzt werden, weil in der Beratung durch Sozialwissenschaftler immer notwendigerweise mit der Unterstellung gearbeitet werden muß, die Teilnehmer könnten durch den Erwerb neuer Informationen auch neue Handlungsalternativen in ihrer Lebenspraxis erschließen. Diese Unterstellung kann, wenn sie idealisierend übertrieben wird, zu der Illusion führen, die Veränderung von strukturellen Bedingungen der Familie, des Bildungssystems und der Arbeitswelt hänge lediglich vom individuellen Wissenserwerb der Betroffenen ab.

Ausgehend von der gesellschaftlichen *Mikrostruktur* ist Beratung als eine *institutionalisierte Kommunikationsform* zu betrachten. Das Interesse der Beobachtung und Thematisierung von Experten-Laien-Interaktionen richtet sich auf das Verhalten von Klienten und die Art und Weise, wie sie ihre Bedürfnisse, deretwegen sie eine soziale Beziehung mit einem Experten eingehen, also etwa eine Beratungsstelle aufsuchen, in eine durch den Berater bearbeitbare „Problemdefinition" übersetzen.

Dabei wird erstens davon ausgegangen, daß diese Bedürfnisse im Alltagswissen der Klienten und ihrer Umgangssprache selbstverständlich bewußt sind, daß jedoch dieses Bewußtsein häufig latent bleibt, das heißt nicht explizit formuliert wird, und zumeist noch nicht eine hinreichend systematische Problemdefinition enthält.

Zweitens ist davon auszugehen, daß das Gelingen einer notwendigen Explikation von Klientenbedürfnissen und der vom Klienten zu leistende Übersetzungsprozeß nicht nur von dessen subjektiven Fähigkeiten, sondern auch vom institutionellen Rahmen der Beratung und vor allem von den Strategien des Beraters, die das Verhalten des Klienten beeinflussen, abhängen (vgl. Seel 1979).

Drittens ist zu erwarten, daß das Gelingen des zur Problemdefinition führenden Übersetzungsprozesses des Klienten beziehungsweise die entsprechende Vermittlungsleistung des Beraters Einfluß haben auf das Ergebnis der Beratung, insbesondere darauf, wie der Klient die ihm durch die Beratung angebotenen Problemlösungen in eine alltäglich-subjektive Bedürfnisinterpretation verarbeitet und in Handlungsalternativen umsetzt. Die Beziehung zwischen *Berater und Klient* ist somit kategorial dadurch bestimmt, daß beide über unterschiedliche Formen von Wissen über den Beratungsgegenstand verfügen — insbesondere, daß der Berater ein spezialisiertes Wissen besitzt, das mit besonderen Methoden und in besonderen Handlungsfeldern (Forschung, Praxiserfahrung spezialisierter Berufe usw.) gewonnen wird, die der Klient nicht beurteilen kann beziehungsweise zu denen er keinen Zugang hat.

Insofern läßt sich der Begriff der Beratung nicht anwenden auf Gespräche zwischen Berufskollegen oder etwa zwischen Hausfrauen, in denen gewissermaßen „Experten" einander Rat (ein spezielles technisches Problem, ein Kochrezept usw.) oder in bezug auf ein gemeinsames Handlungsfeld (mit beiden bekannten speziellen Methoden) erteilen.

Auf der anderen Seite ist die Beratung aber auch abzugenzen gegenüber dem Gespräch zwischen Laien. Auch in diesen Gesprächen werden bekanntlich häufig Ratschläge erbeten und erteilt. In diesem Gespräch nehmen die sich unterhaltenden Personen ihre jeweiligen alltäglichen Erfahrungen insofern gegenseitig ernst als jeder dem anderen unterstellt, daß er ihm „etwas zu sagen hat". Eine solche Unterstellung der Kompetenz alltäglicher Erfahrung findet sich am ausgeprägtesten in laienhaften Kommunikationsformen, in denen die eine Seite schon ansatzweise die Rolle des Experten übernimmt. Dies läßt sich wohl am besten in den traditionellen Gesprächsformen zwischen Angehörigen verschiedener Generationen, wo die Altersweisheit als Kompetenz unterstellt wird, beobachten (auf die zunehmende Entwertung derartiger Kommunikationsformen weist Weingart 1976 hin).

Ein Vergleich zwischen alltäglichem Gespräch und Beratungsgespräch macht deutlich, daß die Kompetenz des Ratgebers und die zumindest relative Inkompetenz des Ratsuchenden nicht als selbstverständliche Gegebenheit vorausgesetzt werden können, sondern durch soziales Handeln erst hergestellt werden. So läßt sich in den jedermann bekannten Beobachtungen alltäglicher Kommunikation zeigen, daß Ratschläge von Laien insbesondere dann und deshalb Gehör finden, wenn der Ratgeber „irgendwie" anschaulich machen kann, daß seine Ratschläge zu erfolgreichen Handlungen angeleitet haben. Diese Bewährung der Ratgeber durch praktisch einsehbare Erfolge muß nicht notwendigerweise im Fall von Experten der Fall sein, die zumeist in eigentlichen Beratungsgesprächen auftreten. Diese haben sich gegenüber dem ratsuchenden Laien in aller Regel nicht ausschließlich durch ihre praktisch einsehbaren Erfolge zu bewähren, sondern berufen sich zunächst einmal auf ihre institutionell bescheinigte Kompetenz (durch Staatsexamen, Zugehörigkeit zu einem Berufsverband, Anstellung bei einer Behörde usw.).

Insbesondere im Fall einer primär institutionell abgesicherten und nicht sachlich einsehbar legitimierten Kompetenz des Beraters tritt eine Entfremdung zwischen Experte und Laie ein, weil die gegenseitige Beziehung durch äußere Bedingungen bestimmt wird, die die Teilnehmer des Beratungsgesprächs nicht mehr kontrollieren können. Die Bedingungen, die jeweils für den Experten und den Laien unterschiedlich sind und aus verschiedenen sozialen Zwängen stammen, geben der Beratungskommunikation eine äußere, soziale Interaktionsstruktur, die sich auch in den durch die Beratung vermittelten Wissensinhalten niederschlägt und somit ebenso die durch Beratung vermittelten Erfahrungen und Handlungsalternativen beeinflußt (vgl. Mader 1976).

Diesen zwanghaften Charakter von Beratungskommunikation kann man sich zunächst auf eine pragmatische Weise klarmachen, wenn man nach den sozialen Erwartungen und den materiellen Sanktionen fragt, unter denen Ratgeber und Ratsuchender jeweils in der Beratungssituation stehen.

Eine solche vorläufige Rollenbeschreibung kann auf seiten des Ratgebers unter anderem folgende Eigenschaften registrieren: Der Ratgeber steht unter der sozialen Erwartung, daß er für den Beratungsgegenstand in einer spezialisierten Weise kompetent ist, das heißt, daß er durch Ausbildung und Berufserfahrung über ein Wissen verfügt, das für Problemlösungen im Bereich des Beratungsgegenstands anerkannte Wirkungen erbringt und das auf der anderen Seite von Laien nicht ohne weiteres beherrscht wird. Dieses Argumentationsmuster ist in allen Beratungssituationen als Begründung und als Existenzberechtigung des Ratgebers zugrunde gelegt.

Der Ratgeber ist also nicht *nur* durch seine formale Berechtigung (Examen, Zulassung zur Berufsausübung, Anstellung bei einer Behörde, Zugehörigkeit zu einem Berufsverband usw.), sondern auch inhaltlich in jedem einzelnen Beratungsgespräch gezwungen, seine spezialisierte Kompetenz darzulegen und sie von der Inkompetenz oder zumindest teilweisen Inkompetenz des ratsuchenden Laien positiv abzugrenzen (wie man sieht, fallen „Kompetenz" und erwartbarer „Handlungserfolg" auseinander). Eine typische Unterstellung in sozialwissenschaftlichen Beratungssituationen besteht darin, daß der Klient/Ratsuchende nur ungeordnetes „Material" mitbringe und der „ordnende Faktor" der diagnostizierende sozialwissenschaftliche Berater sei. Da die zur Diagnose notwendigen Wissensbestände nicht die des Klienten sind, muß der Berater, der mit diesen Wissensbeständen arbeiten will (und dies macht immerhin seine Profession aus), so tun, als könne er das „Material", das ihm der Klient bietet, frei nach den Gesetzlichkeiten dieser *expertenhaften Wissensbestände* ordnen. Eben dieser Zwang stellt eine nicht unerhebliche Manipulation und Verzerrung der Realität dar, da der ratsuchende Klient, der seine *eigene* Ordnung der Dinge, seine *eigene* Geschichte, seine sozialen Probleme und Beschwerden präsentiert beziehungsweise verkörpert und nicht nur „Material" anbietet.

Dieses „Zurschaustellen" von expertenhafter Kompetenz ist vor allem deshalb für den Berater ein unmittelbares Bedürfnis, weil er damit seine berufliche

Existenz begründen muß, also unter dem Einfluß eines direkten materiellen Motivs steht. Ein Berater, der von den Beratenden nicht mehr als Experte anerkannt wird, weil er zum Beispiel nicht dokumentieren kann, daß er Problemlösungen formuliert, die denen des Laienverstandes überlegen sind, wird auch nicht mehr als eine unverzichtbare Arbeitskraft angesehen und läuft Gefahr, die Grundlagen seines Einkommenserwerbs zu verlieren. So gesehen ist der Berater ein Typus von Arbeitskraft, der nicht nur — wie das für die meisten Arbeitskräfte gilt — dadurch gefährdet ist, daß Qualifikationen verschlissen werden und damit die Verwertbarkeit auf dem Arbeitsmarkt verloren geht. Der Berater steht zusätzlich unter dem Zwang, seine Qualifikationen laufend als nützliche darzustellen. So hat Mader (1976) darauf hingewiesen, daß handlungsleitende Wissensbestände und Theorien nicht nur als kritisierbare Aussagesysteme über definierte Wirklichkeiten relevant sind, sondern daß sie auch als Legitimationen für institutionell abzusichernde sozialwissenschaftliche Interventionen, damit auch als Grundlage für Professionalisierungsbestrebungen fungieren.

Aber die Rolle des Beraters wird nicht nur durch seine materiellen Interessen geprägt. Ein weiter Zwang kommt in die Beratungssituation dadurch hinein, daß der Berater auch dann, wenn die Kompetenz seiner Ratschläge gar nicht in Frage gestellt ist, keinesfalls frei ist, jeden von ihm subjektiv für richtig gehaltenen Ratschlag zu erteilen. Auch im Ergebnis seiner Arbeit unterliegt der Berater verschiedenen Restriktionen. So muß er danach trachten, solche Ratschläge zu erteilen, die für den Klienten erfolgreiche Problemlösungen erbringen. Wobei unter „erfolgreich“ sehr Verschiedens zu verstehen ist. Praktisch dürfte es aber zumeist darauf hinauslaufen, daß nur solche Ratschläge als erfolgreiche akzeptiert werden, die kurzfristig, ohne große Anstrengungen des Klienten und ohne ihn zu einem radikalen Umdenken zu zwingen, realisierbar sind. Es kann durchaus sein, daß diese Ratschläge, die „im Rahmen des Normalen“ verbleiben, aus der Sicht des Beraters nur ein Kurieren an Symptomen darstellen und nur „Verschiebungen“, aber keine Lösungen des Problems bringen. Da er dem Klienten aber die „volle Wahrheit“ nicht zumuten und ihn nicht zu stark enttäuschen kann, kann der Berater gezwungen sein, nur solche unzureichenden Lösungen vorzuschlagen.

Ratschläge, die eher an der Oberfläche des betreffenden Problems stecken bleiben, werden schließlich nicht nur durch eine geringe Enttäuschungsfestigkeit der Klienten unterstützt. Auf der anderen Seite sind Beratungsvorgänge, die den Ursachen und Folgen von Problem der Ratsuchenden absichtsvoll auf den Grund gehen, häufig sehr arbeits- und zeitintensiv. Sie werden schon allein deshalb aus ökonomischen und administrativen Gründen als nicht rentabel oder nicht vertretbar angesehen.

Schließlich unterliegen die Berater bezüglich der Ergebnisse ihrer Ratschläge noch einer weiteren Restriktion: Sie stehen unter einem starken Erwartungsdruck, der ihnen solche Ratschläge nahelegt, die mit der gegebenen institutionellen Ordnung und mit den herrschenden gesellschaftlichen Werten konform gehen. Selbst ein Erziehungsberater, der gegenüber der Wirksamkeit einer sonderpädagogischen Isolierung gehandicapter Kinder skeptisch eingestellt ist, wird im konkreten Fall den Eltern solcher Kinder nur Ratschläge geben können, die auf die vorhandenen sonderpädagogischen Einrichtungen verweisen, weil es etwa alternative Einrichtungen einer integrierten Erziehung dieser Kinder im Normalunterricht im hiesigen Schulsystem nicht gibt. Ratschläge, die die Klienten auffordern, Lösungen auch gegen die herrschende Ordnung und Wertestruktur durchzusetzen, werden von den Vertretern dieser Ordnung zumeist als Aufforderungen zu abweichenden Verhalten interpretiert (vgl. Nagel 1975). Eine Sanktion, die ein Berater in solchen Fällen zu fürchten hat, ist, daß die Fachkollegen ihn deshalb als „inkompetent" bezeichnen und dadurch die Überzeugungskraft seines Expertenwissens schwächen. Eine andere und wohl schwerwiegendere Sanktion ist es, wenn solche Ratschläge als Zuwiderhandlungen gegen die Berufsmoral einer Expertengruppe gewertet und durch Ausschluß aus der Berufsgruppe, und das heißt häufig Verlust der Berufszulassung, geahndet werden (Ehrengerichte der Standesorganisationen, Berufsverbote usw.) (vgl. Lepsius 1964).

Nimmt man nun diese drei wesentlichen aber noch durch weitere zu ergänzende Restriktionen, so zeigt sich darin bereits deutlich die Ambivalenz der Beraterrolle. Der Berater steht auf der einen Seite unter der Erwartung, ein kompetentes Wissen in die Beratung einzubringen, das sachlich richtige und wahre Ratschläge formuliert. Auf der anderen Seite sind Berater in vielfältiger Weise auf die herrschende Ordnung und auf die herrschenden gesellschaftlichen Werte festgelegt. Sie treten deshalb überwiegend als *Interpreten* dieser Ordnung und dieser Werte gegenüber den ratsuchenden Laien auf. Und trotz aller praktischen Versuche einer klientenbezogenen oder antiinstitutionellen Beratung sind diese Experten, wenn nicht in ihrer subjektiven Einstellung, so doch zumindest in ihrer objektiven Funktion Vertreter dieser Ordnung und dieser Werte. Insofern gilt auch für die Berater die Formel, die Bourdieu für die ambivalente soziale Position der Intellektuellen und der technischen Intelligenz gefunden hat: „Sie sind die beherrschte Fraktion der herrschenden Klasse."

Wie lassen sich diese strukturellen Determinanten der Beraterrolle in der Analyse der konkreten Beratungssituation berücksichtigen? Eine Möglichkeit besteht darin zu fragen, wie Sozialwissenschaftler den ihnen von außen auferlegten Zwang, sich als kompetent auszuweisen, in dem Beratungsgespräch umsetzen und wie dadurch die Struktur des vermittelten Wissens und die Erfahrungschancen der Klienten beeinflußt werden.

Man kann diesen sozialen Prozeß der Demonstration von Kompetenz (be-) greifbar machen, wenn man ihn analytisch mit den Kategorien ‚Binnenlegitimität' und ‚Außenlegitimität' versucht aufzuschließen. Mit Legitimität eines Wissens ist gemeint, daß die Definitionen, die es für die *Beschreibung* eines Gegenstandes verwendet, die *Erkenntnismethoden,* die es zur Analyse von Ursachen heranzieht und die *Therapien,* die es für die Bearbeitung von Folgen verwendet, anerkannt sind. Jedes Berufswissen als kompetentes Wissen muß diese Legitimität vorweisen können (vgl. Lepsius 1973, 108ff; aber auch Schmitz 1981, der im Rahmen einer wissenschaftssoziologischen Analyse versucht, das Verhältnis von Binnen- und Außenlegitimität der Pädagogik als wissenschaftliche Disziplin zu bestimmen). Die Frage ist nun, wie diese Legitimität hergestellt und von wem sie erwartet wird. Der Berater ist darauf angewiesen, daß die Klienten seinem Wissen als einem kompetenten diese Legititmität zuerkennen. Das heißt, die Klienten müssen anerkennen, daß der Berater über Definitionen, Erkenntnismittel und Lösungstechniken verfügt, die sie nicht besitzen.

Der Berater kann dann am ehesten hoffen, in den Augen der Laien als kompetent zu gelten, wenn es ihm gelingt, die Kriterien der Legitimität seines Beratungswissens, die er selbst und seine Expertenkollegen (zum Beispiel im Berufsverband) (als Insider) definiert haben, auch für die „Außenwelt" der Laien verbindlich zu machen, das heißt, wenn sie die Außenlegitimität ihres Expertenwissens auf die von ihnen selber kontrollierte Binnenlegitimität festlegen können. Ein Beispiel hierfür ist die Medizin, deren professionellen Vertreter, die Ärzte, es in einer sehr ausgeprägten Form verstanden haben, der laienhaften Öffentlichkeit — deren Beratung für sie als Berufsgruppe die ökonomische Existenzgrundlage ist — ihr professionelles Wissen als das einzig legitime medizinische Wissen in der Gesellschaft vorzuschreiben: Der von ihnen geprägte Gesundheitsbegriff ist — entgegen anderer bekannter Definitionen — am Kriterium der physikalischen Funktionsfähigkeit des Körpers ausgerichtet, ihre Ursachenanalyse ist wesentlich von naturwissenschaftlichen Vorstellungen geleitet und ihre Therapien sind schwergewichtig physikalisch-pharmakologische. Ärzte haben das so intern definierte Berufswissen gegen die Kritik anderer, konkurrierender Berufsgruppen (zum Beispiel der Heilpraktiker, der Psychologen) bislang relativ erfolgreich verteidigen können. Laien haben, auch wenn sie nicht selten sehr exakte medizinische Kenntnisse besitzen und ärztliche Fehldiagnosen und Kunstfehler ihnen nicht verborgen bleiben, nahezu keine Rechte bei der *Definition* des legitimen medizinischen Wissens. Die sozialen Mechanismen, mit denen die ärztlichen Berufsverbände (etwa der Hartmann-Bund) die Binnenlegitimität ihres Wissens für die Außenwelt verbindlich machen können, sind bekannt: materiell wichtig ist wohl zunächst einmal, daß das medizinische Wissen ein Beratungswissen für einen sehr dringenden Gegenstand darstellt, nämlich die Gesundheit der Ratsuchenden, die in Beratungssituationen unter unmittelbarem Handlungsdruck und häufig auch unter Angst stehen. Diese privilegierte Stellung haben Mediziner institutionell in vielfältiger Weise abgesichert, so zum Beispiel durch das exklusive Recht, „Krankschreiben" zu können (also die Ratsuchenden ohne völligen Einkommensverlust vom Zwang des Leistungstausches auf dem Arbeitsmarkt freistellen zu können), durch die Anerkennung als Gutachter von Gerichten (mit weitgehenden Definitionsrechten zum Beispiel für die strafrechtliche Verantwortlichkeit), die Kriterien der kassenärztlichen Zulassung (von denen Psychologen und Heilpraktiker zum Beispiel extrem benachteiligt werden) oder durch die alleinige Anerkennung von Berufskollegen als Gutachter in Verfahren, in denen Kunstfehler und ähnliches professionelles Versagen zur Diskussion stehen („Selbstgerichtsbarkeit").

Man könnte eine längere Liste von Wissenssystemen anführen, bei denen die expertenhaften Vertreter es erreicht haben, daß die laienhafte Außenwelt auch die von den Berufsvertretern definierte Binnenlegitimität eines Berufswissens anerkennen (Rechtsanwälte, Psychologen, Steuerberater usw.).

Umgekehrt gibt es eine wohl noch größere Zahl von Beispielen eines anderen Typus von Beratungswissen, das zwar auch von Laien für lebenspraktische Problemlösungen angefordert wird, bei dem Binnen- und Außenlegitimität aber häufig divergieren und während der Beratungssituation miteinander in Konflikt geraten. So etwa bei Sozialpsychologen, Heilpraktikern und namentlich den praktischen Versuchen „klinischer Soziologen“.

Im Fortgang der Argumentation sollen nun mittels des hypothetischen Konstrukts — hypothetisch, weil in der sozialwissenschaftlichen Beratungspraxis bisher nur rudimentär existierender Typus — des „klinischen Soziologen *als* beratendem Rekonstrukteur von Alltagspraxis“ Voraussetzungen des ‚klinischen‘, d. h. hier stets *fallbezogenen* Einsatzes von soziologischem Wissen erörtert werden, die gewährleisten könnten, daß der „Lebenspraxis“ rekonstruierende Typ des Soziologen sich in der Beratungskommunikation *nicht* als verkleideter „Expertokrat“ bzw. Sozialtechnologe darstellt bzw. darstellen muß. Um im Vorfeld berufspraktische und professionalisierungstheoretische Maßstäbe an die Hand zu bekommen, entfalte ich zunächst einen professionstheoretischen Gedankengang und rekonstruiere drei soziologische Professionalisierungsmodelle, von denen ich eines für den hier entwickelten Problemzusammenhang als ausbaufähig betrachte.

XI. Klientenzentrierte Professionalisierungstheorien und ihre Bedeutung für die Beratungskommunikation

Die Tendenz einer wachsenden professionellen Verformung von primären Lebensbereichen wie Familie, Sozialverband und Solidargruppen geht mit einer Scientifisierung von Sozialbeziehungen und dem damit verbundenen Einbringen rationalisierter und wissenschaftlich aufgeklärter Sinnstiftungen und Sinnauslegung in alltagsweltliche Zusammenhänge einher. Dieser Prozeß kann als eine auffällige Reaktion auf die zunehmende Pluralisierung von Lebenswelten und individuellen Lebensplänen (Berger/Berger/Kellner 1975) betrachtet werden (vgl. hierzu auch Beck 1983).

Die Folgen der professionellen Interventionen sind aber in der Regel noch fataler, worauf etwa Porterle (1981) unter der Frage „Zerstört die Wissenschaft das Alltagswissen?" hinweist: „Der wichtigste gesellschaftliche Mechanismus, der dazu führt, daß Alltagswissen zerstört oder ersetzt wird durch ‚Verwissenschaftswissen', ist meines Erachtens der der Professionalisierung" (S. 67).

Gegen die „einschmeichelnde Herrschaft der entmündigten Experten" schlägt Illich die Entlarvung des elitären Expertenethos vor. Voraussetzung dafür ist eine „skeptische, respektlose Einstellung der Bürger gegenüber den wissenschaftlichen Experten" (Illich 1978). Feyerabend (1978) wirft den vom „main-stream-Rationalismus" der neuzeitlichen Wissenschaften geprägten Experten vor, daß sie es zu ihrem eigenen Nutzen geschickt verstehen, „selbst die stupidensten und die lächerlichsten Resultate" mit einer „Aura der Vortrefflichkeit" zu umgeben. Es sei an der Zeit, diese Überbewertung auf ihr richtiges Maß zu reduzieren und dem Experten „eine bescheidene Stellung im ganzen der Gesellschaft zuzuschreiben". Wie sich einst unsere Vorfahren „aus dem Würgegriff einer dogmatischen Religion befreit haben", so hätten wir uns heute „von dem Würgegriff einer dogmatischen Wissenschaft" und ihrer Repräsentanten zu befreien. So plädiert Feyerabend u.a. für eine Aufwertung nicht-wissenschaftlicher Erkenntnis- und Erfahrungszusammenhänge.

Doch läßt sich in den lebenspraktischen Handlungsfeldern eher die gegenteilige Entwicklung feststellen. In vielen Bereichen des sozialen Lebens scheinen die traditionellen Institutionen immer weniger in der Lage zu sein, bisher erbrachte Leistungen zu garantieren. Das dabei offenkundig werdende Dilemma von Hilfe als Herrschaft ist nur ein, wenn auch zentrales, Symptom für die Krisen und Widersprüche einer zunehmenden Vergesellschaftung. Dies gilt für die öffentliche Form repressiver, korrektiver oder administrativer Eingriffe ebenso wie für die professionelle, auf (Experten-)Wissen und Statuslegitimation begründete (Be-)Handlungskompetenz. In der notwendig werdenden Umorientierung der gängigen Interventionsformen wird Kritik und Reflexion der bisherigen professionellen Orientierungen zur *Voraussetzung* eines adäquaten Problemverständnisses der Handlungsstruktur im Bereich der Praxisfelder einer anwendungsbezogenen, berufspraktischen Soziologie (vgl. Offe 1982; siehe auch Weisser 1961).

Die gegenwärtige Problematik professioneller Orientierung schlägt sich nun allemal in der Art und Weise ihrer wissenschaftlichen Thematisierung nieder. Die in den letzten Jahren reaktualisierte Diskussion um die Bedingungen und Möglichkeiten einer ‚professionellen Handlungskompetenz' sowie der Professionalisierung der „deutenden Berufe", die damit in Zusammenhang gebrachte Kritik der zunehmenden Expertisierung und Scientifizierung des Alltagslebens, aber auch die Forderungen nach De- oder gar Entprofessionalisierung, Rehabilitierung von Laienkompetenzen und Selbsthilfe tragen letztendlich weder zu der notwendigen Klärung des Professionsbegriffs noch zu der Frage nach den Voraussetzungen der Professionalisierbarkeit bestimmter beruflicher Tätigkeiten bei, im Gegenteil: Sie sind in weiten Teilen eher konfus und mißverständlich und sind in politisch-praktischer Hinsicht stark legitimationsbedürftig (siehe Gladow u.a. 1985).

Es bleibt somit fraglich, ob ‚Professionalisierung' — angesichts der neueren (latenten) Deprofessionalisierung auch in sogenannten „klassischen Professionen" (vgl. Weingart 1981; Bollinger/Hohl 1981) und angesichts der Unschärfe und differenten Anwendung dieses Begriffs sowie der allenthalben feststellbaren Kritik an der „Dominanz der Experten" auf dem Hintergrund einer sich ausbreitenden Selbsthilfe- und Laienbewegung überhaupt ein zutreffendes Explikationsmuster der Entwicklung in den Handlungsfeldern praktisch arbeitender Sozialwissenschaftler sein kann oder ob nicht vielmehr die Gefahr besteht, daß dieser Begriff die Diskussion in weitere Aporien (siehe Habenstein 1963; Saks 1983) verstrickt?

Der Versuch der Herausbildung eines konventionellen Musters klassischer Professionalisierung und die damit verbundene Absicht, Soziologie als eine Form von Sozialtechnologie zu installieren, muß als problematisch angesehen werden. In diesen Professionalisierungsbestrebungen, die sich im Versuch der Institutionalisierung einer typischen Problemlösungsstruktur als besondere Form einer Experten-Laien-Beziehung niederschlagen, ist der Keim des Scheiterns insofern angelegt, als derartige Intentionen auf zunehmenden Widerstand der Adressaten stoßen und sich ebenfalls nicht mit der objektiven Handlungssituation und den Motiven der praktisch arbeitenden Soziologen in Einklang bringen lassen, da die damit einhergehende rollenspezifische Monopolisierung eines „legitimen Wissens" (i.S. eines „tacit knowledge") für die Deutung und die daraus ableitbare sozial verbindliche Lösung objektiver Handlungsprobleme zwangsläufig zu einer weiteren Laisierung der Adressaten soziologischen Wissens führt. Bei derartigen Versuchen wird übersehen, daß die Sozialwissenschaften ein Wissen produzieren, das sich der erhofften Professionalisierung nach dem Muster der Medizin, Rechtswissenschaften etc. weitgehend entzieht, und daß systematisches Wissen über soziale Tatbestände — im relativen Gegensatz zu naturwissenschaftlichem Wissen — nicht davor gefeit ist, daß es in den laienhaften Interpretationen mit gegenläufigen Deutungen belegt wird und so qua technokratischer Verschleierung einer Legitimierung institutionalisierter Problemlösungsstrategien dient (vgl. Freidson 1986).

Der Versuch einer konventionellen Professionalisierung soziologischen Beratens — über die zunehmende Verwissenschaftlichung von Erfahrungswissen — hat nämlich zu Folge, daß das allgemein-relevante Deutungswissen, mit dem sich die Adressaten soziologischen Wissens in ihrer Lebenspraxis mehr oder weniger erfolgreich orientieren, in einem entscheidenden Maß einer Revision unterworfen wird, an deren Ende — nicht zuletzt vermittels der Deklarierung des Laienwissens als ‚inkompetenten Wissens' —, die gezielte Verhaltenssteuerung der Adressaten, zumindest aber der strukturelle Zwang steht, bei der Bewältigung alltäglicher Handlungsprobleme sich an den externen Problemlösungsstrategien der institutionalisierten Sozialwissenschaften zu orientieren. Dabei verbürgen diese rationalisierten Problemdeutungen gegenüber den lebensweltlichen und in subkulturellen Milieus angeeigneten Sinnstrukturen sowie den von ihnen geprägten Vorstellungen von der ‚eigenen Realität', nun keineswegs ein höheres Maß an Aufgeklärtheit und erfolgreicher Konfliktbewältigung im praktischen Lebenszusammenhang der Adressaten. Soziologische Intervention nimmt hier den Charakter einer Institution zur Durchsetzung von kommunikativen Regeln der Selektion und Eliminierung von Realität konstituierenden Bedeutungszusammenhängen an (vgl. Schütze 1985).[22]

Um nun eine brauchbare analytische Folie zur Beurteilung der verschiedenen sich nicht selten widersprechenden Professionalisierungsmodelle, die in der sozialwissenschaftlichen Diskussion in den letzten 15-20 Jahren behandelt worden sind, an die Hand zu bekommen, bediene ich mich in einem ersten Schritt der von Mok eingeführten Differenzierung in „alte" und „neue" Professionen und werde in einem weiteren Schritt das duale idealtypische Konstrukt von Mok (1969) um einen dritten Typ erweitern, von dem ich mir verspreche, daß in ihm

[22]) Bereits Max Weber (1919) hat in seinem Aufsatz über „Wissenschaft als Beruf" das habituelle Wissen darüber, daß die wissenschaftlichen Mittel in lebenspraktischen Entscheidungssituationen begrenzt sind und die Beratenden sich dennoch lebenspraktisch entscheiden müssen, als Bestandteil des beruflichen Habitus von Professionen umrissen. Folglich kann es nicht um die Frage gehen, ob denn auf wissenschaftliches Wissen im beruflichen Handeln ganz verzichtet werden solle, sondern vielmehr darum, ein sozialtechnologisches Wissenschaftsverständnis zurückzuweisen bzw. zu kritisieren, welches etwa im beruflichen Handeln von Soziologen mitverantwortlich dafür ist, daß bei der Thematisierung lebenspraktischer Normalitätsvorstellungen und situationsabhängiger bzw. kontextueller Problemverursachungen individuelle Handlungsbegründungen und alltagsweltliche Problemsichten der Klientel nicht beachtet werden bzw. in der professionellen Problemdeutung als vernachlässigungswürdig eingestuft werden, was in der Regel zur Folge hat, auf der Basis transsituativer sozialwissenschaftlicher Interpretationen von ‚Normalabweichung' diese Abweichung voreilig zu pädagogisieren (vgl. Oevermann 1981).

die Idee eines sich selbst begrenzenden und klientenbezogenen Professionalismus zumindest virtuell am weitestgehenden materialisiert ist.

1. Für das *alte bzw. das traditionelle* Modell der Profession ist der Vorrang der Integrität vor der Wissenskompetenz typisch. Neben der Beherrschung des Verhaltens, der vertraulichen Klientenorientierung, einem hohen Maß an Handlungsautonomie und der Verpflichtung auf eine nicht-marktbezogene Sinnstiftungsfunktion ist die Ausbildung einer professionellen Ethik und eines entsprechenden beruflichen Habitus wesentlich. Im klassischen Professionsmodell dominieren „Weisheit, Bekenntnis, Ganzheitsschau, Erfahrung, Motivation, Gewißheit, Spontanität, Identifikation ... vor Wissen, Erkenntnis, Detailanalyse, rationaler Durchdringung, Kenntnissen, Vergewisserung, Planung, Distanz" (Weber 1972, 444; vgl. auch Carr-Saunders 1933, 67ff; Sarfatti-Larson 1977, 111f).

Die Distanz zwischen dem professionalisiert Handelnden und den Laien läßt sich in der Logik des alten Professionsmodells zumindest tendenziell dadurch minimieren, „daß sich die Laienkontrolle besonders auf den für den Laien kontrollierbaren nicht kognitiven Teil seiner Beziehung zum Professional richtet, nämlich auf dessen Wertorientierung, insofern sie in seinem Verhalten zum Ausdruck kommt" (Mok 1969, 772). In diesem Sinne kann man sagen, daß die Laien tendenziell auch die Selbstkontrolle der Professionals beurteilen und ggf. auch wirkungsvoll hinterfragen können. Das gegenwärtig viel diskutierte Problem des professionellen Handelns innerhalb bürokratischer Strukturen wird aus der Perspektive dieses Modells zum Problem „der doppelten Loyalität: die Anforderungen der Arbeitsorganisationen werden vom Professional als Übergriffe auf Normen und Werte erlebt, die von der Berufsgemeinschaft formuliert und kontrolliert werden, zu der er nach seiner ... Sozialisation gehört" (a.a.O., 773).

Für professionelles Handeln nach dem traditionellen Modell ist nicht die Vermittlung eines anwendungsbezogenen Wissens typisch, sondern vielmehr ein bestimmter Habitus der Berufsausübung. Gerade weil Professionelle im Umgang mit den Laien durch den Einsatz ihrer „Amtsautorität" prinzipiell Mißbrauch treiben können, muß der Professionelle in seiner Sozialisierung nicht nur die anwendungsbezogenen Fertigkeiten erwerben, sondern auch die spezifische Berufsethik (vgl. etwa Mac Iver 1922, 5ff.), die das Verhalten zur Laienwelt und zur Kollegenschaft regelt. Für meine Problematik ist die spezielle Wertstruktur und Verhaltensethik der Professionellen von besonderem Interesse (vgl. auch Bledstein 1976; Abbott 1983).

Die Eigentümlichkeit professionalisierten Handelns fördert eine spezifische Wertdisposition. Etwa Freidson (1979) betont, daß die für die (alte) professionelle Berufsrolle konstitutive „klinische Erfahrung" zu einer individuellen Weltanschauung prädisponiere. Das professionelle Handeln muß sich immer wieder um eine Reihe von konkreten, lebenspraktischen Problemen des Klienten drehen. Dementsprechend bevorzugt der Professionelle „Erfahrungen aus erster Hand (am Klienten) und mißtraut abstraktem Bücherwissen".

„Dies bedeutet einen gewissen Subjektivismus in seiner Methode ... In seiner Ausrichtung auf das Handeln, seinen Glauben, seinen Pragmatismus, seinen Subjektivismus und seiner Hervorhebung der Unbestimmtheit unterscheidet sich der Professionelle weitgehend vom Wissenschaftler. Jemand, dessen Arbeit eine praktische Anwendung auf konkrete Fälle verlangt, kann einfach nicht dieselbe geistigseelische Einstellung aufrechterhalten wie der Gelehrte oder Wissenschaftler: Er kann sein Handeln nicht aufschieben, nur weil kein unbestreibarer Beweis vorhanden ist" (Freidson 1979, 142; siehe hierzu schon Marshall 1939).

Solchermaßen muß sich der professionalisiert Handelnde auf seine eigene „klinische Erfahrung" verlassen können, er muß handeln, auch wenn der letzte Beweis der Richtigkeit seiner „Diagnose" und „Therapie" nicht gegeben ist, er trägt somit auch persönliches, von niemanden ihm abnehmbares Risiko. Dementsprechend ist für den Professionellen ein ziemlich tiefgehender Partikularismus durchaus charakteristisch (Bauch 1982; vgl. auch Nunes 1984).

„Aus dieser Erörterung der klinischen Geisteshaltung folgt nun, daß der Individualismus ein Orientierung und Verhalten beherrschendes Element ist" (a.a.O., 143). In diesem Sinne „baut" jeder Professionelle seine eigene Welt klinischer Erfahrung auf und nimmt persönlich, also praktisch als Individuum, die Verantwortung dafür, wie er mit seinen Fällen berufspraktisch umgeht. Als wesentlich muß also die selbstverantwortliche Entscheidung im professionellen Handeln gesehen werden (vgl. auch Goldstein/Donaldson 1979).

Aus diesem Sachverhalt wurde in der Regel gefolgert, daß professionalisierte Fätigkeiten „freie Berufe" (Kairat 1969) sind. Die Freiheit der professionellen Berufsausübung wird legitimiert über die intime duale Beziehung von Professionellen und Klienten, die speziell vom Professionellen ein hohes Maß an Verantwortung und Verantwortlichkeit erfordert. Der unterstellte idealistisch-altruistische Charakter professioneller Berufsausübung verträgt sich dementsprechend nicht mit materialistischen bzw. materiellen Motiven. Diese idealistisch altruistischen Werte gelten allerdings zuerst einmal de jure, ob sie de facto das Verhalten der Professionellen bestimmen, — was in vielen soziologischen Veröffentlichungen angezweifelt wird (vgl. etwa Kisker 1975) —, kann hier zunächst einmal vernachlässigt werden (siehe Lubove 1973; Albrecht 1985).

Wichtiger ist, daß diese professionellen Werttraditionen nun sukzessive in Gegensatz zu den ökonomischen und sozialen Bedingungen der professionellen Berufsausübung traten. Dieser Konflikt bezog sich nach außen, also auf das gesellschaftliche Umfeld professionellen Handelns, wie auch nach innen, auf die Struktur der professionellen Tätigkeiten selbst. Die traditionelle Ethik professioneller Berufsausübung konfligierte rückblickend betrachtet zunehmend mit dem gesellschaftlichen Umfeld, weil in einer dominant werdenden Lohnabhängigen- und Angestellten-Gesellschaft die Werte der professionellen Ethik in der Logik des traditionellen Modells der Professionen kaum auf Verständnis stoßen konnten. Gleichzeitig wurden diese Werte von „innen" bedroht, weil mit der sozialstaatlichen Einbindung professioneller Tätigkeiten die auf Handlungsautonomie gemünzte Ethik der Professionellen ihren eigenen Boden zunehmend verlor (Osiel 1984). Die durch klassische Professionen in früherer Zeit entwickelten sozialen Verhaltensweisen, die an einem patriarchalischen Verhältnis zwischen Professionellen und Klienten ausgerichtet waren, finden also heute ihren Widerspruch in den wirtschaftlichen Daseinsformen. Sie werden dadurch, zunehmend gesellschaftsfremd und illusionär und stehen deshalb in der Gefahr, völlig abgebaut zu werden (Bauch 1982).

So spricht etwa Luhmann davon, daß das klassische Professionalisierungsmodell überholt sei. Die ‚alten' Professionen „haben sich gebildet zur Hilfe bei ungewöhnlichen Lagen, vor allem Lebenskrisen, angesichts von Angst, Tod, nicht eindämmbarem Streit. Sie beschaffen Sicherheit und Problemlösungen durch spezialisierte Techniken des Umgangs mit solchen Problemen ... . Diese für die klassischen Professionen eigentümliche Kombination von Problembezug, Freiheiten und Bindungen gehört in hochkultivierte Gesellschaften und wird heute nur noch als Attrappe fortgeführt" (Luhmann 1973, 29).

„Es kennzeichnet die moderne Gesellschaft, daß viele Funktionen, die früher auf der Ebene des gesellschaftlichen Systems erfüllt werden (wie z. B. die ‚Leistungen' von Professionen) auf Organisationen verlagert werden, um der Vorteile willen, die mit funktionaler Differenzierung und Leistungsspezialisierung verbunden sind" (Luhmann 1973, 31).

Die steigende Komplexität der Gesellschaft „und der hohe Grad gesellschaftlicher Differenzierung jedoch verhindern jene professionstypische Kombination von Problembezug, Freiheit der Entscheidung und Bindung an die Berufsmoral. Vielmehr kommt es lediglich zur Institutionalisierung der sozialen Hilfe in Form des Berufs, und selbst dieser Prozeß vollzieht sich ungewollt über die Köpfe der ‚Erfinder' hinweg. Der hohe Differenzierungsgrad der Gesellschaft fordert und fördert ... aber nicht die Weiterentwicklung des Berufs zur Profession, sondern die Sicherstellung der professionellen Hilfe in Organisationen ..." (Weber 1972, 445).

Lewis/Maude (1952) bezeichneten diese neue gesellschaftliche Phase als „the age of the expert" — der klassische Professionalismus verliert an Bedeutung. Es läßt sich jedoch vermuten, daß trotz der veränderten gesellschaftlichen Konstellationen Relikte klassich professioneller Orientierung noch existieren, die subjektiv als exklusive Verknüpfung von Herkunft, Motiv und Zweck in den professionellen Motivschichten besonders in Krisenzeiten dominant werden und dann von den Berufsorganisationen der (traditionellen) Professionellen (etwa noch niedergelassenen praktische Ärzte, aber auch teilweise Priester und Rechtsanwälte) für die Durchsetzung ihrer Interessen und zur Abgrenzung gegenüber anderen gesellschaftlichen Interessengruppen benutzt werden (vgl. Rauskolb 1976, 103; vgl. auch Bourricaud 1979).

Es spricht einiges für die Annahme, daß je bedrohter der reale Status der professionalisiert Handelnden ist, diese desto vehementer in der Öffentlichkeit, d. h. gegenüber ihrer Klientel wie aber auch berufsverbandsintern dazu neigen, nun „erst recht" die ursprünglichen Werte als die ihren im politischen Kampf zu verwenden. Hieran läßt sich jedoch die Vermutung knüpfen, daß zumindest bei den klassischen Professionen eine durch die Krise des Wohlfahrtstaates bedingte politische Orientierung in ihrem Handeln sich nur schwierig etablieren läßt, da die erwähnte „klinische Erfahrung", die durch die Einzelfallzentrierung der Professionellen im Prinzip keine globalen politisch-theoretischen Orientierungen zuläßt, latent wirksam ist (Bauch 1982).

Als These formuliert läßt sich sagen, daß das professionelle Dilemma der alten Professionen darin zu sehen ist, daß die gegenwärtige krisenhafte Entwicklung die ‚alten' Professionellen dazu zwingt, politisch werden zu müssen, um ihr im Prinzip antipolitisches Wertsystem aufrechterhalten zu können.

Die zu Regulativen der „Standespolitik" avancierten klassischen Wertstrukturen professioneller Identität stoßen aber in der laienhaften Öffentlichkeit auf geringes Verständnis, weil a) Handlungsmuster und Wertstrukturen von Professionellen nicht allgemeine Wertstrukturen einer zum Großteil unprofessionellen Berufsauffassung der Gesellschaft darstellen und weil b) die mit dem Status des Professionellen verbundenen politisch-kulturellen Werte der Handlungsautonomie in einer technokratischen Gesellschaft kaum von der breiten Bevökerung geteilt werden (Bollinger/Hohl 1981).

„So kommt es, daß typisch ... professionelle Werte ... als Berufsideologie perhorresziert werden, und daher ist es nicht verwunderlich, daß die Gegenüberstellung von ‚Verantworlichkeit' gegen ‚Kollektivismus', ‚Freiheit', gegen ‚Fremdbestimmung', ‚individuelles Helfen' gegen ‚Verwaltung', ‚Vertrauen' gegen ‚Dienstleistung' von der Öffentlichkeit nicht verstanden wird; für den Normalbürger — eingebunden in verwaltende Organisationen sind Werte (der Professionellen) höchstens Atavismen" (Bauch 1982, 233).

Wegen der Dominanz der alten professionellen Werte und der habitualisierten Handlungslogik (Bennion 1969) gerät eine professionelle Berufsverbandspolitik in eine dilemmatorische Handlungssituation: Entweder richtet sie ihre Politik an den binnenstrukturell geteilten Wertstrukturen aus, dann gerät diese Politik in einen Legitimationskonflikt mit der Laienöffentlichkeit, weil die Anliegen der Professionellen von der Öffentlichkeit und einem Großteil ihrer Klienten nicht geteilt werden. Oder aber, sie drängt ihre binnenstrukturell geteilten Werte in den Hintergrund und versucht ohne diesen ‚Ballast' sich im Rahmen einer umfassenden politischen Perspektive (professionelles Handeln als politisches Handeln) in der Öffentlichkeit Einfluß zu gewinnen; dann aber droht die Gefahr, daß dieses Engagement möglicherweise gelingen wird, allerdings eine derartige Politikstrategie von Teilen der Professionellen nicht getragen und der Konsens innerhalb des Berufsverbandes und anderer Standesorganisationen verloren geht und die professionelle Handlungsstruktur letztlich erodiert (siehe hierzu auch Novak/Zipp 1981).

Zusammenfassend läßt sich sagen: Im Verständnis des traditionellen bzw. alten Modells sind Professionen ‚Berufe', die aus dem Schema Lohnarbeit und Kapital bzw. aus dem Schema selbständiger Tätigkeit und lohnabhängiger Tätigkeit herausfallen. Sie sind weder produzierende noch Produkte aneignende Tätigkeiten, noch sind sie produktionsbezogene einfache Dienstleistungstätigkeiten. Professionen sind Tätigkeiten, worin das für professionalisierte Tätigkeit oder professionalisertes Handeln konstitutive Moment der Autonomie immer schon eingeschlossen ist. Professionen im Sinne der freien Berufe sind Dienstleistungen jenseits staatlicher Kontrolle, was etwa die autonome Gestaltung der Ausbildung sowie die Standards der Berufsausübung betreffen. Professionen in diesem Sinne sind im Unterschied zu jenen Berufen, die unter dem Dach von Lohnarbeit und Kapital Platz finden, dadurch gekennzeichnet, daß sie erstens im Rahmen ihrer Tätigkeiten zwar Lebenseinkommen sichern, von ihrem Inhalt her aber nicht in einer Logik der Profitorientierung aufgehen; es handelt sich zweitens um gesellschaftlich zentralwertbezogene und nützliche, für die Aufrechterhaltung gesellschaftlicher Ordnung relevante Tätigkeiten; sie enthalten drittens Elemente eines Liebesdienstes, der sich mit der ganzen Person einer Sache annimmt und widmet im Sinne einer ‚authentischen Advokatur', was also einer berufsmäßigen Ausübung in der modernen Prägung von Tätigkeiten entgegensteht. Die Strategie der Professionalisierung nach dem traditionellen Modell kann in gewisser Hinsicht als eine „Art ‚Treibhauskonstellation' zur Erhaltung und Erneuerung ständischer Orientierungen und Lebenswelten gelten" (Beck 1983, 60). Mit der professionalisierten Tätigkeit ist ein historischer Strukturtyp sozialen Handelns gemeint, der im Kontrast nach bestimmten historisch gesellschaftlichen Graden der Ausdifferenzierung zu anderen Formen der Berufsarbeit gesetzt werden muß (vgl. Daheim 1977; 1982; Napoli 1975).

2. Für das *zweite* Professionalisierungsmodell, das ich im Fortgang meiner Argumentaton als wissenschaftsrationalistisches kennzeichnen werde, ist nun typisch, das „Umschalten" von Traditionalismus auf Vernunft/Fortschritt/ Verwissenschaftlichung. Das ‚neue' Professionsmodell läßt sich durch die „auf das Wissen bezogenen Kontrollformen" (Daheim 1973) charakterisieren. Dieses Modell ist gleichsam Ausdruck einer Verwissenschaftlichung der Dienstleistung. Die im folgenden vertretenen professionstheoretischen Argumente in der Logik des neuen Modells der Professionen beziehen ihren Identifikations- sowie Abgrenzungsgesichtspunkt aus einem spezifischen Typus personenbezogener sozialer Dienstleistungen, nämlich der Arbeit an der Behandlung und der Veränderung von Personen. Grundsätzlich ergibt sich ihre Problemstellung aus gesellschaftlichen Veränderungen, die sich unter drei Gesichtspunkten zusammenfassen lassen, nämlich:

1. zunehmende gesellschaftsweite Relevanz und Aufwendigkeit derartiger personenbezogener Arbeit (etwa im Vergleich zum Produktionssektor);

2. zunehmende Anforderungen an kognitive oder sogar wissenschaftliche Steuerung bei bleibender Abhängigkeit von motivationalen und affektiven Ressourcen;

3. zunehmende Abhängigkeit der professionellen Tätigkeit von Organisationen, Techniken[23]) und Texten bei bleibender Bedeutung des personalen Faktors für den Erfolg (Luhmann/Schorr 1976, 252; vgl. hierzu auch Halmos 1970, 22ff.).

---

[23]) Die damit angedeutete Problematik der Nicht-Kompatibilität von Technologie und menschlichem Verhalten wird bei Luhmann/Schorr (1979) mittels einer Rekonstruktion des Zusammenhangs von Kausalität, Rationalität und Sozialität formuliert.

Die Transformation von sozialwissenschaftlichem Wissen (im Sinne von theoretischen Einsichten) in die Zweck-Mittel-Relation möglicher praktischer Veränderungen in der *berufspraktisch*-professionellen Interaktion mit Klienten hängt im Kontext der Verstehensbehauptung ab von der Existenz/Nichtexistenz von Technologien. Dabei ist der Ausdruck ‚Technologie' in therapeutischen und beratenden Mikroprozessen nicht mit einer präskriptiv-negativen Wertung zu versehen, sondern dem Wortsinn nach zu verstehen, als System von wissenschaftlichen Aussagen, von denen angenommen wird, daß sie imstande seien, soziale Wirklichkeit zu verändern und

Daheim (1967) hat darauf aufmerksam gemacht, „daß sich aus dem in der modernen Gesellschaft dominanten Wertmuster der ‚Leistung in universellem Rahmen' ein fortwährendes Bemühen ergibt, die Verfahren zur Lösung der funktionalen Probleme der Gesellschaft zu verbessern. Aus diesem Bemühen erwächst die Durchdringung der Bereiche der Gesellschaft mit rationalem, wissenschaftlichem Denken und durch die Anwendung einer komplexen Technologie" (a. a. O., 41).

Der Vorrang von wissenschaftlichen Wissenselementen vor der Zentralwertbezogenheit und der professionellen Ethik bringt es mit sich, „daß eine Hierarchie nach dem wissensmäßigen Rang des Beitrags des Professionals zur Erreichung der Ziele der Organisation und damit der Gesellschaft entsteht" (Mok 1969, 774), denn — so die Logik des ‚neuen' Modells der Professionen — „je mehr in komplexen, wissenschaftlich substrukturierten Lebenszusammenhängen der common sense als Kontrollinstanz für unsere handlungsbegründenden Annahmen über die Wirklichkeit nicht mehr ausreicht, um so mehr sind wir auf das wissenschaftlich disziplinierte Wissen von Fachleuten angewiesen, und dieses Wissen ist es, das wir als Bürger in den mannigfachen Lebenszusammenhängen im wachsenden Maße entweder selbst brauchen oder aber von Fachleuten, auf die wir uns dann insoweit verlassen müssen, erwarten" (Lübbe 1981, 83).

Ein zentraler Bereich professioneller Tätigkeit in der neuzeitlichen modernen Gesellschaft hat es zudem mit der *institutionalisierten* Form von Helfen zu tun, mit der Erledigung von Hilfeleistungen jenseits von Primärgruppen, also außerhalb der naturwüchsig dafür vorgesehenen Sozialsysteme etwa in traditionalistischen Gesellschaften. Insofern ist diese professionalisierte Tätigkeit mit der Struktur traditionaler Gesellschaften nicht vereinbar (vgl. Sarfatti-Larson 1977, 105 ff.).

Gewährleistet, kanalisiert und reguliert wird nun die Voraussehbarkeit des menschlichen Einzelschicksals durch Institutionen. Der Aufstieg und die Funktion dieser Institutionen ist zugleich als die Geschichte der staatlichen Interventionen in all jene Bereiche rekonstruierbar, deren Funktionieren im Sinn einer Absicherung gegen Risiken von anderen sozialen Einheiten nicht oder nicht

---

Fortsetzung Fn. 23.

Ziele zu realiseren. Dabei werden nicht Handlungsanweisungen gegeben, sondern Handlungsalternativen vorgelegt, die dem professionell Handelnden wie seinem Klienten einen Entscheidungsraum sichern, in dem Modifikationen auf die ideographisch-konkreten Situationen notwendig sind. Die These vom Technologiedefizit ist ausschließlich im Kontext wissenschaftlicher Rekonstruktion und Reformulierung des Wissensverwendungsproblems in direkten face-to-face-Beziehungen, wie sie klassischerweise in der Professionellen-Klienten-Interaktion vorliegen, aber auch im beratenden Dialoggeschehen, ein so bedeutsamer wie irritierender Befund.

Für die berufliche Praxis hingegen ist sie weniger aufregend. Die praktisch-*professionelle Kompetenz* besteht entgegen den sozialtechnologischen Annahmen der bis in die jüngste Vergangenheit hinein weitverbreiteten wissenschaftsrationalistischen Verwendungsmodelle wissenschaftlicher Problemdeutungen eben darin, „in Situationen der Ungewißheit und des Risikos ohne die Möglichkeit einer eindeutigen Abstützung im wissenschaftlichen Wissen und daher ohne technologische Lösung der Aufgabe dennoch handlungsfähig zu bleiben" (Tenorth 1986, 296).

mehr geleistet werden konnte (Nowotny 1983). Unter dem Gesichtspunkt der ‚Handlungsautonomie' wird man sagen können, daß das ‚neue' bzw. ‚moderne' Modell der Profession den Typus einer bürokratisch initiierten Professionalität verkörpert, weil — wie weiter oben bereits angesprochen — im Zuge funktionaler Differenzierung und Leistungsspezialisierung professionelle Tätigkeiten zunehmend in Organisationen erbracht werden.

Die professionelle Dienstleistungstätigkeit ist durch relativ zahlreiche Interpretationsansprüche gekennzeichnet, die Qualifikationen nach dem Muster einer Zweckprogrammierung und damit vor allem Erklärungsleistungen abverlangen, doch sind die bürokratischen Organisationen, in denen die Dienstleistungen erbracht werden, gezeichnet durch das Vorherrschen von standardisierten Handlungsmustern und Routinen. Gemeinsam ist den Handlungstypen ‚Profession' und ‚Bürokratie', daß sie jeweils Arrangements sozialer Kontrolle im System gesellschaftlicher Arbeitsteilung darstellen. Derartige Resozialisierungs- und/oder „Normalisierungstätigkeit" kann jedoch stets durch eine versöhnende Interpretation das abweichende Verhalten wieder mit den herrschenden Normen in Einklang bringen und somit den Anspruch auf Aufklärung im *praktischen Prozeß* eliminieren. Im Gegensatz zum professionellen Handeln ist nun die bürokratische Intervention gekennzeichnet durch ein System fester, gesetzter Regeln, die innerhalb einer hierarchischen Kompetenzstruktur einheitliche Strukturen von Reaktions- und Verhaltensmustern erzwingen. Die Handhabung dieser Regeln setzt bei den Organisationsmitgliedern ein durch formalisierte Schulung erworbenes Fachwissen voraus (vgl. Boreham 1983).

Ihre Kommunikation ist in der Regel schriftlich zu fixieren und sie haben im Unterschied zu Mitgliedern professioneller Berufe keine materiellen Verfügungsrechte über die Verwaltungsmittel. Aber:

„Die bürokratische Verwaltung von Symbolen nach gesetzten Regeln und der Umgang mit Menschen als einer anonymisierten Klientel müssen in Organisationen aufgrund bestimmter Umstände zumindest vorübergehend suspendiert werden. Das heißt, in einzelnen Fällen oder Situationen müssen Regeln begründet und Personen in ihrer Individualität wahrgenommen werden. Dadurch geraten aber in die bislang vorwiegend als bürokratisch definierten Berufsrollen ... *Elemente professionellen Handelns,* die ihrerseits Qualifikationsansprüche virulent werden lassen, welche über die Beherrschung formaler Regeln und die als Dienstwissen angesammelten Kenntnisse der praktischen organisatorischen intern hinausgehen. Solche Qualifikationen, die in Ergänzung zur administrativen Routine gefordert werden, betreffen entsprechend ihrem professionsähnlichen Charakter kognitive Systeme, die in bezug zu den als Konditionalprogramm formulierten Regelsystemen *reflexiv* sind, also deren Interpretation und Begründung ... leisten können" (Schmitz 1978, 84).

Professionelle gehen nun mit ihrer „technischen Wissensbasis" nicht in einer mechanischen Weise um, vielmehr nutzen sie sie, um immer auch die langfristigen Ziele der Profession, sich selbst als relativ autonom zu erhalten, anzustreben. Die Orienterungskonflikte des Professionals wurden in der Berufssoziologie vor allem unter dem Gesichtspunkt des „Loyalitätsproblems" gesehen. Der

Professionelle steht vor „dem Dilemma, entweder die Berufskollegen oder die Arbeitsorganisation als Bezugsgruppe vor allem hinsichtlich der Ziele der Tätigkeit, der dabei zu beachtenden Normen und der angestrebten Belohnungen zu wählen“ (Daheim 1977, 71).

Die Macht, einen vorhandenen Wissensbestand reinterpretieren zu können und über Ziele der Klienten zu entscheiden, gibt erst die Möglichkeit, „nonroutine“ in die professionelle Tätigkeit einzuführen. Die Art des professionellen Wissens kommt dem ebenso entgegen, wie die tendenziell nicht-determinierte Art der Aufgaben und Probleme, die Professionelle zu bewältigen versprechen, sie sind nach Elliott zu bezeichnen als „to manage conflict und crisis within the social system“ (Elliott 1972, 127). Folgt man March und Simons (1958) Unterscheidung von ‚programmed‘ und ‚unprogrammed decisions‘, so läßt sich sagen, daß Professionelle — um ihre Machtbasis zu erhalten — Nicht-Routine-Aufgaben brauchen, in denen sie ‚unprogrammed‘ Entscheidungen fällen können und sich vor Versuchen der Routinisierung ihrer Tätigkeit durch professionsfremde Kräfte schützen müssen (vgl. Hermanns 1979, Boreham 1983).

Professionelles Handeln begründet sich als Durchsetzung eines gesellschaftlichen Entwicklungspfades der Rationalität. Zugleich sind mit dem Begriff des Expertenhandelns stets auch Arrangements sozialer Kontrolle qua Verfügung über exklusive gesellschaftliche Interpretationsrechte impliziert. Rationales Handeln dieser ‚modernen‘ Professionellen orientiert sich an wissenschaftlichem Wissen und stützt sich dabei auf kognitive Standards. Für die Wissenschaft nun ist naheliegend, sich selbst als höchsten Fall von Rationalität zu nehmen und dann im Rationalitätsbegriff ihre eigene Rationalität auf die übrige Gesellschaft zu projezieren (Stichweh 1980). Professionelle reorganisieren im Prinzip das Verhalten der Klienten in Hinsicht auf rationalere Handlungstypen (vgl. a.a.O. sowie Friedmann 1971).

Es kann davon ausgegangen werden, daß hochentwickelte Industriegesellschaften dazu neigen, Probleme, die durch ihre technische, profitbestimmte und zweckrationale Vorgehensweise entstehen, mit eben diesen Mitteln zu „lösen“.[24]) Jede solche „Lösung“ „übersieht“ aber das tiefer liegende Problem und erschwert letztlich seine Veränderung. Hinter diesem Verfahrensmuster verbirgt sich — so Gassen/Schwander 1983 — offenbar ein generelles Strukturproblem des sozialen Dienstleistungssektors: „Wo etwas nicht gelingt, wird die ‚Lösung’ häufig in der bloß quantitativen Vermehrung der bereits angewandten

---

24) Hinter der Einstellung, im Vollzug sozialwissenschaftlicher Interventionsmuster lebensgeschichtlich aufgebaute Erfahrungs- und Wissensstrukturen der Betroffenen umstandslos zugunsten wissenschaftlicher Erklärungen und Problemlösungen zu einem identischen Handlungsproblem einseitig auflösen zu wollen, versteckt sich die Idee von einem im sozialtechnologischen Sinne situations-unspezifischen, ‚objektiv‘ angemesseneren und folglich richtigeren Problemlösungswissen bezüglich der immer schon vorhandenen mehr oder weniger defizitären Handlungskompetenz der Betroffenen selbst. Mit gewisser Berechtigung hat Offe (1982) darauf hingewiesen, daß Beispiele für diese technisch-problem*lösende* (statt aufklärerisch-problem*deutende* bzw. *verdeutlichende*) Einstellung sich in allen Zweigen des sozialwissenschaftlichen Alltagsgeschäfts etwa bei der Bekämpfung von Kriminalität, bei der Erfindung neuer pädagogischer Techniken etc. finden lassen.

Mittel und Methoden gesucht, damit aber systematisch verfehlt, weil die Rahmenbedingungen ungeprüft bleiben" (a. a. O., 438). In der Folge kommt es entsprechend zu einer „wachsenden Industrialisierung des Professionalismus" (Engel/Hall 1973). Denn die Strategie der Professionalisierung in der Logik des ‚neuen' Modells beruht auf der Annahme, daß die durch die Industrialisierung und Vergesellschaftung angerichteten emotionalen Probleme rational durch geeignete Experten lösbar seien. Namentlich für den Bereich der psychosozialen Dienstleistungen gilt, daß dort Experten „ohne Klientenorientierung und Tradition" (Freidson 1959) in sozialtechnologischer Perspektive „produziert" wurden. Die professionellen Dienstleistungen vermitteln eine Lebensperspektive, die unsere Lebenspraxis und unsere Gesellschaft insgesamt als eine Serie quasi technischer Probleme definiert. Diese technisch-instrumentelle Definition wird indes oftmals mittels pädagogisierender Symbole wie „Fürsorge", „Hilfe", „Versöhnung" und „Liebe" übergangen, wodurch die Interessen der Dienstleistungsproduzenten sowie die entmündigenden Charakteristika ihrer Praktiken verborgen bleiben. Die entmündigenden Auswirkungen gehören in dreifacher Hinsicht wesentlich zur modernen professionellen Dienstleistung:

1. Es findet eine Transformation eines Bedürfnisses in einen Mangel statt, so daß im Rahmen berufsmäßig geleisteter Hilfeformen eine steigende Versorgung mit persönlichen Bedürfnisdefiziten offensichtlich benötigt wird;

2. das Bedürfnisdefizit bzw. der Mangel wird sozusagen in den ‚Klienten', ‚Kunden' oder ‚Laien' bugsiert;

3. eine zunehmende rationalisierte Spezialisierung reicht zudem als ein Wert sui generis oftmals auch, das Wachstum von Dienstleistungssystemen zu rechtfertigen (Mc Knight 1979, 37 ff.; vgl. schon Halmos 1970, 1973).

Es ist nun offensichtlich, daß in dem ‚neuen' Modell der Professionen, aber auch in der gegenwärtigen Diskussion in der Regel der Professionsbegriff sehr degeneriert verwendet wird. Im Grunde genommen ist oftmals nichts anderes damit gemeint als Expertentum, also die Tendenz einer fraglos zunehmenden und sich beschleunigenden Expertisierung in der Gegenwart, das meint, daß immer mehr im Alltag ehemals naturwüchsig wahrgenommene Funktionen an Experten delegiert werden (müssen). Dazu zählt etwa nicht nur, wie erziehe ich meine Kinder, wie lebe ich in der Beziehung, in der Ehe, sondern auch, wie führe ich ein anständiges Gespräch, wie verbringe ich meine Freizeit sinnvoll etc. Die Ausuferung des beratenden Animateurwesens gehört wesentlich zum institutionalisierten Inventar des gegenwärtigen Zeitalters und -geistes.

Im Gegensatz zum klassischen ist das neue wissenschaftsrationalistische und im Prinzip degenerierte Professionshandeln gar nicht in der Lage zu erkennen, daß die zunehmende Expertisierung zur gleichen Zeit mit einer zunehmenden Deprofessionalisierung der klassischen Professionen einhergeht. Diese Deprofessionalisierung kann auch als ein entscheidender Indikator für den allgemeinen Prozeß der Technokratisierung des alltäglichen Lebens betrachtet werden. Bedeutsam ist hier, daß einerseits Friktionen im sozialen System zunehmend Probleme produzieren, die in der Form von ‚people processing' typische Gegenstände von professionalisiertem Handeln sind, zugleich aber dieselbe gesellschaftliche Entwicklung, in erster Linie die ihr immanenten technokratischen

Tendenzen, der Bearbeitung dieser Probleme durch klassische Professionen den Boden entzögen und letztendlich expertokratische Bearbeitungsformen ins Kraut schießen läßt (vgl. Schröder 1976; Ridder 1982).

Wenn nun allerdings vom „Elend der Experten" (Hartmann/Hartmann 1982) die Rede ist, so ist damit im Prinzip die öffentliche Skepsis gegenüber der Möglichkeit einer Systematisierbarbeit von institutionell abgesichertem und fachlich spezialisiertem Wissen und Können für die Lösung sozialer und persönlicher Handlungsprobleme angesprochen. Die öffentliche Wendung gegen den ‚neuen' oder ‚modernen' Professionalismus, sprich: gegen die Expertisierung besonders in den sozialen Diensten verdankt sich letztlich wohl auch des Umstandes, daß sich in breiteren Teilen der Öffentlichkeit ein — wie Hartmann/Hartmann es formulieren — unbefangeres, inklusiveres und laienhafteres Verständnis von Wissen wie auch von Wissenschaftlichkeit durchgesetzt hat. In dem Maße, wie in lebenspraktischen Handlungszusammenhängen außerinstitutionelle und unbürokratische Alternativen nicht nur Sympathien für sich gewinnen, sondern sich auch in konkreten Problemlösungssituationen als tatsächlich praktikabel erweisen (vgl. hierzu etwa Böhmen/Grebe 1980), geht der Glaubwürdigkeitsverlust der Experten damit einher, daß seine Rationalität als eine unter denkbar vielen anderen Rationalitätsformen, also nicht mehr höherwertig, betrachtet wird, was letztlich zu der Vorstellung von einer Art kognitiver Symmetrie zwischen Experten und Laien führt (vgl. Innes 1977).

Daß Laien ihrerseits ‚Spezialisten eigener Art' sind, bedingt nun aber, daß der Kern bisherigen beruflichen Interventionshandelns und dementsprechend des bisher gesellschaftlich üblichen Verständnisses von expertenhaften Problemdefinitionen in sozialen Handlungsfeldern selber einer Veränderung unterworfen wird. Diese Entwicklung kann letztlich so weit gehen, daß nur noch die innere Verfassung resp. die Moral des Experten als eine strategische Variable für die zukünftige Entwicklung betrachtet wird (vgl. Hartmann/Hartmann 1982). Nun besteht aber die Ironie des Schicksals der rationalistischen, ‚technischen' Professionellen und ‚funktionalen Autoritäten' gerade darin, daß sie nur in geringem Maße auf professionelle Moral und Ethik zurückgreifen können (Osiel 1984).

Trotz der ‚moralischen Aufrüstung' der Experten bleiben sie nicht von dieser oder ähnlicher Kritik verschont: „Die wissenschaftliche Deutung wird von Experten nur noch als Arbeitsprozeß und nicht mehr als ein sozialer zwischenmenschlicher Interaktionsprozeß begriffen, indem der Klient in seiner psychosozialen Gesamtheit im Mittelpunkt zu stehen hat" (Bäcker 1979, 529). „Die klassische Erwartung, daß gegenüber einem offenen Problem auf der Grundlage fachlichen Wissens eine verbindliche Aussage, d.h. praktisch ein wirksamer Beitrag des Experten zur Problemlösung entwickelt werden könne, unterliegt einer wachsenden Auszehrung" (Hartmann/Hartmann 1982, 214).

Die wichtigste Geschäftsgrundlage des expertenhaften Handelns im Sinne des modernen wissenschaftsrationalistischen Professionsmodells ist zweifellos dann entschwunden, wenn nicht nur seine mit Hinweis auf die Wissensbasis des Handelns behauptete fachliche Beschlagenheit einem Glaubwürdigkeitsverlust anheim fällt, sondern auch die angeblich soziale Geltung für eine gesellschaftlich relevante funktionale Leistung und die damit häufig verbundene administratorische Macht (Schmitz/Weingart 1976).

Die bittere Erfahrung eines Großteils der Klienten/Adressaten personenbezogener Dienste hat nun in der Öffentlichkeit zu der Einsicht geführt, daß die Existenz von Experten auf seiten der Laien die Legitimation und häufig auch die Motivation zu selbständigen Problem- bzw. Bedürfnisdefinitionen und zur Teilnahme an Entscheidungen vermindert, deren Auswirkungen von ihnen dann nichtsdestoweniger zu akzeptieren und mitzutragen sind. Zudem weist Sprondel (1979) darauf hin, daß die Expertisierung einer Problemlösung „regelmäßig mit einer folgenschweren Verengung der Problemdefinition verbunden (ist)" (a. a. O., 143). So ist allgemein davon auszugehen, daß die Existenz von Experten-Laien-Beziehungen in einem bestimmten lebenspraktischen Handlungsfeld die Selektivität der Informationssuch- und Informationsverarbeitungsverhaltensweisen der Laien verändert, aber nicht notwendig zu einer Steigerung der problemangemessenen Handlungs- und Entscheidungskompetenzen derselben beitragen muß (vgl. Badura 1980, 471; vgl. auch Rüschemeyer 1980). Von der Vorstellung, daß wissenschaftlich rationale Problemdefinitionen von Sozialexperten in ihrem Wirksamwerden für die Lebenspraxis der Laien zu aufgeklärten Handlungsmustern führen und letztlich eine „Demokratisierung durch Professionalisierung" (Wersebe 1978) (im Sinne des Experten-Modells) möglich wird, muß offensichtlich Abstand genommen werden. Eine professionelle Explikation der Bedingung der Möglichkeit einer rationalen Bewältigung lebenspraktischer Fragen in der Praxis selbst ist etwas ganz anderes als eine inhaltlich gegebene und letztlich zu verantwortende Antwort auf ein konkretes Entscheidungsproblem. In dem zuletzt genannten Gedanken steckt selbstverständlich genau jene technokratische Bevormundung von Praxis, die vereinbar ist mit dem technokratischen Begriff von Praxisrelevanz und ebenso vereinbar ist mit einer sozusagen unkritischen Forderung nach Politisierung des professionellen Handelns (vgl. Nunes 1984; Garr 1984).

Der Respekt vor der Autonomie der Lebenspraxis gebietet es, daß der Professionelle in legitimer Weise keinen prognostizierenden und bevormundenden Vorgriff nehmen kann. Es macht gerade die Autonomie der alltäglichen Lebenspraxis aus, daß in ihr zukunftsherstellender und Geschichte produzierender Spielraum möglich ist. Das professionalisierte Handeln selbst ist keineswegs der Sitz einer gegenüber der alltäglichen Lebenspraxis umfasssenderen Rationalität. Und das heißt auch, daß es nicht die umfassende Struktur und Logik des Handelns gegenüber der alltäglichen Lebenspraxis repräsentiert (Oevermann 1978).

3. Professionalisiertes Handeln in der Logik des von mir hier konzeptualisierten *dritten* Modells einer auf strukturell verursachte Konflikt- und Lebenslagen und auf die autonome Lebenspraxis einzelner Subjekte zugleich orientierten diskursiven Professionalität kann als ‚sich selbst begrenzend' bezeichnet werden in doppelter Hinsicht: Es fällt nicht mit dem traditionellen Modell der Professionalisierung in eins, da — trotz Rückbesinnung auf die ‚ganzheitliche' Ausrichtung des professionellen Handelns und die Idee der ‚Aufklärung' von praktischem Handeln — professioneller Altruismus und die damit vorhandene advokatorische Rolle als den gegenwärtigen sozialen und kulturellen Problemdimen-

sionen professionellen Handelns inadäquat betrachtet werden. Das gilt auch für den klinisch-kurativen Blick des ‚alten' Professionellen.

Vielmehr werden die diskursiven und auf die Autonomie der individuellen Lebenspraxis zielenden Elemente des traditionellen Modells der Professionalisierung rekonstruiert und transformiert in die Figur des „stellvertretenden Deuters" (Oevermann) von Handlungssinn und Problemkonstellationen.

Das von mir vertretende dritte Modell der Professionalisierung ist zudem als klientenbezogen zu bezeichnen in dem Sinne, daß es den spezifisch wissenschaftsrationalistisch verengten Vorstellungen ‚vernünftigen Handelns' des „modernen", also des zweiten hier vorgestellten Modells nicht folgt und somit gleichsam die Negation aller auf Expertisierung und Entmündigung von sozialen Beziehungen hinauslaufenden im Kern technokratischen Professionalisierungskonzepten darstellen könnte.

Es bleibt also auf der Ebene universalistischer (wissenschaftlicher) Regelanwendung angesiedelt, betrachtet die Anwendung wissenschaftlichen Wissens jedoch nur als *eine* Dimension professionellen Handelns u. a., die erst subjekt- und problemspezifisch in einer fallverstehenden bzw. lebenslagenverstehenden Hermeneutik real wirksam wird. Folgt man diesem Kriterium, dann agiert der professionalisiert Handelnde zwar auf der Basis eines auf „kognitive Rationalität" gegründeten Wissens, doch ist zugleich seine hermeneutische Kompetenz das „Medium", in dem ersteres überhaupt problemorientiert wirksam werden kann, ohne die — im Grenzfall lediglich kontrafaktisch zu unterstellende — Autonomie des lebenspraktischen Entscheidungshandelns des Klienten zu zerstören (vgl. etwa Sahle 1985).

Im professionalisierten Handeln sind notwendigerweise partikularistische Handlungselemente mit einer bedeutenden affektiven Basis verbunden mit Handlungs- und Interaktionselementen, die universalistisch wie auch spezifisch und wesentlich kognitiv strukturierter Art sind. Für „kompetentes professionelles Handeln ... ist konstitutiv die hermeneutische Kompetenz des Verstehens eines ‚Falles' also etwa einer Krankengeschichte oder eines Rechtsproblems oder eines Sinnproblems ‚in der Sprache des Falles selbst'" (Burkart 1982). Professionalisiertes Handeln in der Logik des klientenbezogenen Modells ist also geprägt durch ein *widersprüchliches* Verhältnis zur wissenschaftlich instrumentellen Rationalität. Dieses widersprüchliche Verhältnis ergibt sich aus dem Subjektcharakter des „Behandlungsgegenstandes", da der Adressat nur verstanden und „behandelt" werden kann, wenn die Perspektive einer autonomen Lebenspraxis zugrunde gelegt wird. In der Logik professionalisierten Handelns kommt hier eine Grundfigur gesellschaftlicher Entwicklung zum Vorschein, nämlich eine rationale Zukunftsgestaltung durch *Distanzierung* von der wissenschaftlich-kognitiven Rationalität im engen Sinne, also im gewissen Sinne ein *irrationaler,* weil begründungsfreier Vorgriff auf eine als begründungsfähig erwartete Standardentscheidung.

Professionalisiertes Handeln bedeutet nach Oevermann eine stellvertretende Deutung der Lebenspraxis oder Rekonstruktionen objektiver Bedeutungsstrukturen, wie sie sich im lebenspraktischen Handeln konstituieren — in aller Regel unabhängig von dem jeweils gegebenen Selbstverständnis der Lebenspraxis (Oevermann 1983).

Diese „stellvertretende Deutung" von Problemlagen ist natürlich wissenschaftlich fundiert. Aber: Wissenschaft kann keineswegs der Lebenspraxis die Entscheidung darüber abnehmen, welchen Gebrauch sie etwa von den für wahr erkannten Aussagen machen will. Die Wissenschaft als Handlungssystem ist genau in diesem Sinne ‚sinnlos'. Sie stellt eben nicht ein Repertoire lebenspraktischer Hilfen zur Verfügung (siehe schon Weber 1919; vgl. auch Merveldt 1974).

Angesichts des immer drohenden Ansinnens, auf seiten der Lebenspraxis von der Wissenschaft Antworten auf Entscheidungszwänge zu übernehmen, die Funktion der stellvertretenden Deutung zur Funktion der stellvertretenden Entscheidung auszuweiten, ist im Rahmen der Wissenschaft eine entsprechende Askese vonnöten — so Oevermann das klassische Weber-Argument aufgreifend. Die Lebenspraxis hat gegenüber der Wissenschaft den moralischen Mut der Entscheidung, die über das jeweils wissenschaftliche Begründbare hinaus gehen kann, und dies ist die einzige Form, wie sich die Lebenspraxis die Autonomie gegenüber einer permanent drohenden Gefahr der Bevormundung durch Wissenschaft erhalten kann. Oevermann vermutet an dieser Stelle den „technokratischen Rest" in der Argumentation von Habermas, da dieser der Wissenschaft von vorneherein schon ein ‚Mehr' an Rationalität, gerade auch im Hinblick auf einen Prozeß der historischen Zukunftsgestaltung beimißt. „Somit ist jene Bevormundung bei ihm von vornherein im Wissenschaftsbegriff selbst enthalten" (Haberman/ Oevermann o.J.) Lebenspraxis ist laut Oevermann aber immer umfassender als die Wissenschaft, weil Lebenspraxis stets die widersprüchliche Einheit von Begründungs- und Entscheidungszwang lebenspraktischen Handelns umfaßt. Wissenschaft selbst bildet sich erst mit Bezug auf diese Lebenspraxis unter der Bedingung der Suspendierung vom Entscheidungszwang, wodurch erst eine institutionalisierte Spezialisierung auf die Erledigung des Begründungszwangs möglich wird (vgl. Zilsel 1976).

Die Sozialwissenschaften können sich nicht die Omnipotenz anmaßen, für die Praxis Entscheidungszwang übernehmen zu können, weil genau diese Suspendierung von Entscheidungszwang konstitutiv für die Wissenschaft ist. Das meint nun nicht, daß etwa Fragen des Entscheidungszwanges, wie sie für die Lebenspraxis konstitutiv sind, für die Wissenschaft als solche nicht thematisch werden können (Oevermann). Es meint nur, daß die Wissenschaft *nicht stellvertretend* für die (Lebens-)Praxis *Entscheidungszwang* ausüben kann, eben als Wissenschaft. Wissenschaft ist genau deshalb nicht Praxis, weil sie ausschließlich den Begründungszwang einhält. Wissenschaft konstituiert sich historisch als spezifisches ausdifferenziertes Handlungssystem nur in dem Maße, in dem sie vom Entscheidungszwang abstrahiert und institutionell entlastet wird. Wissenschaft kann überhaupt nur qua Entlastung vom Entscheidungszwang handeln, was wiederum oftmals in der Theorie-Praxis-Diskussion unterschlagen oder vergessen wird (Brunkhorst 1978; Crawford/Rokkan 1976).

Im klientenbezogenen Professionalisierungsmodell lassen sich folgende zentrale Komponenten zusammenfassen:

— Das Moment der stellvertretenden Deutung.

— Das Moment des Bezugs der alltäglichen Lebenspraxis (also Kritik des Alltagswissens, Funktion der (Lebens-)Katastrophenvermeidung).

— Das Moment der Respektierung der Autonomie der Lebenspraxis; die Wissenschaft, selbst wenn sie noch so entwickelt ist, kann auf die Alltagserfahrung in der alltäglichen Lebenspraxis als grundlegende Erfahrungsquelle der Kritik nicht verzichten; insofern ist alltägliche Lebenspraxis das letztlich um- und übergreifende, von dem alles ausgeht und fundiert werden kann.

— Das Moment der Gleichzeitigkeit von überpersönlicher Kontrolle nach institutionalisierten Regeln sowie der Einsatz der „ganzen Person", eben der Involviertheit der „ganzen Person" im professionellen Handeln (Partikularismus vs. Universalismus).

— Das Moment der Gleichzeitigkeit von Außeralltäglichkeit und Alltäglichkeit (vgl. Schütze 1985).

Der Handlungstyp der professionalisierten Berufe ist hier gekennzeichnet prinzipiell von dem konstitutiven Widerspruch, zwei Handlungskomponenten immer wieder im Fallverstehen vereinen zu müssen:

„a) Die im engeren Sinne wissenschaftliche Kompetenz des Verständnisses von Theorien und der Verfahren ihrer Konstruktion sowie der Logik ihrer strikten Anwendung und b) die hermeneutische Kompetenz des Verstehens eines ‚Falles' in der Sprache des Falles selbst, d.h. außerhalb des Bereichs deduktiv wahrer Theorieanwendung" (Oevermann 1978, 6).

Die professionalisierten Berufe vermitteln zwischen Wissenschaft und Lebenspraxis, und sie zentrieren sich — ebenfalls historisch ausdifferenziert — in unterschiedlichen Mischungsverhältnissen um die lebenspraktisch wesentlichen Aufgaben „der kritischen Prüfung von Wahrheitsbehauptungen, der Beschaffung von Konsens und der Bereitstellung von therapeutischen Leistungen" (ebenda, 5).

Soziologie als Beruf ist der Lebenspraxis stets viel entfernter als andere Professionen, und damit dem Ort der Forschung (Universität) immer näher (vgl. Hardin 1977). Ist der Soziologe auf diese Weise nicht nur der Lebenspraxis, sondern auch den übrigen Professionen nachgeordnet, so besitzt er folglich *keine* Richtlinienkompetenz in dem Sinne, daß er aufgrund besserer Einsicht Sollvorgaben artikuliert (vgl. hierzu Vogel 1977; Janowitz 1973).

Der klinische Soziologe als Berater hat wie die gesamte Sozialwissenschaft die Autonomie der Lebenspraxis strikt zu sichern. Die Arbeit des Soziologen hat sich jeder Parteinahme zu enthalten und sie bedeutet im Sinne einer rechtverstandenen „Wertfreiheit" (Oevermann 1983, 282) letztlich: „Unvoreingenommenheit in der Explikation der Sache" (ebenda).

Neue Formen der *Vermittlung* von laienhafter Problemdefinitionen und professionellen Deutungswissen außerhalb expertokratischer Handlungszusammenhänge werden heute an verschiedensten Stellen in der Gesellschaft und in vielfältigen Ansätzen gesucht und erprobt. Dies geschieht zunehmend außerhalb der offiziösen Organisationen, so zum Beispiel in der Gemeinwesensarbeit, in Beratungsinitiativen und Selbsthilfegruppen. In jeweils unterschiedlicher

Weise drückt sich darin das aktuelle Problem aus, daß mit der Verwissenschaftlichung (so zum Beispiel in der Gesundheitsvorsorge oder in Organisationen kommunaler und ökologischer Umwelt) sowie der Verrechtlichung (so zum Beispiel die wachsende arbeitsrechtliche Regulierung betrieblicher Kooperation und Konflikte) der Lebenszusammenhänge Laien dringender nach dem Verständnis wissenschaftlicher Erklärungen zur Lösung ihrer alltäglichen Handlungsprobleme suchen — Erklärungen, die ihnen von den existierenden Instanzen für solches Spezialwissen, den Verwaltungen und den angestammten Professionen häufig nur unbefriedigend gegeben werden. Diese Bedürfnisse deuten auf eine alternative Beziehung von Sozialwissenschaft und Lebenspraxis, in denen sich auch neue Chancen eröffnen, professionelles Wissen einzubringen, wenn dieses sich mit der Fähigkeit verbindet, solches Wissen auch angemessen *mitzuteilen* (vgl. Beck 1980; Brack 1983).

Solche neuen Formen der Vermittlung wissenschaftlichen Wissens sind für die daran beteiligten Professionellen häufig mit Handlungsmustern verbunden, die in ihren an eher klassischen Berufsrollen orientierten beruflichen Sozialisationsverläufen und in den wissenschaftlichen Inhalten der betreffenden Disziplinen nicht enthalten sind. Vor allem, wenn man an die Versuche mit Beratungszentren oder Programme einer „Sozialen Aktion" denkt, wird hier in besonders starkem Maße die Fähigkeit zu interdisziplinärer Vermittlungsarbeit und zu einem Klientenbezug verlangt (vgl. Kaiser 1979).

Dadurch ergeben sich am Rande und in Kooperation mit der organisierten Beratungs-, Therapie- und Bildungsarbeit, aber auch außerhalb von dieser in neuen initiativen Kommunikationszusammenhängen, in denen Professionelle in nur wenig strukturierten Interaktionsprozessen und häufig in Zusammenarbeit mit Berufskollegen aus anderen Disziplinen Wissen in zumeist beratender Absicht vermitteln. Zur Illustration sei auf ein Modell aus dem Bereich der psycho-sozialen Versorgung hingewiesen. Angesichts der komplexen Probleme von Krankheit und abweichendem Verhalten wird zunehmend davon ausgegangen, daß eine umfassende Kooperation von Medizinern, Psychologen, Pädagogen, Soziologen und anderem Fachpersonal zur Lösung dieser Probleme notwendig sei. Im Modell der „Sozialen Aktion" werden beispielsweise derartige Kooperationen auf die Behandlung, Betreuung und Beratung der Klienten ausgerichtet (vgl. Galliker/ Hochstrasser 1982).

Ein weiteres Beispiel findet sich in den aktuellen Versuchen einer Rechtshilfe für sozial schwache Schichten (legal aid). Diese Versuche gehen aus von der Beobachtung, daß das existierende Rechtsberatungssystem, wie es vor allem durch das professionelle System der Rechtsanwälte und Notare repräsentiert wird, nur von einem verschwindend kleinen Teil der Bevölkerung in Anspruch genommen wird; nämlich denjenigen sozial privilegierten Schichten, die über so hohe Einkommen und Vermögen verfügen, deretwegen sich ihre sozialen Probleme in lohnenswerter Weise als Rechtsprobleme definieren und durchsetzen lassen; außerdem sind diese Schichten in der Lage, die relativ hohen Kosten dieser Rechtsberatung und der rechtlichen Konfliktlösung zu tragen, und — was wohl noch entscheidender ist — sie sind kognitiv darauf vorbereitet, ihre sozialen Probleme als Rechtsprobleme selber wahrzunehmen. Dies ist die wissensmäßige

Voraussetzung dafür, daß Rechtsberatung und Gerichte überhaupt aktiv von Betroffenen in Anspruch genommen werden (Hieber 1978).

Auf der anderen Seite läßt sich beobachten, daß sozial schwache Schichten in ihrer alltäglichen Praxis in nicht geringerem Ausmaß tatsächlich mit Rechtsproblemen konfrontiert sind (Miet-, Arbeits-, Sozial- und Bildungsrecht).

Gleichwohl nehmen sozial Schwache die existierenden Einrichtungen rechtlicher Beratung und Konfliktlösung nur in verschwindend geringem Umfang wahr. Erklärungen für diese Diskrepanz werden häufig in den Kostenschwellen, die etwa von der Rechtsberatung aufgebaut werden, gesehen. Andere Erklärungen dieser Diskrepanz weisen darauf hin, daß sozial Schwache die dauernde Vergeblichkeit ihres Versuchs, ihre sozialen Probleme als Rechtsprobleme zu artikulieren und durchzusetzen, erfahren haben und antizipieren (Seel 1979).

Letzteres mag eine Erklärung für die Beobachtung liefern, daß die Mehrzahl der sozial Schwachen bei genauerer Befragung zu erkennen geben, daß sie ihre alltäglichen Probleme am Arbeitsplatz, im Wohnbereich und gegenüber den Bürokratien auch als rechtliches Problem wahrnehmen. Es existiert also eine kognitive Schwelle, die sozial schwache Schichten von vornherein daran hindert, sich an dem durch zunehmende Verrechtlichung immer dominanter werdenden Modus sozialer Konfliktlösung zu beteiligen. Versuche einer Rechtshilfe für soziale Schwache, die über Beratung Chancenungleichheit abbauen wollen, sind nur erfolgreich, wenn es ihnen gelingt, diese Schwelle zu überwinden (vgl. Albow 1972; Bittner 1981).

Rechtsberater, die diese Vermittlungsleistung erbringen wollen, müssen im Unterschied zum herkömmlichen Berufsverständnis von Rechtsanwälten nicht nur den Kanon ihres beruflichen Fachwissens beherrschen. Zusätzlich müssen sie über die Fähigkeit verfügen, sich in die soziale Lage ihrer Klientel hineinversetzen zu können. Dies wäre die Voraussetzung dafür, daß die Betroffenen selbst und die Berater die sozialen Probleme identifizieren und als Rechtsprobleme wahrnehmen können. Solche „Qualifikationen" werden gemeinhin nicht zum Repertoire juristischer Fachausbildungen gerechnet. Es handelt sich bei diesen „Qualifikationen" nicht nur um die Fähigkeit, Reziprozität von Kommunikationen herzustellen, sondern auch Lernprozesse auf seiten der Betroffenen anzuleiten und deren eigene Problemdeutungskapazität zu steigern. In diesem Sinne werden in der Rechtshilfeberatung Aufgabenstellungen virulent, die im eigentlichen Sinne sozialwissenschaftlicher Natur sind. Die genannten Beispiele deuten an, daß sich im Zuge wohlfahrtsstaatlicher Sozialpolitik neue adressatenbezogene Tätigkeitsfelder entwickeln. Dort werden zumeist in beratungsähnlicher Form auch Beratungsprozesse von Klienten durch Intervention fachlich spezialisierten Personals angeleitet. Das Beispiel der Rechtshilfeberatung zeigt, daß derartige Interventionen nur dann zum beabsichtigten Erfolg führen können, wenn dieses Fachpersonal die Voraussetzungen solcher Lernprozesse erkennt und beherrschen kann (Krüger 1975; Seel 1979).

Die professionelle Intervention ist in der hier entwickelten Perspektive auf die milieuspezifische Lebenspragmatik ihrer Adressaten gerichtet. Professionalisiertes Handeln kann hier wesentlich nichts anderes sein als die Reflexion auf eine schon existente und insofern vertraute, wenn auch noch nicht in allen Dimensionen begriffene, soziale Lebenspraxis (vgl. hierzu Cherwitz 1977). Sie ist folglich nicht etwa die Verbreitung fachlicher Problemlösungen oder Sinngehalte, sondern eben die Aufklärung einer eingeübten routinisierten und gerade als eingeübte noch beunruhigenden Lebenspraxis: Rekonstruktive Aufklärung und Durchdringung als Verstehen dessen, was lebenspraktisch schon vorliegt und vorgreifende Aufklärung dessen, was als möglicher Handlungsentwurf gelingender Alltagspraxis noch vor einem liegt (vgl. Kaiser/Seel 1981).

Das Prinzip dieser selbstreflexiven professionellen Intervention liegt in der Leistung, subkulturelle Lebenszusammenhänge und Lebenspraxis bewußt zu machen, die individuelle Situation bzw. die davon wohl zu unterscheidende generelle sozialökonomische Lage zu klären und im Hinblick auf anstehende Handlungsentscheidungen zu vergegenwärtigen. Das organisierte Prinzip ist, anders formuliert, das einer materialistischen Hermeneutik der lebenspraktischen Gegenwart; und: Hermeneutik als Erfassung der gegenwärtigen Handlungs- und Lebenssituation wandelt zugleich diese Handlungen im Blick auf zukünftige soziale Interessenartikulation. Das heißt, daß das „Material“ der professionellen Intervention der lebenserfahrende Adressat selbst liefert, an dessen Explikation dann diese ansetzt. Ein derartiges immanent-reflexionstheoretisches Verständnis unterscheidet sich somit von den reduktionistischen Konzeptionen einer sozialtechnologisch bzw. wissenschaftsrationalistisch orientierten Expertenarbeit wie auch von idealistisch überhöhten Helferkonzeptionen, die die faktischen Lebenszusammenhänge ihrer Adressaten nur noch illustrativ zur Geltung kommen lassen (vgl. Mashlach 1982; Outwhaite 1975; Rabinowitz 1984).

Resümierend bleibt festzuhalten, daß der moderne Rationalisierungsprozeß neben der technischen eine spezifisch ökonomisch-strategische wie auch eine bürokratische Rationalisierung der Sozialordnung impliziert. Zugleich geht mit diesem Prozeß eine gleichsam „kulturzerstörerische“ (Weber) Entzauberung der ideellen Welt einher, was zu einem umfassenden „Sinnverlust“ führt. Professionelles Handeln, besonders in seiner expertokratischen Variante, ist nun zugleich Bestandteil und Ausdruck dieses gesellschaftlichen Rationalisierungsprozesses wie die institutionalisierte, systemimmanente Form, die für die Milderung der Defizite und sozialen Pathologien zuständig ist, welche durch die sich ausbreitende Steuerung lebensweltlicher Kontexte nach Maßgabe systemischer Kalküle verursacht worden sind bzw. werden (vgl. etwa Habermas 1981).

So sind die wissensbegründeten Berufe und praktischen Professionen Ausdruck hypostasierten zweckrationalen Handelns trotz ihrer wesentlich kognitiv-rationalen Grundorientierung. Hier ist zu bedenken, daß kognitive Rationalität sich gleichsam instrumentell „realisiert“; obschon bei idealtypischer Betrachtung die primäre Funktion kognitiver Rationalität in der Stiftung von Einheit in der Erkenntnis der Mannigfaltigkeit von sozialen Ereignissen zu sehen ist (Schütz 1971d). Für die Praxis der professionellen Berufe gilt, daß die kognitive Rationalität sekundär mit instrumenteller Beherrschung der Sozialordnung verknüpft wird. Folglich werden andere Dimensionen sozialen Handelns in Experten-Laien-Beziehungen gering geschätzt, nämlich: Wertrationalität, Traditionalität und Affektivität (Nunes 1984).

Aus der Perspektive lebensweltlicher Handlungskontexte und der autonomen Lebenspraxis der Klienten bzw. Adressaten hätte sich aber professionalisiertes Handeln auf diskursiv begründetes Wissen zu stützen, welches neben fachlich-analytischen Elementen als Deutungswissen stets sozial-kulturell und lebenspraktisch rückgebunden ist an die situativen Bedingungen sozialer Handlungsvollzüge und -probleme.

Nur in diesem Sinne hätte es Aussicht, in wirkliches Betroffenenwissen transformiert werden zu können (vgl. Raschke u. a. 1979).

Für die Diskussion der Handlungskompetenzen von Soziologen hat dies die selbstkritische Einsicht zur Folge, daß die Chancen gesellschaftlich verantwortungsvoller praktischer Sozialwissenschaften nicht in ohnehin wenig aussichtsreichen Professionalisierungsbemühungen der hergebrachten Art liegen. Namentlich für Kritiker der bisherigen Professionalisierungsbemühungen gilt als ausgemacht, daß ein Abschiednehmen von klassischen Professionalisierungs- und — was Laien anbelangt — „Kompetenzberaubungsmodellen" keineswegs mit Dequalifikation oder der Aufgabe eines sozialwissenschaftlichen Erklärungsanspruchs zusammenfällt.

„Wissenschaftliche Kompetenz wird auch in Zukunft unverzichtbar Bestandteil professionellen Berufshandelns bleiben" — so Christoph (1982). Wenn auf dieser Schlußfolgerung die Einsicht basiert, daß die wissenschaftliche Kompetenz von professionell Handelnden „nicht die Basis von Monopolisierungs- und korrespondierenden Eignungsprozessen bildet, sondern ein Instrument zur Aufklärung über und Reflexion von lebenspraktischen Problemen und Entwicklungen" (a. a. O.) sein sollte, stellt sich m. E. für die weitere Entwicklung der sozialwissenschaftlichen Diskussion um die „Praxisrelevanz" soziologischer Erkenntnisse die unverzichtbare Frage, wie jenseits expertokratischer Bearbeitungsformen von lebenspraktischen Problemen sowie unter bewußter Aufgabe der bisherigen Basis des Expertentums, aus der es Kraft und Legitimation für sein Interventionshandeln wie auch für seine gesellschaftliche Selbstdarstellung zog, nämlich des behaupteten sozialen Geltungsanspruchs bzw. der unterstellten gesellschaftlichen Nützlichkeit ihres Handeln auf der einen Seite sowie der höheren Wissensrationalität einschließlich des „Wissensvorsprung", aus dem sich funktionale Autorität und die behauptete besondere „fachliche Problemlösungskapazität" (vgl. hierzu Hartmann/Hartmann 1982) ableitet, auf der anderen Seite —, wie also unter Aufgabe dieser expertokratischen Insignien die professionelle Mindeststruktur berufspraktischen Soziologieeinsatzes im Alltag handlungstheoretisch zu bestimmen ist, will man nicht der Auffassung folgen, daß in allen gesellschaftlich verursachten Situationen sozialer wie persönlicher Orientierungskrisen und Informationsdefizite die sozialwissenschaftlichen Laien sich immer schon *selbst* helfen können und müßten (Bidwell 1976).

Im Schlußteil dieser Arbeit gilt es nun zu prüfen, inwieweit die abschließend zu explizierenden erkenntnistheoretischen und methodologischen Bedingungen der Möglichkeit einer *symmetrisch* strukturierten Kommunikationsbeziehung zwischen Soziologen und sozialwissenschaftlichen Laien im Handlungsmuster eines „klinischen Soziologen" es faktisch ermöglichen, daß eine „nichttechnokratische Vermittlung sozialwissenschaftlichen Wissens" (Oevermann 1980) realisiert wird.

XII. Aussichtsreiche Optionen beratender Wissenschaft: Beratende Rekonstruktion, personale Wissenstransformation und Dialoghermeneutik

Soziologie als beratende Rekonstruktion setzt explizit an dem „Unterschied zwischen wissenschaftlich-theoretischer Haltung und der Verwendung der Wissenschaft innerhalb der Wirkwelt“ (Schütz/Luckmann 1984, 396) an. Konzentrierte sich etwa Schütz — wie weiter oben dargestellt — recht einseitig auf die Frage, „wie es möglich ist, daß unser aller Lebenswelt zum Gegenstand wissenschaftlicher Kontemplation gemacht werden kann“ (a. a. O.), interessiert hier zudem, unter welchen Bedingungen „das Resultat solcher Kontemplation wiederum in der Wirkwelt verwendet werden kann“ (a. a. O.; vgl. hierzu auch S. 403 f). Unter dem Gesichtspunkt der handlungslogisch bedingten *Einheit* von Erzeugung und Vermittlung soziologischer Erkenntnisse und der handlungslogisch bedingten *Differenz* zwischen Soziologen und sozialwissenschaftlichen Laien läßt sich in dem im folgenden zu explizierenden Verständnis von Soziologie als beratender Rekonstruktion mittels des fiktiven Handlungsmusters des klinischen Soziologen das Problem näher erörtern, wie die Rezipienten soziologischen Wissens in der Interaktion mit Soziologen situativ in eine distanzierte Position zu ihrem alltagsweltlichen Handeln versetzt werden können bzw. welche „fallbezogenen klinischen“ Kompetenzen und hermeneutisch-rhetorischen Fähigkeiten[25]) argumentierende Soziologen aufbringen müssen, um ihren Adressaten zu einer Erweiterung von Erkenntnischancen zu verhelfen. In der Perspektive der handlungslogisch bedingten Einheit der Erzeugung und Vermittlung soziologischen Wissens wie auch hinsichtlich der Erörterung der erkenntnislogischen Bedingungen der Möglichkeit der praktischen Herstellung reziproker Perspektiven zwischen Soziologen und Nicht-Soziologen in einem verständigungsorientierten Wissensverwendungsprozeß, der letztlich auf alltagsweltlich angemessene wie auch ‚wahre‘ Deutungen und Begründungen von Entscheidungen praktischen Handelns abzielt, erscheint die Figur des ‚klinischen Soziologen‘ heuristisch vielversprechend. Da es sich beim ‚klinischen Soziologen‘ gegenwärtig um ein hypothetisches Konstrukt handelt, in dem der Entwurf einer *‚erzeugenden Vermittlung‘* soziologischen Wissens angelegt ist, erscheint sie zudem professionstheoretisch interessant, weil

a) soziologische Wissensvermittlung als Rekonstruktion gedacht wird i. S. der Explikation alltagsweltlich vorgängiger Verstehensprozesse und Erzeugungsweisen praktischen Handelns, die im *aktuellen* Handeln selbst verborgen bleiben;

---

[25]) In der hermeneutischen Diskussion ist oft übersehen worden, daß eine Theorie des Verstehens prinzipiell verwiesen ist auf eine Theorie des Redens.

b) die wissenschaftliche Bearbeitung von lebenspraktischen Problemdeutungen indirekt konzeptualisiert ist i. d. S., als daß die sozialwissenschaftlichen Laien im Prozeß situativ-praktischen Herstellens ‚wahrer' Aussagen — verstanden als optimale Interpretation problematischer Handlungssituationen — selbst darüber zu befinden haben, welchen Gebrauch sie von den wissenschaftlichen Beratungsangeboten machen.

So gesehen, scheint die ‚klinische Perspektive' in der soziologischen Diskussion dem Umstand zumindest tendenziell Rechnung zu tragen, daß der fundamentale Beitrag sozialwissenschaftlicher Theorie im Prinzip darin liegt, Deutungsalternativen und Interpretationsangebote für Entscheidungen von Grundproblemen des Alltagslebens anzubieten, die dem Alltagshandelnden zur Selbstvergewisserung dienen und ihm bei seiner „Orientierung in der Welt behilflich sind". ... Aber: „Um den genannten Beitrag leisten zu können, muß die Theorie zunächst sinnvolle Rekonstruktionen der Fragen des Alltagslebens machen" (Luckmann 1973, hier zit.: 1980, 29). Nun sind die Struktureigenschaften der Interaktion im Falle der beratenden Rekonstruktion in der Logik des Handlungsmusters des ‚klinischen Soziologen' weder mit denen des soziologischen Fachgesprächs noch mit denen der psychoanalytischen Therapiesituation identisch. Kann beim ersten von der faktischen Existenz der Reziprozität der Perspektiven unter den Teilnehmern stillschweigend ausgegangen werden, so ist letztere qua Pathologie-Annahme konstitutiv an die Bedingung des „Krankseins" des Patienten — insoweit ihm mittels Übertragung im Analytiker die Objekte früherer und gegenwärtiger Primärbeziehungen erscheinen — gebunden. Des weiteren ist die psychoanalytische Handlungssituation und ihr ‚setting' an die Annahme lebensgeschichtlich aufgehäufter Handlungszwänge bei fehlender Selbstdistanz des Patienten und somit folglich an das daraus resultierende Rationalitätsgefälle zwischen Patient und Analytiker unter dem Gesichtspunkt verzerrter Kommunikation und ‚Sprachzerstörung' gebunden, was die Herstellung von Reziprozität der Perspektiven zwischen beiden an ‚szenisches Verstehen' im Sinne explanatorischen Verstehens bindet. Die Figur des klinischen Soziologen beansprucht demgegenüber, ohne die für soziologische Handlungskontexte problematische Annahme eines pathologisch gestörten Verhältnisses des alltagsweltlich Handelnden zu seinen Sinnkonstruktionen und Deutungsmustern auszukommen. Unter der Zurückweisung der These von der „Psychopathologie des Alltagslebens" (Leithäuser/Volmerg 1979) und der damit verbundenen Notwendigkeit der therapeutischen Kritik des Alltagswissens und der Alltagssprache, werden im Prozeß der beratenden Rekonstruktion in der Logik des Handlungsmusters des ‚klinischen Soziologen' nicht im Sinne ärztlichen Heilens oder juristischer Belehrungen für den Laien stellvertretend lebenspraktische Deutungen *und* Entscheidungen getroffen, sondern unter der erkenntnislogischen Bedingung einer prinzipiellen Rationalitätssymmetrie zwischen sozialwissenschaftlichen und alltagsweltlichen Sinnkonstruktionen werden argumentative Begründungen und Deutungsalternativen für vergangene oder geplante Handlungsentscheidungen angeboten, die aufgrund der handlungslogisch bedingten unengagierten und handlungsentlastenden Perspektive des Soziologen Einblicke vermitteln können in die „losgelöste Sozialität" (Matthes), von der die Subjekte im Alltag unter der Bedingung eines prinzipiell *nicht* suspendierbaren

Begründungs- und Entscheidungszwanges für ihre praktischen Handlungen lediglich *implizite* Vorstellungen haben. Die aufgrund der handlungslogischen Differenzen zwischen Soziologen und sozialwissenschaftlichen Laien nur unzureichend vorhandene Reziprozität der Perspektiven wird hier im Prozeß ‚persuasiver Kommunikation' (Kopperschmidt 1976) praktisch realisiert.

Die Theorie der ‚persuasiven Kommunikation' bzw. der ‚überzeugenden Rede' (Kopperschmidt 1976) beinhaltet ein Verfahren, das dem Dialogpartner des beratenden Soziologen einen Spielraum von Entscheidungsfreiheit läßt, den dieser für sich selbst beansprucht. Die durch rhetorische Kommunikation gelöste mittelbare Realisation ist die humane Möglichkeit, kooperativ auf Zukunft hin zu handeln (vgl. auch Geissner 1978). Rhetorik gilt herkömmlicherweise als die Kunst, einen Konsens in Fragen herbeizuführen, die nicht mit zwingender Beweisführung entschieden werden können (vgl. Habermas 1973). Die von der Rhetorik verwaltete persuasive Leistung der Sprache erinnert nun die Hermeneutik daran, daß „im Medium umgangssprachlicher Kommunikation nicht nur Mitteilungen ausgetauscht, sondern handlungsorientierte Einstellungen gebildet und verändert werden" (Habermas 1971, 75).

Mit dem hypothetischen Konstrukt des ‚klinischen Soziologen' wird denn auch für die Soziologie das Bild einer die nicht intendierten Folgen sozialen Handelns aufklärenden Reflexionsinstanz entworfen und nicht etwa das einer auf „Heilung" bedachten Instanz professionalisierter Therapie, die auf die Beschaffung bzw. Wiederherstellung der physischen und psycho-sozialen Integrität des privaten einzelnen (Oevermann 1978) zielt. Einschränkend muß hier festgehalten werden, daß unter Gesichtspunkten einer praktisch-institutionalisierten Form der Verberuflichung für die Ausdifferenzierung der Soziologie als Profession sich Zusatzbedingungen gegenüber den allgemeinen Aufgaben von Professionen ergeben, da die Soziologie sowohl angewandte Profession als auch professionalisierte Disziplin ist (vgl. Parsons 1959; Hughes 1958; Freidson 1972; Maindok 1977; Nettler 1978).

Unter bewußter Vernachlässigung von empirisch orientierten Fragestellungen nach der de facto Verberuflichung[26]) von Soziologen und solchen, die auf

[26]) „Die Soziologie war vor dem Zweiten Weltkrieg ein Teilgebiet der Philosophie — als Sozialphilosphie — oder eines der Volkswirtschaft — als empirische Sozialwissenschaft. Sie besaß noch kaum ein sozial-technologischen Wissen, das für die praktische Lösung limitierter sozialer Probleme anwendbar war. Es gab keine besondere universitäre Ausbildung in Soziologie und kein spezielles Examen. Lepsius (1979) und Schelsky (1980) zufolge war es die Schwierigkeit der Soziologie, in den volkswirtschaftlichen Fakultäten immer nur ein Nebenfach zu sein, die die Fachvertreter in den fünfziger Jahren dazu trieb, einen eigenen Studiengang zum Diplom-Soziologen einzurichten. Auch wenn es noch keine entsprechenden Berufsbilder gab, hoffte man, daß sich das Angebot an Absolventen schon seinen Bedarf schaffen werde. Die ersten Diplom-Prüfungsordnungen wurden 1955 in Frankfurt und 1956 in Berlin eingerichtet (Lepsius 1979, S. 46). Universität auf Universität folgte, ohne daß es an allen Universitäten zur Einrichtung einer Diplom-Prüfungsordnung kam. Als in den sechziger Jahren die Studentenzahlen wuchsen und in der Bundesrepublik nach einer anwendbaren Sozialwissenschaft verlangt wurde, vertraten Soziologen die Strategie der beruflichen Bedarfsschöpfung für neu erkorene Gebiete wie Entwicklungssoziologie, Regionalplanung oder Stadtplanung (vgl. Matthes 1973, S. 52). Man kann im Fall der Soziologen von einer aktiven Professionalisierung der Berufsgruppe sprechen (Maindok 1977).

die institutionellen Möglichkeiten einer professionalisierten Berufspraxis für Soziologen zielen, kann hier unter erkenntnistheoretischen und methodologischen Gesichtspunkten gezeigt werden, daß der in Rede stehende Typ des ‚klinischen Soziologen' ‚sensibilisieren' kann für die die jeweilige Handlungspraxis konstituierenden sozialen Strukturen der Interaktion.

Die Konzeption des ‚klinischen Soziologen' hat theoriegeschichtlich starke Verbindungen zu Therapiegruppenkonzepten wie überhaupt zum psychotherapeutischen Modell. „Sein ursprüngliches Modell der Interaktion zwischen Experte und Klient (ist) von der Beziehung zwischen dem Psychotherapeuten und seinem Klienten abgeleitet" (Archibald 1976, 196). Die darin liegenden Probleme werden uns noch im Fortgang der Argumentation beschäftigen. Für das Modell des klinischen Soziologen ist konstitutiv, daß die sozialisatorischen und situationsdeutenden Funktionen der Soziologie über klinische Kompetenzen wirksam werden. Diese klinischen Kompetenzen müssen nun praktisch handlungswirksam werden in Interaktionsbeziehungen mit einer Klientel, die im Prinzip aus Laien (Alltagshandelnden) oder aber aus praktisch arbeitenden Professionellen (Psychologen, Juristen, Sozialarbeitern usw.) besteht (vgl. Maindok 1977).[27])

In der Diskussion um den ‚klinischen Soziologen' ist es bisher versäumt worden, in der eingangs umrissenen handlungslogischen Perspektive die klinischen Orientierungsweisen und Praxisformen eines derartigen Einsatzes soziologischen Wissens zu rekonstruieren, da man sich in der Regel damit begnügte, die

[27]) Im folgenden werde ich mich argumentativ auf die Darstellung der Besonderheiten der Kommunikationsbeziehung zwischen „klinischen Soziologen" und Alltagshandelnden begrenzen und Zusatzprobleme, die sich im Umgang mit Angehörigen anderer praktisch arbeitender Professioneller (Sozialarbeiter, Psychologen etc.) stellen, vernachlässigen. Die Begriffsbildung „klinisch" hat ihre Herkunft in einer Orientierung an medizinisch-therapeutischen Verfahrensweisen, die jedoch auf die Praxis der Sozialwissenschaften nicht zu übertragen sind. Folgt man der Analyse Foucaults, der „die Geburt der Klinik" als einen bedeutsamen Wendepunkt in der Wissenschaftsgeschichte am Beginn der Moderne rekonstruiert hat, dann ist das hervorstechende Merkmal dieser Entwicklung die Tatsache, daß „der Wissenschaft Augen eingesetzt" wurden. Die Wissenschaft richtet ihren Blick nicht mehr auf den kranken Menschen, sondern auf die Krankheiten. Sie will hinter dem Sichtbaren die Tiefenstrukturen entziffern. Die Komposition der Symptome soll, in ihrer Anordnung erkannt, die Ordnung der Natur ans Licht bringen. Das Sichtbare soll sogar auch lehrbar gemacht werden. Ort dieser Erkenntnisoperation ist die Klinik (vgl. Foucault 1973, S. 102ff.). Auf derartige Strukturdeutungen zielt auch der „klinische Soziologe".

Die Merkmale „Fallbezug" und „Strukturdeutung" werden in der Medizin ergänzt um eine institutionelle Legitimation: der Blick des Arztes ist zugleich ein kalkulierbarer Blick, der in der Institution der Klinik *entscheiden* und *eingreifen* kann. Unter den Bedingungen eines strukturellen Gefälles institutioneller Definitionsmacht, die darüber befinden kann, was als normal und was als abweichend gelten muß, wächst der Medizin soziale Kontrollgewalt zu. Die medizinischen Experten geben vor, stellvertretend für den Patienten sein Problem zu lösen.

Genau diese Absicht zu normalisierendem und therapeutischem Handeln fehlt bei der fallbezogenen Verwendung sozialwissenschaftlichen Wissens. Insofern kann der klinisch handelnde Soziologe nicht in den Verdacht der Machtausübung geraten.

unterschiedlichen Institutionalisierungsformen der Soziologie als angewandter Profession bzw. als akademischer Fachwissenschaft zu betrachten.

Eine Wirksamkeit der Soziologie im Sinne einer ‚klinischen' Profession läßt sich aber nur über Verwendungsdiskurse zwischen Soziologen und lebenspraktisch Handelnden bzw. praktisch arbeitenden Professionellen rekonstruieren, in denen neben Situationsdeutungen ein manifest folgenreicher Einsatz soziologischen Wissens erwartbar ist, ohne daß es dabei zu einer Verkürzung interpretativer, stellvertretender Sinnauslegung kommen darf.

Ungeachtet der Differenzen in der Debatte über den klinischen Soziologen (vgl. etwa Ulrich 1949; Lee 1955; Young 1955; Gouldner 1957; Köckeis/Stangl 1975) scheint im klinischen Ansatz eine Form der Erzeugung und Vermittlung soziologischen Wissens angesprochen zu sein, die, über die unspezifische Diffusion sozialisatorischer und situationsdeutender Komponenten soziologischen Wissens hinausgehend, ausdrücklich die klientenbezogene professionalisierte Handlungskompetenz von Soziologen sowie die Bedingungen ihrer Möglichkeit thematisiert. D. h., in der Figur des ‚klinischen' Soziologen werden neben den Möglichkeiten und Folgen der Vermittlung eines allgemeinen soziologischen Orientierungsrahmens für gesellschaftliches Handeln, die sich im wesentlichen auf diagnostizierende oder interpretative Funktionen von Soziologen beziehen, dezidiert praktisch folgenreiche Handlungsprozesse im Sinne der professionellen Handlungslogik aufgeworfen. Wird also das Bild einer Soziologie mit ‚klinischer' Priorität entwickelt, ist stets an eine Tätigkeit gedacht, deren Auswirkungen auf die Reorganisation der alltagspraktischen Entscheidungsbegründung unter einer *reflexiveren* Perspektive erkennbar sind, ohne eine *unmittelbare* Handlungsrelevanz des soziologischen Wissens zu behaupten. Kritisch ist zur ursprünglichen „Kliniker-Debatte" in den USA festzuhalten, daß sie unter einem sozial-technologischen Mißverständnis litt, welches wesentlich darin bestand, daß in ihrem Modell von klinisch-soziologischem Handeln eine Reduktion sozialer Handlungsprobleme auf ihre technisch-lösbaren Dimensionen als Orientierung wirksam ist (vgl. Maindok 1977).

So liegt eine interessante Metapher vor, mit der Probleme der Erzeugungs- und Vermittlungskompetenz — im Sinne der Übersetzung — (alltagsweltliche Sinnkonstruktionen praktischen Handelns > sozialwissenschaftliche Rekonstruktion) und *Rückübersetzung* (sozialwissenschaftliche Rekonstruktionen > alltagsweltliche Begründungen von Handlungspraxis) soziologischen Wissens theorieperspektivisch mit der Frage nach dem rhetorischen Habitus von Soziologen (vgl. Brown 1982) verknüpft werden können.

Relevant ist für mein Thema, daß Sozialwissenschaften und von ihnen abhängige Vermittlungsprozesse allemal nicht nur auf Wissen, sondern auf Handeln abzielen, das als kommunikatives notwendigerweise rhetorisch ist (vgl. hierzu Geissner 1968).

Unter dem Gesichtspunkt der handlungslogisch bedingten Einheit der Erzeugung und Vermittlung soziologischer Erkenntnisse spricht nun einiges für die Vermutung, daß im klinischen Ansatz perspektivisch ein Handlungsmuster für die Soziologie vorliegt, was der Notwendigkeit zur Aufrechterhaltung dieser Einheit gehorcht. In der Denkfigur des ‚Klinikers' kann m. E. erst die Frage nach dem soziologischen ‚Wahrheitsbegriff', d.h. nach der Objektivität und Adäquanz sozialwissenschaftlichen Wissens gegenüber dem objektiven Gehalt von alltagsweltlichen Sinn- und Handlungskonstruktionen, den Bedingungen seiner Möglichkeit (soziologische Wahrheit versus lebenspraktische Wahrheit) sinnvoll und überprüfbar aufgeworfen werden, weil hier die Spezifik einer hermeneutischen Methodologie der ‚Datengenerierung' sich letztlich situativ zu bewähren hat (vgl. die These der ‚diskursiven Forschung' von Bonß/ Hartmann 1985) in einer an professionellen Standards (Dialektik von Fallspezifik[28]) und universeller Regelanwendung/Wissenschaftsverpflichtung) orientierten Beratungskompetenz (stellvertretende Deutung von alltagspraktischen Handlungsentscheidungen).

Verallgemeinert gesprochen, ist in der Perspektive einer „beratenden Rekonstruktion" von Sinnimplikaten alltagspraktischen Handelns die Vermittlungskompetenz soziologischen Wissens nur definierbar über die Rekonstruktion des Prozesses der „Datengenerierung", d.h. es läßt sich vermuten, daß im Forschungsprozeß aus der Sprache eines „Falles" heraus, etwa einer unter lebenspraktischem Handlungsdruck entworfenen, aber subjektiv als fragwürdig erfahrenen Alltagskonstruktion, die Mitteilung im Akt begrifflicher Purifizierung zu einer allgemeinen Struktur generalisiert wird, die Hinweise gibt auf die Konstruktionsmuster und -prinzipien der Sozialwelt, während in der Verwendung diese im soziologischen Strukturwissen aufgehobenen generellen Wissensbestände wieder quasi rückzuübersetzen sind in die „Sprache" eines jeweiligen lebenspraktischen Handlungsproblems selbst.

Die hermeneutisch gewonnen reflexiven (soziologischen) Einsichten müssen sich gleichsam rhetorisch behaupten (Gadamer 1971 a), soll den Adressaten eine Reorganisation ihres alltäglichen Wissens unter einer neuen Perspektive tatsächlich ermöglicht werden. Es geht also um die Vermittlung von „Theorie" bzw. um eine „Begründungsverwendung" soziologischer Erkenntnisse, die über die spezifische professionelle Interaktionsform der „Beratung" geleistet werden soll. Dennoch kann die beratende Rekonstruktion nicht davon ausgehen, daß das im explikativen Diskurs purifizierte Begründungswissen Zugang findet zur Alltags-

[28]) Die Renaissance des „klinischen Soziologen" war überhaupt nur denkbar im Zuge des methodologischen Umschwungs in der Disziplin: Die Verschiebung von der survey-Orientierung, der es auf die Feststellung statistischer Regelmäßigkeiten ankam, zur Analyse von Einzelfällen, bei der es um die Beschreibung der sozialen Struktureigenschaften geht, bildete den Hintergrund, auf dem allein ein systematisches Konzept für „klinische Wissensverwendung" entwickelt werden konnte, bei der es um die stellvertretende Strukturdeutung exemplarischer Fälle geht. Aus der heutigen Sicht betrachtet, mußten die frühen Konzeptualisierungsversuche der „Chicago-school" zum Scheitern verurteilt sein, weil die qualitativ-sozialwissenschaftlichen Methoden zu dieser Zeit noch nicht hinreichend forschungslogisch reflektiert, in ihrem Status gesichert und in exakten Analyseprozeduren entwickelt waren. Unter dem Gesichtspunkt der handlungslogisch bedingten Einheit von Erzeugung und Applikation soziolgischen Wissens ist es nur allzu einleuchtend, daß mit dem Fehlen eines entwickelten analytischen Instrumentariums auch die Verwendungsprobleme kategorial nicht angemessen zu fassen waren. Die Figur des „klinischen Soziologen" ist gewissermaßen die *Repräsentation einer fallbezogenen Soziologie.*

praxis und dort als eine aufgeklärtere Interpretationsfolie die Wahrnehmung der sozialen Wirklichkeit verändert, indem bei der Auswahl von Entscheidungsalternativen reflektierter vorgegangen wird; denn ob und wie soziologische Beratungsangebote rezipiert oder perzipiert werden, ist soziologisch nicht beeinflußbar (Oevermann in: b:e 1980). Entgegen dem Interventionsverständnis einer alltags- bzw. betroffenenorientierten Soziologie (vgl. etwa Wurzbacher 1982) oder aber den „Formen einer spontaneistischen Hermeneutik, wie sie vor allem von der sogenannten ‚Aktionsforschung' praktiziert wird" (Bude 1982, 143) sowie einem letztlich sozialtechnologischen Verwendungsverständnis, handelt es sich bei den Rekonstruktionen des beratenden Soziologen nicht etwa um Handlungsrezepte, sondern stets lediglich um *Interpretations- und Begründungsangebote* für vollziehende oder bereits praktisch vollzogene Handlungsentscheidungen, „die mit Selbstverständlichkeiten, dem Alltagswissen, anderen Fachperspektiven konkurrieren und demgegenüber vielfältige Umgangsformen möglich sind, die durch das Deutungsangebot niemals vorweggenommen werden können" (a. a. O., vgl. hierzu aus konstruktivistischer Perspektive: Seel 1982).

„Diese prinzipielle Differenz zwischen Interpretationsangeboten und ihrer kontextabhängigen Verwendung kann von seiten der Sozialwissenschaften, wenn überhaupt, nur durch die ‚Macht des Argumentes' überbrückt werden und dies auch nur dann, wenn gesellschaftliche Erfahrungen getroffen und das Nadelöhr der Alltagsevidenz passiert wird" (Beck/Bonß 1984, 42).

Einer Rezeption soziologischen Wissens innerhalb alltäglicher Deutungsmuster stehen allerdings Tendenzen entgegen, die die Alltagspraxis gegenüber sozialwissenschaftlich begründeter Wirklichkeitsinterpretation immunisieren. Dies kann sich in der bekannten pauschalen Abwehr jeden soziologischen Arguments („Soziologenjargon" usw.) ausdrücken, kann aber auch die Form der weiter oben erwähnten ‚Technisierung' annehmen. Mit der Reduktion des soziologischen Arguments auf einen technischen Ratschlag macht sich die alltagsweltliche Handlungspraxis gegenüber der im theoretischen Denken enthaltenen Kritik des Alltagswissens resistent. Aber damit schützt sich die Alltagspraxis nicht nur gegen den Zweifel, sondern überträgt ihre Entscheidungszwänge auf den theoretischen (Beratungs-)Diskurs, indem Soziologen zu Experten — im Sinne des *Verfügens über Problemlösungen*[29]) werden (für die Medizin ist dies be-

[29]) „Moderne Industriegesellschaften sind in ihrem Bewußtsein und in ihren Strukturen so beschaffen, daß sie nur diejenigen Wissenschaften beziehungsweise diejenigen wissenschaftlichen Resultate aufnehmen, die ihnen ‚technisch', das heißt in Form von Technikwissenschaften angeboten werden. Gegenüber diesen Bedingungen technischer Kulturen müssen sich folglich auch die nicht-technischen Wissenschaften oder Humanwissenschaften (ich meine die Geistes- und Sozialwissenschaften) *technisch machen*, um ‚anwendbar' zu werden bzw. schon ihren Ressourcenfrieden mit technischen Kulturen, hier vertreten durch die Kultusbürokratien, zu schließen.
Die Entwicklung ist verheerend — nicht nur für die Wissenschaften, die nunmehr unter dem Paradigma technischer Rationalitäten kritische Orientierungspotentiale degenerieren lassen, sondern auch für die technischen Kulturen selbst, die außer einem (technischen) Verfügungswissen kein rationales Orientierungswissen außerhalb ‚technischer' Rationalitäten mehr auszubilden vermögen" (Mittelstraß 1981, 96).

reits teilweise untersucht: vgl. etwa Freidson 1975; gleichfalls für die Rechtsberatung: vgl. Rosenthal 1974).

Zu den angesprochenen Bedingungen zählen sicherlich auch die institutionellen Arrangements und das organisatorische ‚setting' von soziologischen Beratungsprozessen, die Einfluß auf den Verlauf von Gesprächen nehmen. Und sicherlich ist die Hineinnahme von Beratungsprozessen etwa in sozial administrative Bürokratien (vgl. etwa Peisert 1977) ein entscheidender Grund für die Reduktion von Diskursen auf die Verkündigung von Programmen (Luhmann 1973). Doch diese Bedingungen können nur wirksam werden aufgrund spezifischer Eigenschaften alltagspraktischen Handelns und Erfahrens sowie dessen Unterschiede gegenüber dem wissenschaftlich rationalen Diskurs.

Die ‚erzeugende Vermittlung' soziologischen Wissens läßt sich nun auf analytischer Ebene sinnvoll über die Kategorie des Diskurses fassen. Diskurse sind Prozessse dialogischer Erkenntnis, in denen sich die Beteiligten eines Gegenstandes mittels überzeugender Argumentation (Kopperschmidt 1976), d.h. mit der Absicht, Gründe für zu Begründendes zu finden, nähern. Diskurse unterscheiden sich bekanntlich von Formen der für die Naturwissenschaft und Mathematik typischen Beweisführung, in der es um das Verhältnis von Ursache und Wirkung geht. Die argumentative Vergewisserung eines Gegenstandes in Diskursen bedeutet, daß hier nicht mehr die für Alltagsgespräche typische Annahme getroffen wird, daß die in einem Sprechakt normalerweise implizit unterstellten Geltungsansprüche unausgesprochen zu akzeptieren sind. Diskurse sind Formen des Gespräches, in denen sich Handlungssubjekte dieser Geltungsansprüche vergewissern, was z.B. im Alltagsgespräch durch das Auftauchen von Mißverständnissen provoziert wird. Für Diskurse ist es typisch, daß sie verlangen, für die Herstellung eines Konsenses über gemeinsame Geltungsansprüche die Handlungszwänge alltäglicher Routinen vorübergehend zu suspendieren, um mögliche Begründungen bzw. Geltungsansprüche von gemeinsam anzuwendenden Handlungsregeln zu klären. In dieser Form treten Diskurse immer schon als Unterbrechung des Alltagshandelns und der Alltagsgespräche auf, tragen insofern aber einen sporadischen Charakter (zur Differenz von explikativen und ‚praktischen' Diskursen: vgl. Habermas 1983, 34ff. und 97ff.). Um Mißverständnissen vorzubeugen, sei hier angemerkt, daß — im Gegensatz zu Formen einer „kommunikativen Validierung" (Terhart 1981), bei der die Gültigkeit wissenschaftlicher Explikationen an die Zustimmung der Adressaten gebunden werden soll —, in der ‚beratenden Rekonstruktion' die Interpretationen und Sinnkonstruktionen alltagsweltlich Handelnder, auf denen die wissenschaftlichen Rekonstruktionen aufbauen, nicht als Validierungsmaterial denn vielmehr als „Beweismaterial" fungieren, geht es doch um den objektiven Gehalt dieser alltagspraktischen Konstruktionen, der ausschließlich in der nachträglichen Symbolisierung und Purifizierung im handlungsentlasteten Kontext aus dem bewußtseinsmäßig impliziten Bereich als eine Art tacit knowledge gleichsam mäeutisch gehoben wird, jedoch hinsichtlich seiner rhetorischen Angemessenheit in der handlungsunterbrechenden und nachträglichen Perspektive des Diskurses dialoghermeneutisch und dialogrhetorisch auf seine lebenspraktische Relevanz auszulegen ist. Luhmann hat darauf hingewiesen, daß Kommunikation keineswegs, „wie man im Alltagsverständnis und oft auch bei unbedachter wissenschaftlicher Verwendung des Begriffs zumeist meint, ein Vorgang der ‚Übertragung' von Sinn bzw. Information (ist); sie ist gemeinsame Artikulation von Sinn, die zumindest einen der Teilnehmer informiert" (Luhmann 1971, 194 ff./ vgl. 302 ff.).

Da die Soziologie es — im relativen Gegensatz zur psychoanalytischen Therapie — bekanntlich nicht mit ‚Einzelfällen' von Subjekten bzw. deren psychischen Existenzproblemen handlungspraktisch zu tun hat, sondern vielmehr mit Struktureigenschaften ihrer Alltagswelten und dementsprechend im Akt der Wissenserzeugung — sprich der Rekonstruktion — auf die personalen Erfahrungs*weisen* und gesellschaftlichen Sinn*strukturen* abzielt, nicht aber auf subjektive Absichten und Pläne (vgl. hierzu Bude 1984), erscheinen die Überlegungen zu soziologie-relevanten Formen einer „kommunikativen Validierung" hier wenig sinnvoll.

Beratende Rekonstruktion ist so gesehen eine Form des Diskurses, die Antwortmöglichkeiten auf im alltäglichen Kommunikationsfluß nicht *ad hoc* behebbare Regeldefizite anbietet und Interpretationsangebote bereithält für eine (möglicherweise reflektiertere) Begründung problematisch gewordener, aber *nicht prinzipiell bedrohlicher* subjektiver Handlungsentscheidungen. Sie ist darauf spezialisiert, an konkreten Handlungsproblemen akut gewordene Deutungsnotwendigkeiten sozialwissenschaftlicher Laien bezüglich alltagspraktischer Entscheidungen aufzuklären.

Zunächst einmal ist es selbstverständlich, daß in jedem Handeln bei der Begründung von Entscheidungen auf soziale Bedeutungszusammenhänge zurückgegriffen wird. Sinnhaftes Handeln zeichnet sich bekanntlich konstitutiv dadurch aus, daß der Handelnde Reziprozität herzustellen versucht, also einer Regel zu folgen versucht, die auch für andere einen Sinn macht. Aber gerade in diesem konstitutiven Charakter liegt eine Schwierigkeit: In dem Maße, wie die Fähigkeit kompetenten sinnhaften Handelns gerade darin besteht, soziale Bedeutungszusammenhänge zur Begründung eigenen Handelns heranziehen zu können, also seine Umwelt zu verstehen, in dem Maße also ist der kompetente Umgang mit sozialen Bedeutungszusammenhängen gleichbedeutend mit der Tatsache, als autonomes Subjekt bzw. als selbständiger Erwachsener anerkannt zu werden. Dieser Umstand ist sicherlich eine Ursache dafür, daß lebenspraktische Entscheidungen, die wegen mangelnder Begründung bezüglich ihnen zugrundeliegender sozialer Bedeutungszusammenhänge problematisch werden, als solche nicht öffentlich thematisiert werden. Eine Thematisierung solcher problematischer Entscheidungen würde als Makel auf den einzelnen zurückfallen („Als Erwachsener fragt man das oder das eben nicht").

Ein anderer Grund ist, daß in modernen Gesellschaften eine Vielzahl und anscheinend eine wachsende Zahl von Entscheidungen aus der lebenspraktischen Verfügung des einzelnen herausgenommen und an Institutionen delegiert worden ist. Das gilt zunächst einmal für allgemein-politische Entscheidungen, die an Parteien und Abgeordnete überantwortet worden sind und sich auf die Abgabe einer Wählerstimme reduzieren.

Dies gilt weiter für Entscheidungen im lokal-nachbarschaftlichen Kontext, über die zumeist kommunale Bürokratien zu befinden haben. Und dies gilt auch für Entscheidungen, die früher innerhalb von Primärgruppen verwaltet worden sind, so Fragen der Familiengestaltung, der Erziehung oder der eigenen Lebenslaufplanung, in die in stärkerem Maße die Sozialverwaltungen eingreifen. Ganz besonders gilt die Verlagerung von Entscheidungsgewalt und damit die „Befreiung" von Begründungszwängen selbstverständlich für die Arbeitswelt, wo innerhalb von Hierarchien größerer Arbeitsorganisationen Effizienz gerade durch Delegation von Begründungsrechten an Vorgesetzte und Reduktion der Entscheidungen auf Routinen an der Mehrzahl der Arbeitsplätze erreicht wird.

In der Lebenspraxis des so zugeschnittenen „Laien" fallen deshalb nur relativ wenige Entscheidungen an, die wegen eines nicht überschaubaren sozialen Bedeutungszusammenhangs in Begründungsnot geraten können. Die Mehrzahl der verbliebenen Entscheidungen sind Kaufentscheidungen, die ein kommerzielles oder technisches Begründungswissen verlangen. Ein anderer Typus von Begründungsnot, in die der so zugeschnittene Laie dann kommt, ist die rückwärtsgerichtete Vergewisserung seiner eigenen Identität — wofür therapeutische Verfahren als ein spezifischer Typus von Beratung zunehmend angeboten werden (Berger 1965). Hier ist jedoch in aller Regel das Objekt der Handlungsentscheidung existentiell mit dem Patienten verknüpft; der lebensgeschichtlich aufgetürmte Handlungszwang und der Mangel an Entscheidungsregeln ungleich höher.

So gesehen engt sich der Kreis möglicher lebenspraktischer Handlungsprobleme, die in problematische Entscheidungslagen und damit in Begründungsnöte geraten können, stark ein. Heutzutage scheint es folglich vor allem zwei Entscheidungsbereiche zu geben, die dem Bürger noch für eine gewisse subjektive Ausgestaltung freigelassen werden, die aber gleichwohl relativ komplexe Begründungen verlangen. Dies sind die Entscheidungen bei der Wahl des Berufs und bei der Erziehung der eigenen Kinder. Die Gründe, derentwegen Berufswahl- und Erziehungsentscheidungen problematisch werden können, sind verschieden: Bei der Berufswahl müssen sich Entscheidungen auf Begründungen stützen, die aus der Kenntnis von Strukturen und möglicher Veränderungen des Arbeitsmarktes herrühren, die sich der alltäglichen Erfahrung entziehen. Erziehungsentscheidungen setzen die Kenntnis sozialpsychologischer Mechanismen zwischen Umweltverhalten und kindlicher Entwicklung voraus. Mangelnde Einsichten in diese Mechanismen, aus denen sich Begründungsnöte erziehender Erwachsener ergeben können, sind zum einen Resultat mangelnden Wissens, sie erklären sich aber auch daher, daß dieses Umweltverhalten (und das ist hier der sozialwissenschaftlich interessierende soziale Bedeutungszusammenhang) nicht unabhängig vom Verhalten der jeweiligen Erwachsenen selber ist. Das aber heißt, ihre eigene Identität und das u. a. daraus bestimmte Erziehungsverhalten sind Teil dieser Erziehungsumwelt der Kinder, weswegen — schon allein der Selbstbetroffenheit der erziehenden Erwachsenen wegen — ihnen der Blick auf diese Erziehungsumwelt teilweise verstellt ist. *Sozialwissenschaft übernimmt dabei sozusagen stellvertretend eine beobachtende Haltung gegenüber der Erziehungsumwelt und teilt ihre so gewonnenen Einsichten im Prozeß der Beratung an die erziehenden Erwachsenen mit.*

Eindeutigkeit der Situation und klare Verteilung der Dialogrollen bedeuten in diesem Prozeß eine beträchtliche Entlastung für den ‚klinischen' Soziologen, da sich hier die Dialoghermeneutik und -rhetorik ausschließlich auf die jeweiligen Dialogthemen konzentrieren kann (vgl. Badura 1972).

Beratende Rekonstruktion weist sich ideellerweise also dadurch aus, daß sie durch ein eingegrenztes Handlungsproblem ihrer Adressaten veranlaßt wird, das sich in deren Alltag mit Dringlichkeit stellt, dort aber nicht mehr mit den verfügbaren Regeln und Deutungen des alltagspraktischen Wissens interpretativ einzuordnen und routinemäßig zu bewältigen ist (zur hierzu differenten Sondersituation des therapeutischen Gesprächs vgl. etwa Wunderlich 1972).

Hier läßt sich unter Rückgriff auf die professionstheoretische Diskussion (Marshall 1939; Parsons 1949; 1951; Rüschemeyer 1980) zunächst sagen, daß klinische Tätigkeiten für handlungspraktisch problematisch gewordene lebenspraktische Entscheidungen „stellvertretende Deutungen" (Oevermann 1978) erbringen, d.h. Berater liefern Begründungen bzw. unterstützen Laien beim Aufbau von Begründungen für Entscheidungen ihrer Handlungspraxis. Das gemeinsame Merkmal professioneller Tätigkeit ist, daß sie keine standardisierten Entscheidungen zu fällen haben, sondern, daß sie über Begründungen für jeweils verschiedene und durch die Lebenspraxis aufgeworfene Handlungsprobleme verfügen müssen. Dem entspricht, daß diese Tätigkeiten mit einer mehr oder weniger großen Autonomie beruflichen Handelns ausgestattet sind. Gleichfalls ist ihnen gemeinsam, daß die Begründungsleistungen nicht in abstrakter Form, sondern bezogen auf einzelne in Begründungsnot stehende Handlungssubjekte und zwar zumeist in dialogischer Form, face-to-face mit ihnen erbracht werden müssen (Elliott 1973; Nettler 1980). Professionen sind Instanzen einer Begründung von Entscheidungen alltagspraktischen Handelns — in dieser Hinsicht den Sozialwissenschaften nicht völlig unähnlich. Professionelle Interventionen in Alltagspraxis lassen sich — verallgemeinert gesprochen — immer dort feststellen, wo alltagspraktisch handelnde Individuen bei der Begründung ihrer Entscheidungen im interpretierenden Einholen der Wirklichkeit vor Herausforderungen/Anforderungen gestellt sind, denen sie über Selbstreflexion im Alltag nicht immer gerecht werden können, für die alltägliche Interaktionsformen und Gespräche als klärende Instanzen versagen oder Laien das Recht der Interpretation nicht zugestanden wird (Beispiel: Verteidigung im Strafprozeß). In diesen Situationen geraten alltagspraktisch handelnde Individuen in ein „problematisches Verhältnis" (Oevermann) zu ihren eigenen Handlungsentscheidungen und deren Rechtfertigungen. Sie sind nicht mehr in der Lage, die für ein kontinuierliches und situationsbezogenes Weiterhandeln erforderlichen Begründungen bzw. praktischen Rechtfertigungen einer Entscheidung zu leisten; sie können das ‚unbekannte Ereignis', das die Entscheidung im praktischen Handeln herausfordert, nicht mehr auf der Folie ihres alltäglichen Routinewissens hinlänglich deuten. Professionen sind insofern Instanzen angewandter Wissenschaft, als sie orientiert an den Kriterien eines wissenschaftlichen Regelwissens Begründungen für alltagspraktische Entscheidungen zu liefern in der Lage sind. Wichtig ist allerdings, daß es sich bei professionalisiertem Handeln — im Unterschied zum wissenschaftlichen Handeln der Soziologen —

stets um die Bearbeitung von einzelnen konkreten Handlungsentscheidungen von Individuen handelt, im Sinne eines ‚people processing', denen der professionalisiert Handelnde in einer face-to-face Interaktion (Elliott) in dialoghermeneutischen und -rhetorischen Kontexten gegenübertritt. Dieses advokatorische Verhältnis erfordert eine professionelle Handlungskompetenz in dem Sinne, Verstehensprozesse interaktionell zu gestalten, um den alltagspraktisch Betroffenen einen Erkenntnisprozeß zu aufgeklärten Begründungen oder angemesseneren Rechtfertigungen seiner praktischen Handlungsentscheidungen zu ermöglichen.

Die oft zu beobachtende Resistenz der alltagsweltlichen Handlungspraxis gegenüber wissenschaftlichen Begründungen von Alltagsentscheidungen liegt nun wesentlich darin, daß sich — wie weiter oben angedeutet — Alltagsentscheidungen nach dem Kriterium der Angemessenheit und nicht bloß der ‚Wahrheit' ausrichten. ‚Wahre' Entscheidungen unterliegen der Bedingung, daß sie sich im Prinzip in allen vergleichbaren Situationen bestätigen lassen. Angemessene Aussagen hingegen müssen die Zustimmung von Handlungssubjekten finden, die in einer gemeinsamen Situation kooperativ mit Problemen der Lebensbewältigung befaßt sind. Bewältigung von Alltagspraxis aber kann sich prinzipiell nicht ausschließlich an Kriterien der Wahrheit orientieren, wie sie etwa Habermas (1968) in seine Überlegungen zu einem „explanatorischen Verstehen" skizziert und in späteren Arbeiten fortgeführt hat.

Dies liegt schließlich daran, daß in der alltagsweltlichen Handlungspraxis Begründungen für Entscheidungen in einer Situation des Hier und Jetzt zu fällen sind, auch wenn die Handlungssubjekte das Dort und Dann ihrer jeweils subjektiven oder kollektiven Vergangenheit und Zukunft dabei mitbedenken — ganz einfach, weil das, was im Augenblick entschieden wird, sich prinzipiell auch vertreten lassen muß angesichts in der Vergangenheit gültiger Handlungsbegründungen und angesichts von Begründungen, denen man später in der Zukunft praktisch folgen will (siehe zur Orientierungsicherheit lebenspraktischer Deutungs- und Handlungsmuster: Braun/Hahn 1973, 185ff.). D.h. Begründungen über die Angemessenheit alltagspraktischer Entscheidungen sind schon darauf ausgerichtet, sich an generelleren abstrakteren Kriterien, die Gültigkeit in Vergangenheit und Zukunft haben können, zu bewähren.

Doch dieser Universalitätsanspruch wird konterkariert durch einen gewissen Opportunismus alltagspraktischer Begründungen, der sich sicherlich nicht als ethisch verwerflich darstellen läßt, sondern vor allem daher rührt, daß Alltagspraxis darin besteht, Probleme praktisch zu bewältigen, um weiterleben zu können. Dabei tritt ein Widerspruch zwischen der körperlich aufgezwungenen Lebensbewältigung des Entscheidungszwangs und dem Zwang zur rationalen Begründung auf. In aller Regel werden Entscheidungen im Alltag z.T. unter so hohem Druck oder leichtfertig getroffen, daß erst nachträglich über adäquate Begründungen nachgedacht werden kann (vgl. hierzu Schütz 1971a, 31f.).

Das „Carpe diem" ist ein Kriterium, daß sich dem der wissenschaftlichen Wahrheit entgegensetzen kann (vgl Harrison 1984). In der Alltagspraxis kann das Handlungssubjekt seinen Tag genießen und kann dieses gegenüber seinen Mitmenschen in bestimmten Grenzen als angemessene Begründung für bestimmte Entscheidungen geltend machen (vgl. etwa Holzinger 1974, 98ff.). Innerhalb des theoretischen, wissenschaftlich rationalen Diskurses können wissenschaftlich argumentierende Handlungssubjekte hingegen sich keinesfalls auf dieses Motiv berufen; genauer gesagt, ist ein Berufen von Soziologen etwa auf das Prinzip des persönlichen Wohlbefindens Grund für ihre Entlassung aus dem theoretischen Diskurs. Dieser richtet sich einzig und allein an Konditionen einer intersubjektiven Überprüfbarkeit von Aussagen, kurz Forschungsmethoden, (s. Kap. 6) aus. Diese Methoden sind idealerweise unabhängig von der Subjektivität des wissenschaftlichen Diskutierenden prinzipiell so entworfen, daß sie auch nach seinem Tode noch anwendbar sind durch andere. Die Intersubjektivität der Methoden impliziert zudem die reflexive Darlegung und Transparenz wissenschaftlichen Prozedierens. Eine alltagspraktische Entscheidung muß aber sinnvoll sein innerhalb der durch die Körperlichkeit des Handlungssubjektes abgesteckten Lebensperspektiven; sie muß angemessen sein in dem Sinne, daß sie sowohl sachlich richtig wie auch emotional erträglich ist.

Die in der Perspektive des ‚klinischen Soziologen' explizierten Begründungsstrukturen sind notwendigerweise Begründungsstrukturen alltagspraktischer Entscheidungen. Für den ‚klinischen Soziologen' schließt dieses Explizieren notwendig ein, daß er „Zusammenhänge" aufzeigt, „welche diejenigen, die in einer Tradition aufgehen, die direkt Betroffenen, wegen der Unmittelbarkeit ihrer Betroffenheit nicht sehen können" (Kriesi 1982, 754). Es sind aber Begründungsstrukturen, deren sich die Handlungssubjekte bewußt werden müssen, wenn sie reflektierter handeln wollen. Es ist zudem durchaus fraglich, warum bzw. ob die Handlungssubjekte sich ihrer Begründungsstrukturen auch bewußt werden *wollen.* Die Explikation von Begründungsstrukturen alltagspraktischen Handelns im Sinne des Herausfindens der ‚optimalen' (das meint: lebenspraktisch adäquaten und — auf das jeweilige Referenzsystem oder die jeweilige Referenzgruppe des Handelns bezogen — relativ wahren) Begründungen stößt im Alltagshandeln zumindest auf das andere Problem, daß Handlungssubjekte bei der Auswahl der von ihnen akzeptierten Begründungen eben nicht nur nach dem Prinzip der ‚Wahrheit', sondern auch der emotionalen Verträglichkeit vorgehen. Die Ergebnisse der Soziologie sind in der die Sozialwissenschaften finanzierenden Öffentlichkeit deshalb nicht immer gerne gehört (vgl. etwa Tannenbaum 1976). „Die Wahrheit tut manchmal weh", sagt der Volksmund, und dahinter steckt die Erfahrung, daß es manchmal unangenehm ist, zu erfahren, daß die liebgewonnenen Vorstellungen über die Wirklichkeit sich nicht intersubjektiv bestätigen. Dieses Phänomen, das in der Kategorie des „Widerstands" von der Psychoanalyse gefaßt worden ist, wirkt sich auch bei der erzeugenden Vermittlung sozialwissenschaftlichen Wissens aus. Subjektiv ist die Annahme soziologischer Kritik und die darin angebotene Explikation von Begründungsstrukturen, die dem Alltagshandelnden nur implizit bzw. latent verfügbar sind, auch von Angst geprägt (Devereux 1974); wobei Angst operationalisiert eben heißt, daß Verhaltenssicherheit abgebaut wird, indem für gültig erachtete Begründungsstrukturen ihren Überzeugungswert verlieren („Lebenslügen sind Überlebenswahrheiten").

Es ist sicherlich dieser Zusammenhang, der wesentlich für die Begründungsverwendung soziologischer Erkenntnisse und darin wirkende Resistenzen ausschlaggebend ist: Die Vorstellungen über die soziale Wirklichkeit, wie wir sie durch die Verhaltenserwartungen anderer zum Bestandteil unserer eigenen Identität gemacht haben, sind zugleich Gegenstand der Interaktion im Handlungsmuster des klinischen Soziologen als Prototyp beratender Wissenschaft.

Das heißt nun auch, daß die Relevanz soziologischer Explikationen innerhalb alltagsweltlicher Erfahrungs- und Handlungszusammenhänge nach Maßgabe der für die Angemessenheit von Begündung ausschlaggebenden doppelten Kriterien der Wahrheit und der emotionalen Erträglichkeit beurteilt wird. Aus der Sicht der Soziologie bedeutet dies, daß das zu konstatierende Defizit an „Übersetzungsmöglichkeit von wissenschaftlichen und praktischen Orientierungsformen" (Arp/Hergt 1963) in der Figur des ‚klinischen Soziologen' praktisch angegangen wird und beratendes soziologisches Handeln deshalb gebunden ist an die von sozialwissenschaftlichen Laien selbst einsehbare Relevanz des soziologischen Begründungswissens für ihre Handlungspraxis, was nun nicht nur eine Relativierung des Objektivitäts- und Wahrheitsanspruchs soziologischer Erkenntnisse deutlich macht, sondern auf eine Form diskursiven Aushandelns von ‚Wahrheit' hinweist.

Vom alltagsweltlichen Handlungszusammenhang her betrachtet werden sozialwissenschaftliche Erkenntnisse und Deutungen erst dann zu lebenspraktisch relevanten, „wenn sie sich in die Handlungsperspektiven und Handlungsmöglichkeiten der beurteilenden Akteure einordnen lassen" (Weber 1980, 302). Dieses „Einordnen" bringt aber notwendigerweise mit sich, daß die sozialwissenschaftlichen Erkenntnisse in alltagspraktische Deutungsmuster integriert und von diesen auch in ihrer Begrifflichkeit aufgesogen werden. Dieser Sachverhalt ist verschiedentlich als „Laisierung" (Schelsky 1965) oder „Verschwinden" (Beck/Bonß 1984) des soziologischen Wissens charaktersiert worden. Doch die Abwägung zwischen destabilisierenden und aufklärenden Folgen der Vermittlung soziologischen Begründungswissens ist bislang kaum Gegenstand soziologischen Interesses gewesen.

Die erzeugende Vermittlung soziologischen Wissens wird immer dort relevant, wo Repräsentanten sozialwissenschaftlichen Wissens mit Informations- bzw. Orientierungskrisen bezüglich aktuellen und identifizierbaren praktischen Handlungsproblemen von sozialwissenschaftlichen Laien konfrontiert werden. Dies ist typischerweise in Beratungssituationen der Fall, in denen einzelne oder Gruppen ihre Handlungsprobleme innerhalb von Gesprächsformen thematisieren, die darauf abgestellt sind, Begründungsalternativen für geplante oder vollzogene Entscheidungen hinsichtlich praktischer Handlungsprobleme aufzuzeigen — wobei davon ausgegangen wird, daß die Ratsuchenden ohne das Mitwirken des ‚klinischen Soziologen' nicht in der Lage sind, reflektiertere Begründungen und aus ihnen sich herleitende Entscheidungsalternativen zu finden.[30]) Im Gegensatz zu dem für therapeutische Handlungskontexte notwendi-

[30]) Die u. a. von Oevermann (1978) reformulierte Theorie professionalisierten Handelns geht u.a. davon aus, daß dieses Handeln auf drei zentrale gesellschaftliche Handlungsprobleme ‚antwortet' und diese entsprechend ihrer jeweils ausgebildeten Handlungslogik stellvertretend für die alltagsweltliche Handlungspraxis bearbeitet: Wahrheitsfindung, Konsensbeschaffung und Therapieleistung. Sahle (1984) betont in diesem

gen Leidensdruck des Patienten ist im Falle der beratenden Rekonstruktion vielmehr ein subjektiv bewußtes Informations- oder Orientierungsdefizit i. S. eines kognitiven Begründungsdefizits (Habermas 1983) konstitutiv.

Im Handlungsmuster des ‚klinischen Soziologen' geht es folglich nicht um die Erbringung von *Therapieleistungen*, als vielmehr um die Erbringung von reflexivem — im Sinne von ‚wahrem' — Begründungswissen (Aufklärung).

Empirisch betrachtet sind Handlungssituationen einer beratenden Rekonstruktion, in denen sozialwissenschaftliches Begründungswissen an Nicht-Sozialwissenschaftler weitergegeben wird, zwar eher relativ selten. Wenn man davon ausgeht, daß für alltagspraktisch Handelnde Beratung im oben beschriebenen Sinne immer dann von Interesse ist, wenn sich ihnen entgegengestellte Handlungsprobleme nicht mehr mittels einer Entscheidungsregel bewältigen lassen, weil die für eine solche Entscheidungsregel hinreichend reflektierte Begründung fehlt, oder anders ausgedrückt, weil die Entscheidung für das jeweilige Handlungssubjekt problematisch geworden ist, dann sind für eine beratende Rekonstruktion im Sinne einer ‚klinischen Soziologie' jene Fälle von Relevanz, in denen die Bedeutungszusammenhänge sozialen Handelns, auf die die in einem spezifischen Kontext Handelnden in der Begründung ihrer Entscheidungen zurückgreifen, für diese so undurchsichtig oder nicht begreifbar werden, daß die unter Handlungszwang getroffenen lebenspraktischen Entscheidungen sich im nachhinein kaum subjektiv rechtfertigen lassen bzw. unter nachträglichen Begründungszwang geraten, der möglicherweise nach Begründungsalternativen gegenüber den getroffenen ruft.

Geht man davon aus, daß das Begründungswissen der Soziologie als ‚Theorie' seinerseits lediglich in einer (konstruierten) perspektivischen Distanz zu seinem Foschungsgegenstand qua Abstraktion aus universell lebenspraktischen Erfahrungen gewonnen werden kann im Sinne der Explikation von vorgängigen Verstehensprozessen, so wird einsichtig, daß sich die Interpretationsangebote zur

---

Fortsetzung Fn. 30.

Zusammenhang, daß im Zentrum professionalisierter Handlungsmuster bevorzugt jeweils eines der drei Wertuniversalien steht, wenngleich die anderen latent sich einfügen. Von dieser allgemeinen Bestimmung her stellen die Bereiche Rechtspflege, Medizin, Wissenschaft und Kunst die gesellschaftlichen Handlungsproblemfelder dar, in denen sich relativ autonome Handlungslogiken ausdifferenzieren mit immanenten Angemessenheitskriterien der Geltung der Handlungsergebnisse.

Diese unterscheiden sich strukturell von alltagspraktischen Problemlösungen und manifestieren sich in den Berufen des Arztes, Therapeuten, Juristen, Wissenschaftlers und Künstlers. Die Struktur und Logik des professionalisierten Handelns sind Oevermann zufolge gekennzeichnet durch die Gleichzeitigkeit von ‚Therapieverstehen' (Anwendung der theoretisch-wissenschaftlichen Grundlagen) als dem allgemeinen *und* hermeneutischen ‚Fallverstehen' (Kenntnis und Reflexion des Einzelfalles) als dem Besonderen (Sahle 1984, 2 f.). In der Beratungskommunikation mit dem klinischen Soziologen geht es demgegenüber in dominanter *Sach- bzw. Sozialweltorientiertheit*, also nicht *Person- bzw. Identitätsorientiertheit*, um die nachträgliche Symbolisierung und Purifizierung von Begründungen von Entscheidungen für Handlungsalternativen im Alltagsleben (vgl. auch Dewe/Radtke 1989).

Selbstvergewisserung, die die soziologische Denkweise hervorbringt, stets aus einem dem Alltagshandelnden aufgrund der Situationsinvolviertheit, einem hohen Maße an Betroffenheit und dem nicht suspendierbaren Handlungszwang nur bedingt oder latent verfügbaren Handlungswissen (im Sinne eines tacit knowledge), speisen. Dieser Umstand verweist auf die von Gadamer (1972) reklamierte Universalität jeglicher hermeneutischer Verstehensprozesse in zweifacher Hinsicht: *Soziologische Wissenserzeugung* ist im Prinzip an die sprachliche Verfaßtheit aller Wirklichkeitsdeutungen und an die Nichthintergehbarkeit alltagssprachlich verfügbarer Kompetenzen gebunden und im *Vermittlungsprozeß* kann *soziologisches Begründungswissen* nur auf die Chance der lebenspraktischen Selbstapplikation hoffen, wenn es sich im Medium von Alltagssprache reformulieren läßt (vgl. Ingrim 1984).

Deutet man die Metapher des klinischen Soziologen erkenntnistheoretisch, so gilt für die in Rede stehende beratende Rekonstruktion im Sinne soziologischer Deutungsangebote zur Selbstvergewisserung lebenspraktisch Handelnder, daß Letztere — gleichsam als Bedingung der Möglichkeit des ‚Gewinnens der Einsicht' zwecks Selbststrukturierung „schlecht definierter Probleme und Situationen" (Kaufmann 1984, 370) — in eine *situativ hergestellte*, der soziologischen Denkweise vergleichbare *Einstellung des distanzierten Beobachters ihres eigenen sozialen Wirkungszusammenhangs* versetzt werden müssen. Die intuitive Alltagserkenntnis wird in ihrer natürlichen Fähigkeit zum ‚abduktiven Schließen' gleichsam konditioniert: In der Handlungsunterbrechung der beratenden Rekonstruktion wird mittels hermeneutisch-analytischer und taktisch-rhetorischer Kompetenz des Soziologen (Badura 1972) verdrängtes bzw. latent verfügbares Handlungswissen je problembezogen versprachlicht (Kopperschmidt 1976).

„Faktisches, d. h. Dialogpartnern unmittelbar zugängliches, kommunikatives Handeln ist in der Regel ... immer schon das Produkt taktisch-rhetorischer, d. h. wirkungsorientierter Überarbeitung der zunächst hermeneutisch-analytisch angeeigneten Information" (Badura 1972, 252).

Dialoghermeneutik und -rhetorik umfassen den Bereich des Beziehungsverstehens und den Bereich des Redeverstehens.[31]) Soziolgie als beratende Rekonstruktion ist folglich gebunden an die Unterbrechung des alltagsweltlichen Handlungsflusses; sie ist eine Situation *außerhalb* der Alltagspraxis, ansonsten ließe sich die weiter oben erwähnte handlungslogische Differenz zwischen Sozialwissenschaftlern und Alltagshandelnden schon als Bedingung der Möglichkeit einer situativ herzustellenden Reziprozität der Perspektiven zwischen beiden Parteien nicht überbrücken. Erkenntnislogisch betrachtet, unterscheiden sich die professionelle ‚Verstehenskunst' des klinischen Soziologen (als wissenschaftlicher Hermeneut) von den Kompetenzen der Daseinshermeneutik und Alltagsintuition, wie sie im Vollzug der Lebenspraxis von jedermann wirksam sind, lediglich graduell und nicht qualitativ:

---

[31]) Jenseits technokratischer Ausprägungen von Rhetorik, die Überredungsrede und Verhaltensänderung implizieren, betrachtet Rhetorik als Theorie des handlungsauslösenden Sprechens (Geißner 1975) bzw. als Theorie sozialsprachlichen Handelns „Sprechen als soziales Handeln par excellence" (Freese 1967).

„So ist die Kunst des Verstehens — was auch immer ihre Mittel und Wege seien — offenbar nicht direkt von der Bewußtheit abhängig, mit der sie ihren Regeln folgt. Auch hier setzt sich ein natürliches Vermögen, das jeder hat, in ein *Können* um, durch das einer alle anderen übertrifft, und die Theorie kann bestenfalls nur sagen, warum. In beiden Fällen besteht ein Verhältnis der Nachträglichkeit zwischen der Theorie und dem, woraus sie abstrahiert ist und was wir Praxis nennen" (Gadamer 1971, 60).

Für die Handlungssituation des klinischen Soziologen in der beratenden Rekonstruktion ist gleichsam konstitutiv, daß die Regeln, nach denen ein Alltagshandelnder Texte über die soziale Realität produziert, die gleichen sind, mit denen das Verstehen dieser Texte möglich ist. Miteinander sprechen ist die soziale Interaktion, die prinzipiell auf Verständigung zielt. Wie miteinander reden auf Verständigung, so ist Sichverständigen auf miteinander sprechen verwiesen. Dieses Wechselverhältnis von ‚Verstehen' und ‚Reden' hebt Badura (1972) hervor, wenn er darauf hinweist, daß das Äußern und Verarbeiten der kommunikativen Akte im Interaktionsvollzug bei Sprecher und Hörer davon abhängt, daß beide Rhetorik und Hermeneutik einsetzen.[32]) Daß die ‚hermeneutische Kompetenz'

[32]) „Mit der Rhetorik steht erstens eine gegenstandsbezogene Theorie zur Verfügung, die angeben kann, wie der als textförmig erkannte Prozeß sozialen Handelns in systematischer Verallgemeinerung kategorial in seiner Strukturiertheit erfaßt werden kann. Sie erfaßt über die formalen Regeln der Produktion von Sprechakten hinaus auch noch die konkreten, zeit- und kulturspezifischen Inhalte und Formen, die Handlungen generieren und legitimieren. Die plausible argumentative Begründung geplanter oder vergangener Handlungen ist immer nur möglich in bezug auf eine begrenzte Adressatengruppe und unter Anwendung der in dieser Gruppe geteilten Prämissen und Denkfiguren. Das Einzelinteresse des Subjekts kann sich nur im Medium der Regeln realisieren und legitimieren, die von den potentiellen Adressaten (‚generalized other') einer notwendig werdenden Rechtfertigung akzeptiert werden. So gesehen repräsentieren die in der nachträglichen Rechtfertigung gebrauchten Redefiguren die Entscheidungen, die den Handlungen vorausgehen. In der nachträglichen Symbolisierung werden sie aus dem Bereich des ‚tacit knowledge' herausgeholt und gewinnen eine kommunizierbare Realität, die sich außerhalb des handlungsunterbrechenden Diskurses nicht haben. Der Handelnde wird in den allermeisten Fällen die Entscheidung über Handlungsalternativen nicht ‚bewußt' treffen, sondern gesteuert durch Abkürzungsverfahren, die über Indikatoren bewährte Handlungsschemata in Gang setzen. Wird aber in realen Handlungskrisen oder künstlich, in wissenschaftlichen oder therapeutischen Arrangements, die Handlungsgrundlage problematisiert, können die Gründe für eine Entscheidung nachträglich expliziert werden. Die zur Legitimation vorgebrachten Argumente müssen sich den in der Rhetorik formulierten Bedingungen beugen und vereinigen in dieser Formbestimmtheit individuelles Motive und objektive Struktur. Ein solches Modell sozialen Handelns kommt *ohne* die Annahme eines grundsätzlich gestörten Verhältnisses des Subjekts zu seinem Text aus. Der Text als Produkt eines deutungsmächtigen Subjekts spiegelt vielmehr in seinem Adressatenbezug die gesellschaftlichen (Macht)verhältnisse direkt wider und wird als Protokoll sichtbar, in dem die sozialen Strukturen der Herrschaft symbolisch repräsentiert sind. Mit der Rhetorik steht zweitens eine Metatheorie der Konstitution von Sinn zur Verfügung, die nachträglich angeben kann, wie und warum unsere natürliche Kompetenz des Verstehens greift. Sie rekonstruiert diese nicht nur in ihrer formalen, sondern auch in ihrer substantiellen Seite, d. h. der sozialen und kulturel-

Rede und Gespräch umfaßt, wird vorausgesetzt, daß aber auch die ‚rhetorische Kompetenz' nicht nur Rede, sondern auch Gespräch umfaßt, macht Badura dadurch deutlich, daß er ausdrücklich Dialoghermeneutik auf Dialogrhetorik bezieht und umgekehrt. Letztlich mache „die Bestimmung der Adäquatheit hermeneutischer Arbeit den inneren Zusammenhang und die oft bloß analytische Trennbarkeit von Hermeneutik und Rhetorik deutlich" (a. a. O., 251). Unter hermeneutisch-analytischer Beraterkompetenz verstehe ich die Fähigkeit zur adäquaten Situationserfassung, „d. h. zur adäquaten Aufnahme, Transformation und Erzeugung" von Wissen und Handlungstexten, „die Kommunikationspartner benötigen, um eine ‚kompetente' Behandlung von Kommunikationsthemen und eine korrekte Einschätzung ihrer selbst und der Entwicklung ihrer Beziehungen zu den jeweiligen Kommunikationspartnern zu ermöglichen". Die Adäquatheit hermeneutischer Arbeit bemißt sich nach dem Ausmaß, in dem es Kommunikationspartnern gelingt, ihre Dialogabsichten oder allgemeiner: ihre Kommunikationsziele, zu verwirklichen. Die Bestimmung der Adäquatheit hermeneutischer Arbeit macht den inneren Zusammenhang und die oft bloß analytische Trennbarkeit von Hermeneutik und Rhetorik deutlich. Unter taktisch-rhetorischer Kompetenz verstehe ich die situationsbezogene Fähigkeit, zur „Umwandlung der im Verlauf hermeneutischer Arbeit langfristig oder kurzfristig gewonnenen und verarbeiteten Information" (a. a. O.) und Wissensbestände.[33])

Fortsetzung Fn. 32.

len Einbettung in eine vorgängige Verständigung. Sie verweist damit auf historische Zusammenhänge, die dem sozialen Wandel unterliegen. Im Gegensatz zu strukturalistischen, auf Universalien zielenden Ansätzen, bleibt in der Rhetorik die konkrete Situation der Bezugspunkt, in der die Deutungsmuster jeweils neu ihre Gültigkeit und Wirksamkeit erweisen müssen. Die Rhetorik ist (a) die methodische Disziplinierung der Intuition, indem sie rational nachkonstruiert, wie und warum die Zahl möglicher erster Prämissen zu begrenzen ist. Mit ihr als Entwurf einer Heuristik kann ein begründeter Einstieg in die Interpretation alltagssprachlicher Rede gesucht werden. Die Rhetorik kann (b) als Metatheorie des Argumentierens nachträglich reflexiv die Plausibilisierungsanstrengungen, die zur Begründung der Interpretation im Kontext des wissenschaftlichen Diskurses unternommen worden sind, transparent machen und der Kritik öffnen. Weil in ihr die Argumentationsfiguren, deren sich der Argumentierende zur Erzeugung von Zustimmungsbereitschaft bedient, bewußt verfügbar sind, können sie den Verlauf von Argumentationen selber noch einmal beurteilen. Wenn die wissenschaftliche Argumentation sich ihres rhetorischen Charakters vergewissert, wenn sie also eingesteht, daß ihre Beweisführung sich von der mathematisch-logischen Demonstration durch Ko- und Kontextabhängigkeit bedachten, d. h. adressaten-bezogenen Duktus unterscheidet, dann wird sie — gleichsam in wissenssoziologischer Perspektive — die Geltungsbedingungen ihrer Argumentationen argumentativ einholen, und so die Geltung von Argumenten verteidigen, begrenzen oder bezweifeln. Damit kommt sie zwar aus dem hermeneutischen Zirkel nicht heraus, sie braucht aber auch nicht bei der Mystifikation von intuitiven Verstehensleistungen stehen zu bleiben, über deren Zustandekommen sie — im „Sinne der dauernden Erweiterung von Erkenntnischancen — zumindest heuristisch Auskunft geben kann" (Radtke 1985, 44 f.).

[33]) Es gehört zu den Aufgaben soziologischer Wissenserzeugung und -vermittlung in der Praxis des „klinischen Soziologen" als Berater im persuasiven Dialog mit Alltags-

Begründungsalternativen für lebenspraktische Handlungsentscheidungen zu entwickeln, setzt auf seiten des beratenden Soziologen die Fähigkeit der „Dechiffrierung des Erscheinenden" (Bonß 1984) bzw. der Dekodierung der sozialen Grammatik des repräsentierten Handlungszusammenhangs voraus, indem er das *Singuläre* des lebenspraktischen Handlungsproblems ins *Allgemeine* einer intersubjektiven Perspektive zu transformieren versucht (Soeffner 1982). Auf seiten des Alltagshandelnden setzt es die Bereitschaft zur Selbstentfremdung (in der Form der Distanzierung zum eigenen Handeln) voraus, denn nur so kann dieser alternative Deutungen rezipieren.

So ist die hermeneutische Ausgangssituation prägend für die beratende Wissenserzeugung und der explikative Diskurs in der Beratungssituation zwischen Soziologen und sozialwissenschaftlichem Laien bleibt der persuasiven Kommunikation verpflichtet, hängt es doch vom rhetorischen Habitus des Beraters ab, ob es diesem gelingt, im Kampf um Anerkennung der Argumente sein Gegenüber in eine perspektivische Distanz zu seinem Handeln bzw. Handlungsproblem zu bringen, was erst Erkenntnischancen und Einsichten möglich macht.

Gelingt dieses Unternehmen, ist für die Applikation reflexiver Begründungen praktischen Handelns nur der Alltagshandelnde in seiner Lebenspraxis selbst zuständig: Dieser kann in der „Dimension der klugen Applikation" (Habermas 1983) mehr oder weniger befangen operieren; aber es sind prinzipiell Lern- und Aufklärungsprozesse möglich.

Fortsetzung Fn. 33.
handelnden die aus „gesprochener Sprache" gemachten Akte rhetorischer Kommunikation nachträglich kritisch zu reflektieren.

Literaturverzeichnis

Abbot, A., (1983): Professional Ethics, in: American Journal of Sociology, Vol. 88, S. 855—885.

Adler, M., (1924): Wissenschaft und soziale Struktur, in: Verhandlungen des 4. Deutschen Soziologentages, Stuttgart.

Adorno, Th.W., (1975): Theorie der Halbbildung, in: Horkheimer, M./Adorno, Th.W.: Sociologica II (Frankfurter Beiträge zur Soziologie 10), Frankfurt am Main, S. 168—192.

Ders., (1965): Soziologie und emprische Forschung, in: Topitsch, E., (Hrsg.): Logik der Sozialwissenschaften, Köln/Berlin.

Albrecht, G., (1975): Nicht-reaktive Messung und Anwendung historischer Methoden, in: Kollwijk, J. v./Wieken-Mayser, M. (Hrsg.): Techniken der empirischen Sozialforschung, Bd. 2, Münschen/Wien, S. 9—81.

Ders., G., (1985): Professioneller Altruismus am Beispiel der Nichtseßhaftenhilfe, in: H. Bellbaum, (Hrsg.): Helfen und helfende Berufe als soziale Kontrolle, Opladen, S. 125—153.

Albrecht, R., (1981): Alltagsleben/Variationen über einen neuen Forschungsbereich, in: Neue Politische Literatur, Heft 26, S. 1—12.

Albrow, N., (1970): The role of the Sociologist as a Professional, in: Halmos, S., (Hrsg.): The Sociology of Sociology. The Sociological Monograph, Vol. 16, University of Keele, S. 110 ff.

Ders., (1972): Society, Social Action and Clinical View, in: The Insurgent Sociologist, Vol. 12, S. 540—561.

Alemann, H.v., (1975): Organistorische Faktoren im Wissenstransfer. Eine explorativ Untersuchung zur Situation in den Sozialwissenschaften, in: König, R./N. Stehr (Hrsg.), Wissenschaftssoziologie, Opladen, S. 254—286.

Apel, K.-O., (1972): Communication and the Foundations of Humanities, Acta Sociologica, Vol. 15, S. 127—145.

Ders., (1975): Der Denkweg von Charles S. Peirce. Eine Einführung in den Amerikanischen Pragmatismus, Frankfurt am Main.

Ders., (1977): Typs of Social Science in the Light of human Interestes of Knowledge, in: Social Research, Vol. 44, S. 425—470.

Arbeitsgruppe Bielefelder Soziologen, (Hrsg.), (1973): Alltagswissen, Interaktionen und gesellschaftliche Wirklichkeit, 2 Bände, Reinbek.

Archibald, K.A., (1976): Drei Ansichten über die Rolle des Experten im politischen Entscheidungsprozeß: Systemanalyse, Inkrementalismus und klinischer Ansatz, in: Badura, B., (Hrsg.), Frankfurt am Main, S. 187—203.

Argyris, C., (1975): Untersuchung der Beratungsbeziehung, in: Bennis, W.G., u.a., (Hrsg.): Änderung des Sozialverhaltens, Stuttgart, S. 341—374.

Arp, H./Hergt, G., (1963): Übersetzungsmöglichkeiten von wissenschaftlichen und praktischen Orientierungsformen, in: KZfSS, Heft 15, S. 542—553.

Baacke, D., u. a., (Hrsg.), (1985): Am Ende postmodern, Weinheim/München.

Badura, B., (1972): Kommunikative Kompetenz, Dialoghermeneutik und Interaktion. Eine theoretische Skizze, in: Ders./K. Gloy, (Hrsg.): Soziologie der Kommunikation, Stuttgart/Bad Cannstatt, S. 246—264.

Ders., (Hrsg.), (1976): Angewandte Sozialforschung. Studien über Voraussetzungen und Bedingungen der Produktion, Diffusion und Verwertung sozialwissenschatlichen Wissens, Frankfurt am Main.

Ders., (1978): Zur Rezeptivität gegenüber soziologischem Wissen, in: Soziologie. Mitteilungsblatt der DGS, Heft 2.

Ders., (1980): Gegenexpertise als wissenschaftssoziologisches und wissenschaftspolitisches Problem, in: Soziale Welt, 31. Jg., Heft 4, S. 459—473.

Bäcker, G., (1979): Entprofessionalisierung und Laisierung sozialer Dienste — richtungsweisende Perspektive oder konservativer Rückzug?, in: WSI-Mitteilungen, Heft 32, S. 526—537.

Balog, A., (1980): Alltag als Objekt der Soziologie — Kategoriale Bestimmungen und empirische Untersuchungen, in: Österreichische Zeitschrift für Soziologie, Heft 2/3, S. 118—127.

Banton, M. (1960): Social Distance: A New Apprecation, in: Sociological Review, Vol. 8, S. 169—183.

Bauch, J., (1982): Ärztliche Verbändepolitik, in: Kölner Zeitschrift für Soziologie und Sozialpsychologie, 34. Jg., Heft 4, S. 489—503.

Beck, U., (1980): Die Vertreibung aus dem Elfenbeinturm. Anwendung soziologischen Wissens als soziale Konfliktsteuerung, in: Soziale Welt, 31. Jg., Heft 4, S. 415—441.

Ders., (Hrsg.), (1982 a): Soziologie und Praxis. Sonderheft 1, Soziale Welt.

Ders., (1982): Folgeprobleme der Modernisierung und die Stellung der Soziolgie in der Praxis, in: Ders., (Hrsg.); Soziologie und Praxis: Erfahrungen, Konflikte, Perspektiven. Sonderband der Sozialen Welt 1, S. 1—26.

Ders., (1983): Jenseits von Klasse und Stand? Soziale Ungleichheit, gesellschaftliche Individualisierungsprozesse und die Entstehung neuer sozialer Formationen und Identitäten, in: Soziale Ungleichheiten, Kreckel, R. (Hrsg.), Soziale Welt, Sonderband 2, S. 35—74.

Beck, U./Bonß, W. (1984): Soziologie und Modernisierung. Zur gesellschaftlichen Ortsbestimmung der Verwendungsforschung, in: Soziale Welt, Jg. 35, Heft 4.

Dies. (1985): Was will und wozu dient Verwendungsforschung?, in: Franz, H.W., (Hrsg.): 22. Deutscher Soziologentag. Selektions- und Ad-hoc-Gruppen, Opladen.

Dies. (Hrsg.), (1989): Weder Sozialtechnologie noch Aufklärung? Analysen zur Verwendung sozialwissenschaftlichen Wissens, Frankfurt am Main.

Becker, H. S., (1962): The Natures of a Profession, in: The National Society for the Study of Education, (Hrsg.), Education for the Professions, Chicago.

Becker, M.H., (1970): Factors affecting diffusion of innovations among health professionals, in: American Journal of Public Health, S. 294 ff.

Becker, W., (1981): Soziale Techniken und sozialphilosophische Aufklärung, in: Soziologie, Heft 1, S. 67—74.

Bellebaum, A., (1977): Handlungswert der Soziologie, Vermittlungs- und Verwertungsprobleme, Meisenheim.

Bellebaum, H., et al., (Hrsg.), (1985): Helfen und helfende Berufe als soziale Kontrolle, Opladen.

Bellebaum, H., (1986): Helfen als gesellschaftliches Problem. Berührungspunkte und Konfliktstellen zwischen professioneller und nichtprofessioneller Hilfe, in: Deutscher Caritasverband, (Hrsg.), Ehrenamt und Selbsthilfe, Freiburg, S. 9—43.

Ben-David, J., (1976): Science as a Profession and Scientific Professionalism, in: Exploration in General Theory in Social Science. Essays in Honor of Talcott Parsons, (Hrsg.), Loubser, J.H./R.C. Baum/A. Effrat/M. Lidz, The Free Press, New York, S. 874—888.

Ders., (1980): Sociology and its Uses, in: Schweiz. Zeitschrift für Soziologie / Rev. suisse sociol. 3, S. 351—355.

Bendix, R./Berger, G., (1969): Images of Society and Problems of Concept Formation in Sociology, in: Gross, L., (Hrsg.), Symposium on Sociological Theory, New York, S. 92—118.

Benne, H.D., (1975): Einige moralische Probleme bei der Beratung von Gruppen und Organisationen, in: Bennis, W.G./Benne, K.D. /Chin, R.(Hrsg.), Stuttgart, S. 501—514.

Bennion, F.A.R., (1969): Professional Ethics. The Consult Profession and their Code, London.

Bennis, W.G./Benne, K.D./Chin, R., (Hrsg.), (1976): Änderung des Sozialverhaltens, Stuttgart.

Beratungsforschung, (1979): Bericht über die Tagung des Teilprojektes 17 vom 6.12.—9.12.1978 in Bad Salzschlirf. Nürnberg: Universität, Sonderforschungsbereich Sozialisations- und Kommunikationsforschung.

Berger, P./Pullberg, St., (1965): Verdinglichung und soziologische Kritik des Bewußtseins, in: Soziale Welt, 16. Jg., Heft 2.

Berger, P., (1965): Toward a Sociological Understanding of Psychoanalysis, in: Social Research, Vol. 32, S. 26—41.

Ders./Luckmann, Th., (1969): Die gesellschaftliche Konstruktion der Wirklichkeit, Frankfurt am Main.

Ders./Berger, B./Kellner, H., (1975): Das Unbehagen in der Modernität, Frankfurt am Main/New York.

Ders./Kellner, H., (1984): Für eine neue Soziologie: Ein Essay über Methode und Profession, Frankfurt am Main.

Bergmann, W., (1981): Lebenswelt. Lebenswelt des Alltags oder Alltagswelt? Ein grundbegriffliches Problem alltagstheoretischer Ansätze, in: KZfSS, 33.Jg., Heft 1, S. 50—72.

Bidwell, Ch.E., (1976): The Structure of Professional Help, in: Explorations in General Theory in Social Science. Essays in Honor of Talcott Parsons, (Hrsg.): Loubser, J.J./Baum, R.C./Effrat, A./Lidz, M., The Free Press, New York.

Bittner, U., (1981): Ein Klient wird „gemacht", in: Kardorff, E. v./Koenen, E. (Hrsg.): Psyche in schlechter Gesellschaft. München, S. 103—137.

Bledstein, B., (1976): The Culture of Professionalism: The Middle Class and the Development, Toronto of Higher Education in America, New York.

Böhme, G., (1979): Die Entfremdung der Wissenschaft und ihre gesellschaftliche Aneignung, in: Wechselwirkung, Heft 3, S. 38—43.

Ders., (1980): Technologiekritik als gesellschaftlicher Konflikt, in: Wechselwirkung, Heft 6, S. 54—57.

Ders., G., (1980 a): Wissenschaftskritik und Wissenschaftsalternativen, in: Ders.: Alternativen und Wissenschaft, Frankfurt am Main, S. 9—23.

Ders./v. Engelhardt, H., (Hrsg.), (1979): Entfremdete Wissenschaft, Frankfurt am Main.

Ders./Grebe, J., (1980): Soziale Naturwissenschaft, in: Böhme, G., (Hrsg.): Alternativen der Wissenschaften, Frankfurt am Main, S. 245—270.

Bollinger, H./Hohl, J., (1981): Auf dem Weg von der Profession zum Beruf. Zur Deprofessionalisierung des Ärztestandes, in: Soziale Welt, 32. Jg., Heft 4, S. 440—464.

Bonß, W., (1983): Empirie und Dechiffrierung von Wirklichkeit. Zur Methodolgie bei Adorno, in: Friedeburg, L. v./Habermas, J. (Hrsg.): Adorno-Konferenz 1983, Frankfurt am Main, S. 201—224.

Ders./Hartmann, H., (1985). Konstruierte Gesellschaft, rationale Deutung. Zum Wirklichkeitscharakter soziologischer Diskurse, in: Dies., (Hrsg.): Entzauberte Wissenschaft, Zur Relativität und Geltung soziologischer Forschung, Soziale Welt, Sonderband 3, S. 9—46.

Boreham, S., (1983): Indetermination Professional Knowledge, Organization and Control, in: The Sociological Review, Vol. 31, S. 693—718.

Bornewasser, M./Faltin, G./Munsche, S., (1977): Abschlußbericht des Projektes III a: „Weiterbildung für nicht-wissenschaftliche Mitarbeiter an der Hochschule", im Modellversuch „Wissenschaft und berufliche Praxis in der Universität Bielefeld", 1. 5. 1974—31. 5. 1977.

Bourdieu, P./Passeron, J.C., (1973): Grundlagen einer Theorie der symbolischen Gewalt, Frankfurt am Main.

Bourdieu, P., (1979): Entwurf einer Theorie der Praxis auf der ethnologischen Grundlage der kabylischen Gesellschaft, Frankfurt am Main.

Bourricaud, F., (1979): Individualistic Mobilization and the Crisis of Professional Authority, in: Daedalus, Vol. 108, Heft 2, S. 1—20.

Brack, R., (1983): Professionalisierung als Beitrag zu emanzipatorischem und solidarischem Handeln, in: Taub-Bernasconi, S./Passavant, v. Ch./Wagner, A. (Hrsg.): Theorien und Praxis der sozialen Welt. Entwicklung und Zukunftsperspektiven, Bern/Stuttgart, S. 97—117.

Braun, H., (1971): Gesellschaftliches Wissen und Wissen von der Gesellschaft, Stuttgart.

Ders., (1972): Wissenschaft und soziale Praxis. Zur Rolle der Soziologie in der Sozialarbeit, in: KZfSS, 24. Jg., S. 342—356.

Braun, H./Hahn, A., (1973): Wissenschaft von der Gesellschaft, Entwicklung und Probleme, München.

Brown, R., (1963): Explanation in Social Science, London.

Brown, R. H., (1983): Theories of Rhetoric and Rhetorics of Theory — Towards a Political Phenomenology of Sociological Truth, in: Social Research, Vol. 50, S. 126—157.

Bruder, H.-J., (Hrsg.), (1984): Pragmatismus, in: Kerber, H./Schmieder, A. (Hrsg.): Handbuch der Soziologie, Reinbek, S. 448—452.

Brunkhorst, H., (1978): Praxisbezug und Theoriebildung. Eine Kritik des Modells entsubjektivierter Wissenschaft, Frankfurt am Main.

Bryman, A., (1984): The Debate of Quantitative and Qualitative Research: a Question of Method or Epistemology, in: The British Journal of Sociology, Vol. 35, Heft 1, S. 75—92.

Bude, H., (1982): Text und Soziale Realität, in: ZSE, Heft 1.

Ders., (1984): Rekonstruktion von Lebenskonstruktionen, in: Kohli, M./Robert, G. (Hrsg.), Biographie und soziale Möglichkeit, Stuttgart, S. 7—28.

Burkart, G., (1982): Strukturtheoretische Vorüberlegungen zur Analyse universitärer Sozialisationsprozesse, in: KZfSS, S. 444—468.

Burrichter, C./Müller, H.J./Pingel, U., (1977): Zur Funktion wissenschaftlichen Wissens in Prozessen gesellschaftlicher Problemwahrnehmung und -definition, (unveröff. Manuskript), Erlangen.

Carr-Saunders, A. M./Wilson, P. A., (1933): The Professions, Oxford University Press.

Castell, R., (1976): Psychoanalyse und gesellschaftliche Macht, Kronberg.

Charney, E., (1972): Patient-Doctor Communications. Implications of the Role of the Expert, in: Pediatric Clinics of North America, Vol. 19, S. 263—279.

Cherniss, C., (1980): Professional Burnout in Human Service Organization, New York.

Cherns, A. B., (1979): Using the Social Science, London.

Ders., (Hrsg.), (1976): Sociotechnics. London.

Cherwitz, R., (1977): Rhetoric as a „Way of Knowing": An Attenuation of the Epistemological Claims of „New Rhetoric", in: Southern Speech Communication Journal, Vol. 42, S. 219—231.

Christoph, K., (1982): Die Wissenschaft und ihre „Adressaten" — Probleme sozialwissenschaftlichen Lehrens und Lernens, in: Leviathan, Heft 4, S. 514—530.

Clemenz, M., (1978): Diskurs, Beratung, Therapie. Überlegungen zu einer Metatheorie psychosozialer Beratung, in: Neue Praxis, Sonderheft.

Cicourel, A. C., (1970): Methode und Messung in der Soziologie, Frankfurt am Main.

Claessens, D., (1963): Soziologie als Beruf und das Problem möglicher Normativität angewandter Soziologie, in: Soziale Welt, Heft 14, S. 264 ff.

Conrad, J., (1980): Bürgerinitiative und wissenschaftliche Expertise, (unveröff. Manuskript), Frankfurt am Main.

Cornelissen, W., (1976): Zur Verbreitung und Umsetzung von sozialwissenschaftlichem Wissen in der Lebenswelt, in: Politische Bildung, Heft 9, S. 41—57.

Ders. et al., (1973): Untersuchungen. Transfererenz von wissenschaftlichem und lebensweltlichem Wissen — Überlegungen zu einem Forschungsvorhaben der GHS Duisburg.

Crawford, E./Rokkan, S., (Hrsg.), (1976): Sociological Praxis: Current Roles and Settings, London.

Crozier, M./Friedberg, E., (1979): Das Problem der Rationalität von Entscheidungen, in: Dies., Macht und Organisation. Die Zwänge kollektiven Handelns, Frankfurt am Main.

Daele, v. d., W., (1981): Gesellschaftliche Konstitution und gesellschaftliche Kritik der Wissenschaft, in: Soziologische Revue, Heft 4, S. 19—30.

Ders./Weingart, P., (o. J.): The Utilization of the Social Sciences in the Federal Republic of Germany: an Analysis of Factors of Resistance and Receptivity of Science ..., Bielefeld.

Dies., (1975): Resistenz und Rezeptivität der Wissenschaft, in: ZfS, Heft 4, S. 146 ff.

Dies., (1976): Die Anwendung der Sozialwissenschaften in der Politik. Faktoren der Resistenz und Rezeptivität der Wissenschaft, in: Strasser, H./Knorr, K. D. (Hrsg.), Soziale Prozesse der Wissenschaftsentwicklung, Frankfurt am Main, S. 110 ff.

Daheim, H., (1967): Der Beruf in der modernen Gesellschaft, Köln.

Ders., (1973): Professionalisierung. Begriffe und einige latente Makrofunktionen, in: Soziologie. Sprache, Bezug zu anderen Wissenschaften. (Hrsg.): Albrecht, G./Daheim, H. /Sack, F., Opladen, S. 232—244.

Ders., (1977): Berufssoziologie, in: Handbuch der empirischen Sozialforschung, Band 8, Beruf, Industrie, Sozialer Wandel, in: R. König, (Hrsg.), Stuttgart, S. 1—00.

Ders., (1982): Zu einer Zwischenbilanz der soziologischen Berufsforschung, in: Schmidt, G./Braczyk, H.-J./Knesebeck, J. v. D. (Hrsg.), Materialien zur Industriesoziologie, Sonderheft 24 der Kölner Zeitschrift für Soziologie und Sozialpsychologie, S. 372—384.

Dahrendorf, R., (1958): Homo Sociologicus, in: KZfSS, 2. Jg., Heft 2, S. 178—208 und Heft 3, S. 345—378.

Ders., (1976): Die Soziologie und der Soziologe. Zur Frage von Theorie und Praxis, Konstanz.

Ders., (1982): Keine Revolutionswissenschaft. Die Soziologie kann keine Anweisung zum Handeln sein, in: Die Zeit, Nr. 33 vom 13.08.1982.

Dechmann, M. D., (1976): Teilnahme und Beobachtung als soziologisches Basisverhalten, Bern und Stuttgart.

Denzin, N., (1970): The Research Act, Chicago.

Derschka, P./Stöber, A., (1977): Grundlagen der anwendungsbezogenen Sozialwissenschaft, Opladen.

Devereux, G., (1974): Angst und Methode in den Verhaltenswissenschaften, Berlin.

Dewe, B., (1982): Zur Wissenssoziologie institutionalisierter Bildungsprozesse. Wissenschaftsorientierte Informationsstrukturen und erfahrungsgeprägtes Wissen, in: Axmacher, D., u. a. (Hrsg.), Sozialwissenschaften und Gesellschaft, Band 4, Universität Osnabrück, S. 85—136.

Ders., (1983): Wissensstrukturen im Handlungsfeld der Erwachsenenbildung, Max-Planck-Institut Berlin.

Ders./Ferchhoff, W./Peters, F., (1978): Über einige Möglichkeiten und Grenzen interaktionstheoretischer Handlungsanalyse, in: Neue Praxis, Heft 4, S. 352—360.

Ders./Ferchhoff, W., (1984): Alltag, in: Handbuch der Soziologie (Hrsg.), Kerber, H./Schmieder, A., Reinbek, S. 16—24.

Ders./Ferchhoff, W./Sünker, H., (1984): Alltagstheorien, in: Eyferth, H./Otto, H.-U./ Thiersch, T. (Hrsg.), Handbuch der Sozialarbeit/Sozialpädagogik, Neuwied, S. 56—72.

Ders./Otto, H.-U., (1980): Über den Zusammenhang von Handlungspraxis und Wissensstrukturen in der öffentlichen Sozialarbeit — Einleitende Bemerkungen zum regulativen Handlungsbezug sozialer Deutungsmuster in der Experten-Laien-Interaktion sozialer Dienstleistungen, in: Neue Praxis, Heft 2, S. 127—149.

Dies., (1984): Professionalisierung, in: Eyferth, H./Otto, H.-U./Thiersch, H. (Hrsg.), Handbuch der Sozialarbeit/Sozialpädagogik, Neuwied/Darmstadt, S. 775—811.

Ders./Radtke, F.-O., (1989): Klinische Soziologie — eine Leitfigur der Verwendung sozialwissenschaftlichen Wissens. In: Beck, U./Bonß, W.: Weder Sozialtechnologie noch Aufklärung? Analysen zur Verwendung sozialwissenschaftlichen Wissens, Frankfurt am Main, S. 46—71.

Ders./Schmitz, E., (1984): Das Verhältnis soziologischer Erkenntnis und praktischer Erfahrung als Grundproblem sozialwissenschaftlicher Verwendungsforschung, in: Angewandte Sozialforschung, 13. Jg., Heft 1, S. 93—100.

Ders./Wohlfahrt, N., (1985): Professionalismus und Handlungswirksamkeit sozialer Dienstleistungen: Praxisevaluation angloamerikanischer Sozialarbeit, in: Sozialwissenschaftliche Literaturrundschau, Heft 11, S. 121—136.

Diesing, P., (1962): Reason in Society, Urbana, University of Illinois Press.

Döbert, R., (1973): Systemtheorie und die Entwicklung religiöser Deutungssysteme — Zur Logik des sozialwissenschaftlichen Funktionalismus, Frankfurt am Main.

Dreitzel, H.P., (1962): Selbstbild und Gesellschaftsbild. Wissenssoziologische Überlegungen zum Image-Begriff, in: Arch. europ. sociol. III, S. 181—728.

Ders., (1972): Social Science and the Problem of Rationality: Notes on the Sociology of Technocrats, in: Politics and Society, Vol. 2, p. 165—182.

Ders./Kampfer, D., (1983): Wozu noch Soziologie; Zur Situation eines überstrapazierten Fachs, in: Süddeutsche Zeitung, 24./25. September.

Ebbighausen, R., u.a., (1982): Soziologen in der Grauzone?, in: Mitteilungsblatt der Deutschen Gesellschaft für Soziologie, Heft 33, S. 17—60.

Eickelpasch, R./Lehmann, B., (1983): Soziologie ohne Gesellschaft? München.

Elias, N., (1978): Zum Begriff des Alltags, in: Hammerich, K./Klein, M. (Hrsg.), Materialien zur Soziologie des Alltags, Sonderband 20 der KZfSS, S. 22—29.

Ders., (1983): Über den Rückzug der Soziologen auf die Gegenwart, in: KZfSS, 35. Jg., Heft 1, S. 29—40.

Elkana, Y., (o.J.): Science as a Cultural System. Three Lectures held in the Framework of the Boston Colloquium in the Philosophy of Science, The Hebrew University of Jerusalem and the Van Leer Jerusalem Fondation.

Elliott, P., (1972): The Sociology of the Professions. Macmillan Press, London.

Ders., (1973): Professional Ideology and social Situation, in: Sociological Review, 21. Jg., S. 211—228.

Engel, G.V./Hall, R.H., (1973): The Growing Industrialization of the Professions, in: Freidson, E., (Hrsg.), The Professions and Their Prospects, Beverly Hills-London, p. 75—88.

Engelhardt, M. v., (1979): Das gebrochene Verhältnis zwischen wissenschaftlichem Wissen und pädagogischer Praxis, in: Böhme/Engelhardt (Hrsg.), S. 87 ff.

Etzkowitz, H., (1971): Sociology and Practice, in: Social Theory and Practice, Vol. 1, S. 1—9.

Falk, G./Steiner, H. (1973): Soziologen als Konstrukteur von Wirklichkeit ..., in: Steinert, H., (Hrsg.), Symbolische Interaktion, Stuttgart, S. 13 ff.

Ferchhoff, W./Peters, F., (1981): Die Produktion abweichenden Verhaltens, Bielefeld.

Feyerabend, P., (1978): Der wissenschaftliche Realismus und die Autorität der Wissenschaften, Braunschweig.

Ders., (1979): Erkenntnis für freie Menschen, Frankfurt am Main.

Fiala, V., u.a., (1974): Zur Frage der Ethik des Sozialwissenschaftlers, in: Holl, A./Saipt, O. (Hrsg.), Österreichisches Jahrbuch für Soziologie, Wien/Köln, S. 137—179.

Fietkau, H.J., (1981): Soziale Fragen in Wissenschaft und Alltag, in: Aus Politik und Zeitgeschichte, Band 1, S. 17—28.

Filstead, W.J., (1979): Soziale Welten aus erster Hand, in: Gerdes, K., (Hrsg.), Explorative Sozialforschung, Stuttgart, S. 29—40.

de Folter, R.J., (1983): Reziprozität der Perspektiven und Normalität bei Husserl und Schütz, in: Grathoff, R./Waldenfels, B. (Hrsg.), Sozialität und Intersubjektivität, München, S. 157—181.

Foote, N. N., (1974): Putting Sociologists to Work, in: American Sociologist, Vol. 4, S. 125—134.

Foucault, M., (1974): Die Ordnung des Diskurses, München.

Ders., (1981): Archäologie des Wissens, Frankfurt am Main.

Frese, J., (1967): Sprechen als Metapher für Handeln, in: Gadamer, H. G., (Hrsg.), Das Problem der Sprache, Heidelberg, S. 45—55.

Freidson, E., (1959): Specialities without Roots. The Utilization of New Services, in: Human Organization, Vol. 18, S. 112—116.

Ders., (1968): The Impurity of Professional Authority, in: Institutions and the Person. Papers Presented to Everett C. Hughes, (Hrsg.), Becker, H. S./ Geer, B./Riesman, D./Weiss, R.S., Chicago, S. 25—34.

Ders., (1970): Profession of Medicine, New York.

Ders., (1975): Dominanz der Experten — Zur sozialen Struktur medizinischer Versorgung, München.

Ders., (1977): The Futures of Professionalization, in: Stacey, M., (Hrsg.), Health and the Devision of Labour, Croom Helm.

Ders., (1979): Der Ärztestand: berufs- und wissenschaftssoziologische Durchleuchtung einer Profession, Stuttgart.

Ders., (1986): Professional Power. A Study of the Institutionalization of Formal Knowledge, Chicago/London.

Freud, S., (1953): Abriß der Psychoanalyse, Frankfurt am Main, S. 36.

Friedman, R.S., (1971): Professionalism: Expertise and Policy Making, New York.

Friedrichs, R. W., (1970): Sociology of Sociology. Glencoe III.

Gadamer, H.-G., (1967): Die Grenzen des Expertentums, in: Der Mensch und seine Zukunft, Darmstadt, S. 160—168.

Ders., (1971a): Rhetorik, Hermeneutik und Ideologiekritik, in: Theorie, Diskussion, Hermeneutik und Ideologiekritik, Frankfurt am Main, S. 57—82.

Ders., (1971): Replik, in: Hermeneutik und Ideologiekritik, Frankfurt am Main.

Ders., (1972): Wahrheit und Methode. Grundzüge einer philosophischen Hermeneutik, Tübingen.

Gaertner, A., (1979): Beratung als praktischer Diskurs, in: Neue Praxis, Sonderheft „Sozialarbeit und Therapie", Neuwied.

Galliker, M./Hochstrasser, F., (1982): Professionelle Alltagsberatung, in: Psychologie & Gesellschaftskritik, Heft 22/23, S. 51—73.

Garfinkel, H., (1967): Studies in Ethnomethodology, New Jersey.

Ders., (1973): Das Alltagswissen über soziale und innerhalb sozialer Strukturen, in: Arbeitsgruppe Bielefelder Soziologen, (Hrsg.), Alltagswissen, Interaktion und gesellschaftliche Wirklichkeit, Reinbek, S. 189—262.

Garr, M. S., (1984): The Rhetoric of Professionalism: The Professional Identity, Indiana University.

Gassen, H./Schwander, E., (1983): Zuständig sein und überflüssig werden — Zur Problematik professionellen Handelns in den „helfenden Berufen", in: Zeitschrift für Pädagogik, 20. Beiheft, S. 417—441.

Gatzemeier, H./Gerhardus, R., (1971): Vorüberlegungen zu einer Hermeneutik als Wissenschaft, in: Linguistische Berichte, 13. Jg., S. 1—7.

Geissner, H., (1968 a): Zur Hermeneutik des Gesprochenen, in: Sprache und Sprechen, Heft 1, S. 13—30.

Ders., (1968b): Rhetorische Kommunikation, in: Sprache und Sprechen, Heft 1, S. 70—81.

Ders., (1978): Anpassung oder Aufklärung. Zur Theorie der rhetorischen Kommunikation, in: Ders., Rhetorische Bildung, Kronberg.

Geulen, D., (1980): Die historische Entwicklung sozialisationstheoretischer Paradigmen, in: Hurrelmann, K./Ulrich, D. (Hrsg.), Handbuch der Sozialisationsforschung, Weinheim/Basel, S. 15—49.

Ders., (1981): Ursachen und Risiken einer Alltagswende in der Pädagogik, in: Zeitschrift für Pädagogik, 17. Beiheft, Das politische Interesse in der Erziehung und das pädagogische Interesse an der Gesellschaft, S. 71—79.

Ders., (Hrsg.), (1982): Perspektivenübernahme und soziales Handeln. Texte zur sozialkognitiven Entwicklung. Frankfurt am Main.

Giddens, A., (1984): Interpretative Soziologie, Frankfurt am Main.

Girtler, R., (1984): Methoden der quertativen Sozialforschung. Graz—Wien.

Gladow, M./Gotsch, W./Hartmann, R./Schimank, U., (1985): Theoretische Überlegungen zur entwicklungspolitischen Professionalität und Handlungskompetenz, in: Sozialwissenschaften und Berufspraxis, Heft 3, S. 87—97.

Glaser, B. G./Strauss, A.L., (1974): The Discovery of Grounded Theory: Strategies of Qualitative Research, Chicago.

Goldstein, L. J., (1958): The Two Theses of Methodological Individualism, in: British Journal for the Philosophy of Science, Vol. 9, S. I — II.

Goldstein, M. S./Donaldson, P., (1979): Exporting Professionalism: A Case Study of Medical Education, in: Journal of Health and Social Behavior, Vol. 20, S. 322—337.

Goode, W.J., (1960): Experten und Scharlatane, in: Luckmann, Th./Sprondel, W. M. (Hrsg.), Berufssoziologie, Köln, S. 401 ff.

Goode, W. J., (1973): The Theoretical Limits of Professionalization, in: Ders., Explorations in Social Theory, New York, S. 341—382.

Gouldner, A. W., (1952): Cosmopolitans and Locals, in: Administrative Science Quarterly, S. 281—306.

Ders., (1965): Theoretical Requirements of the Applied Social Sciences, in: ASR, Vol. 22, S. 92—102.

Ders., (1973): The Sociologist as Partisan. Sociology and the Welfare State, in: Ders., For Sociology, Kap. 2, London.

Ders., (1974): Die westliche Soziologie in der Krise, Band 2, Reinbek.

Goudsblom, J., (1979): Soziologie auf der Waagschale, Frankfurt am Main.

Grathoff, R., (1978): Alltag und Lebenswelt als Gegenstand der phänomenologischen Sozialtheorie, in: Hammerich, K./Klein, M. (Hrsg.), Materialien zur Soziologie des Alltags, Sonderheft 20 der Kölner Zeitschrift für Soziologie und Sozialpsychologie, S. 67—85.

Ders., (1983): Das Problem der Intersubjektivität bei A. Gurwitsch und A. Schütz, in: Ders./Waldenfels, B. (Hrsg.), Sozialität und Intersubjektivität, München, S. 87—120.

Grühn, D., (1983): Sozialwissenschaften: Berufung ohne Beruf? Dissertation FU Berlin.

Grühn, D./Schroeder, K./Süß, W., (Hrsg.), (1985): Wider das Krisengerede in den Sozialwissenschaften — oder: Wozu noch Soziologie? BDS-Schriftenreihe, Band 8.

Habenstein, R. W., (1963): Critique of „Profession“ as a Sociological Category, in: Sociological Quarterly, Vol. 4, S. 291—300.

Habermas, J., (1965): Analytischhe Wissenschaftstheorie und Dialektik — Ein Nachtrag zur Kontroverse zwischen Popper und Adorno, in: Topitsch, E., (Hrsg.), Logik der Sozialwissenschaften, Köln/Berlin.

Ders., (1968): Technik und Wissenschaft als Ideologie, Frankfurt am Main 1979.

Ders., (1971): Der Universalitätsanspruch der Hermeneutik, in: Wunderlich, D., (Hrsg.), Hermeneutik und Ideologiekritik, Frankfurt am Main, S. 120—159.

Ders., (1973): Wahrheitstheorien, in: Fahrenbach, H., (Hrsg.), Wirklichkeit und Reflexion. Walter Schulz zum 60. Geburtstag, Pfullingen, S. 111—129.

Ders., (1981): Theorie des kommunikativen Handelns, 2 Bände, Band I, Handlungsrationalität und gesellschaftliche Rationalisierung, Band II, Zur Kritik der funktionalistischen Vernunft, Frankfurt am Main.

Ders., (1983): Diskursethik — Notizen zu einem Begründungsprogramm, in: Ders., Moralbewußtsein und kommunikatives Handeln, Frankfurt am Main, S. 29—52.

Ders., (1985): Die neue Unübersichtlichkeit, Frankfurt am Main.

Ders./Luhmann, N., (1971): Theorie der Gesellschaft oder Sozialtechnologie — Was leistet die Systemforschung? Frankfurt am Main.

Ders./Oevermann, U., (o. J.): Podiumsdiskussion zwischen Jürgen Habermas und Ulrich Oevermann in der Johann Wolfgang Goethe Universität, (unv. Ms.), Frankfurt am Main.

Hack, L. et al., (1979): Leistung und Herrschaft, Frankfurt am Main.

Hadorn, R., (1977): Sociologie impossible? in: Schweiz. Zeitschrift f. Soziologie, 3. Jg., S. 143-175.

Halmos, P., (1970): The Personal Service Society, London.

Halmos, P., (1973): Beichtväter des 20. Jahrhunderts, Zürich.

Ders., (Ed.), (1973 a): Professionalization and Social Change, in: The Sociological Monograph, Vol. 20.

Hardin, B., (1977): The Professionalization of Sociology. A Comparative Study: Germany — USA, Frankfurt am Main/New York.

Harrison, J., (1984): Über die Wirkung von Aussagen über das Wissen, in: Ratio, 26. Bd., H. 1, S. 48—53.

Hartmann, H., (1968): Arbeit, Beruf, Profession, in: Soziale Welt, Heft 19, S. 193—216.

Ders., (1980): Verwendungszusammenhänge sozialwissenschaftlicher Ergebnisse, (Ms), Münster.

Ders./Hartmann, M., (1983): Vom Elend der Experten: Zwischen Akademisierung und Deprofessionalisierung, in: Kölner Zeitschrift für Soziologie und Sozialpsychologie, 34. Jg., Heft 2, S. 193—233.

Havelock, R. G., (1969): Planning for innovation through Dissemination and Utilization of Knowledge. Center for Research on Utilization of Scientific Knowledge, University of Michigan, Ann Arbor, Michigan.

Ders., (1973): Educational Innovation in the United States. Center for Research on Utilization of Scientific Knowledge. Institute for Science Research, The University of Michigan, Ann Arbor, Michigan.

Heeren, J. W./Ross, B.L., (1971): Becoming a Reality-Constructionist: An Unexplored Area of Sociology, in: American Sociologist, Vol. 6, S. 88—104.

Helmchen, H./Müller-Oerlinghausen, B., (1978): Möglichkeiten kollegialer Kontrolle, in: Dies., (Hrsg.), Psychiatrische Therapie-Forschung, Ethische und juristische Probleme, Berlin/Heidelberg/New York, S. 113—117.

Helmer, O., (1976): Social Technology, New York/London 1966.

Hermanns, H., (1979): Professions (unveröff. Manuskript), Kassel.

Hesse, H.A., (1972): Berufe im Wandel, Stuttgart.

Heydorn,, H.-J., (1967): Zum Bildungsproblem in der gegenwärtigen Situation, in: Ders., (Hrsg.), Zum Bildungsbegriff der Gegenwart, Frankfurt am Main/ Berlin/München.

Hieber, L., (1978): Vermittlung wissenschaftlichen Wissens in Bürgerinitiativen, in: Blätter für deutsche und internationale Politik, Heft 23, S. 353—361.

Hitzler, R./Honer, A., (1984): Lebenswelt-Milieu-Situation. Terminologische Vorschläge zur theoretischen Verständigung, in: KZfSS, 36. Jg., S. 56—74.

Hoffmann, T.-W., (1979): Die Verwissenschaftlichung der Produktion und das Wissen der Arbeiter, in: Böhme, G./Engelhard, M. v., Frankfurt am Main, S. 229—256.

Hoffmann-Riem, Ch., (1980): Die Sozialforschung einer intepretativen Soziologie, in: KZfSS, 32. Jg., S. 339—372.

Holzinger, W., (1974): Wissen und Handeln in der alltäglichen Lebenswelt. Untersuchungen zu einer Kritik der traditionellen Wissenssoziologie, (unveröff. Diss.), Berlin.

Holzner, B., (1968): Reality Construction in Society, Cambridge (Mass.).

Hopf, Ch., (1979): Soziologie und quantitative Sozialforschung, in: Ders./E. Weingarten, (Hrsg.), Qualitative Sozialforschung, Stuttgart, S. 11—37.

Hörster, R., (1984): Kritik alltagstheoretischer Pädagogik, Weinheim/Basel.

Hughes, E.Ch., (1958): Men and their Work. Glencoe, III.

Husserl, E., (1954): Die Krisis der europäischen Wissenschaften und die transzendentale Phänomenologie, Den Haag.

Iben, G., (Hrsg.), (1981): Beraten und Handeln, München.

Illich, I., et al., (Hrsg.), (1979): Entmündigung durch Experten. Zur Kritik der Dienstleistungsberufe, Reinbek.

Ingrim, D., (1984): Hermeneutics and Truth, in: The Jorunal of British Society of Phenomenology, Vol. 15, no 1, S. 62—78.

Innes, J. M., (1977): Does the Professional Know what the Clients Want?, in: Social Science and Medicine, Vol. 11, p. 635—638.

Jaeggi, U./Berking, H., (1983): Soziologen — Sinnstifter oder Trittbrettfahrer sozialer Bewegungen?, in: Psychologie heute, Heft 26, S. 57—63.

James, W., (1979): Will to Believe, Works, Vol. 6, (1986), Reprint, Cambridge.

Janssen, J., (1979): Beratung: Aspekte zur Krise bürgerlicher Autonomie, in: Nagel, H./Seifert M. (Hrsg.), Inflation der Therapieformen, Reinbek, S. 166—184.

Janovitz, M., (1973): Professionalization of Sociology in: American Journal of Sociology, Vol. 78, p. 106—135.

Jarvie, J. C., (1974): Begriffe und Gesellschaft, in Ders., Die Logik der Gesellschaft. Über den Zusammenhang von Denken und sozialem Wandel, München, S. 205—226.

Joas, H., (1980): Universalität und Rationalität. Über Talcott Parsons Beitrag zur Soziologie der Universität, in: Grohs, G., (Hrsg.), Kulturelle Identität im Wandel. Beiträge zum Verhältnis von Bildung, Entwicklung und Religion. Dietrich Goldschmidt zum 65. Geburtstag, Stuttgart, S. 236—250.

Ders., (1981): Funktionsbedingungen von Wissenschaft und Funktionsprobleme des Arbeitsmarktes, Max-Planck-Institut für Bildungsforschung, Berlin. Typoskript.

Kade, S. (1983): Methoden des Fremdverstehens: ein Zugang zur Theorie und Praxis des Fremdverstehens, Bad Heilbrunn/Obb.

Dies., (1984): Der Krieg der Experten gegen Laien, in: Kursbuch Nr. 78, S. 77—83.

Kairat, H., (1969): „Professions" oder „freie Berufe", Berlin.

Kaiser, A., (1981): Alltagswende in der Pädagogik, Programm und Kritik, in: Pädagogische Rundschau, 35. Jg., Heft 2, S. 111—121.

Kaiser, H. J., (1979): Konfliktberatung nach handlungstheoretischen Prinzipien, Bad Honnef.

Kaiser, H. J./Seel, H.J. (Hrsg.), (1981): Wissenschaft als Dialog. Die methodischen Prinzipien der Beratungsforschung, Weinheim/Basel.

Kamper, D., (1974): Hermeneutik — Theorie einer Praxis, in: Zeitschrift für allgemeine Wissenschaftstheorie, Band 5, S. 39—53.

Karabel, J./Halsey, A. H., (1977): Power and Ideology in Education, New York, Oxford, University Press.

Katz, E./Levin, M. L./Hamilton, H., (1963): Tradition of Research on the Diffusion of Innovation, in: American Sociological Review, 28. Jg., p. 237—252.

Dies., (1972): Geschichte und Stand der Diffusionsforschung, in: Badura, B./Gloy, K. (Hrsg.), Soziologie der Kommunikation, Stuttgart/Bad Cannstatt, S. 25—26.

Kaufmann, F.-X., (1969): Soziologie und praktische Wirksamkeit, in: Schäfers, B., u. a. (Hrsg.), Thesen und Kritik der Soziologie, Frankfurt am Main.

Ders., (1984): Soziologie im Nebel, in: KZfSS, 36. Jg., S. 366—371.

Kellermann, E., (1978): Soziologische Anmerkungen zur These vom Anwendbarkeitsdefizit der Soziologie, in: Österreichische Zeitschrift für Soziologie, 4. Jg., S. 46 ff.

Kellner, H., (1969): Einleitung zu George Herbert Mead: Philosophie der Sozialität, Frankfurt am Main.

Kelmann, H. C., (1976): Die Einflußnahme auf menschliches Verhalten: ein moralisches Problem für den Sozialwissenschaftler, in: Bennis, W. G./Benne, K. D./Chin, R. (Hrsg.), Stuttgart, S. 482—501.

Kern, I., (1979): Die Lebenswelt als Grundlagenproblem der objektiven Wissenschaften und als universales Wahrheits- und Seinsproblem, in: Ströker, E., (Hrsg.), Lebenswelt und Wissenschaft in der Philosophie Edmund Husserls, Frankfurt am Main, S. 68—78.

Keupp, H./Straus, F./Gmür, W., (1989): Verwissenschaftlichung und Professionalisierung. Zum Verhältnis von technokratischer und reflexiver Verwendung am Beispiel psychosozialer Praxis, in: Beck, U./Bonß, W.: Weder Sozialtechnologie noch Aufklärung? Analysen zur Verwendung sozialwissenschaftlichen Wissens, Frankfurt am Main, S. 149—195.

Kisker, K. P., (1975): Mediziner in der Kritik — Allmacht und Ohnmacht einer Heils-Wissenschaft, Stuttgart.

Klages, H., (1977): Der Beitrag der Sozialwissenschaften zur praktischen Politik, in: Wissenschaftszentrum Berlin, (Hrsg.), Frankfurt am Main/New York, S. 315—320.

Knorr-Cetina, K. D., (1983): New Developments in Science Studies. The Ethnographic Challenge, in: The Canadian Journal of Sociology, Vol. 8, No. 2, p. 153-176.

Köckeis-Stangl, E., u.a., (1975): Sozialwissenschaftler in gesellschaftsverändernden Rollen, in: Holl, A./Saipt, O. (Hrsg.), Österreichisches Jahrbuch für Soziologie, Wien/Köln, S. 155—180.

Koch, C./Senghaas, D., (1970): Texte zur Technokratiediskussion, Frankfurt am Main.

Kohli, M., (1978): „Offenes“ und „geschlossenes“ Interview: Neue Argumente zu einer alten Kontroverse, in: Soziale Welt, 27. Jg., Heft 1, S. 1—25.

Kommission der Europäischen Gemeinschaft, (1988²): Wissenschaft in der öffentlichen Meinung Europas, Brüssel.

Kopperschmidt, J., (1976): Allgemeine Rhetorik. Einführung in die Theorie der persuasiven Kommunikation, Stuttgart.

Kriesi, H., (1980): Methoden zur Legitimation soziologischer Praxis, in: Schweiz. Zeitschrift für Soziologie, 6. Jg., S. 383—388.

Ders., (1982): Soziologische Methodologie und die Rebellion der Betroffenen. Überlegungen zur Lage der Soziologie, in: KZfSS, 34. Jg., S. 748—766.

Krüger, L., (1972): Überlegungen zum Verhältnis wissenschaftlicher Erkenntnis und gesellschaftlicher Interessen. Sonderdruck aus der Georgia Augusta, Mai, Nachrichten aus der Universität Göttingen.

Ders., (1974): Über das Verhältnis der hermeneutischen Philosophie zur Logik, in: Hermeneutik und Dialektik, Aufsätze I: Methode und Wissenschaft — Lebenswelt und Geschichte, Tübingen.

Krüger, J., (1975): Wissenschaftliche Beratung und sozialpolitische Praxis, Stuttgart.

Krüger, M., (1981): Wissenssoziologie, Stuttgart/Berlin/Köln/Mainz.

Kudera, S., (1976): Wissenschaft und planende Verwaltung, Frankfurt am Main/München.

Küchler, M., (1981): Kontext — Eine vernachlässigte Dimension empirischer Sozialforschung, in: Matthes, J., (Hrsg.), Lebenswelt und soziale Probleme, Frankfurt am Main, S. 344—354.

Ders., (1983): Quantitative Sozialforschung — ein neuer Königsweg?, in: Garz, D./Kraimer, K. (Hrsg.), Brauchen wir andere Forschungsmethoden? Beiträge zur Diskussion interpretativer Verfahren, Frankfurt am Main, S 9—30.

Lange, E., (1983): Akademiker in der Privatwirtschaft. Eine empirische Untersuchung über den beruflichen Einsatz von Wirtschaftswissenschaftlern, Juristen, Sozialwissenschaftlern und Psychologen in industriellen Großbetrieben, speziell im Bereich des Personal-, Sozial- und Organisationswesens. Stuttgart.

Lampe, K., (1966): Wissenschaftliche Beratung der Politik. Beitrag zur Theorie anwendbarer Sozialwissenschaften, Göttingen.

Lau, Chr., (1982): Zur Rolle von Wissenschaft in öffentlichen Begründungsprozessen (Ms.), Bamberg.

Lee, A. M., (1955): The Clinical Study of Society, in: ASR 20, S. 648—653.

Lepsius, R. M., (1964): Kritik als Beruf — Zur Soziologie der Intellektuellen, in: KZfSS, 16. Jg., S. 75—91.

Ders., (1973): Gesellschaftsanalyse und Sinngebungszwang, in: Albrecht, G., u. a., (Hrsg.), Soziologie — Sprache, Bezug zur Praxis, Verhältnis zu anderen Wissenschaften, Köln/Opladen, S. 105—116.

Ders., (1974): Herausforderung und Förderung der sozialwissenschaftlichen Forschung, in: Soziale Welt, 25. Jg., Heft 1.

Leithäuser, Th./Volmerg, B., (1979): Anleitung zur empirischen Hermeneutik. Psychoanalytische Textinterpretation als sozialwissenschaftliches Verfahren, Frankfurt am Main.

Lenk, H., (1973): Technokratie und Szientismus. Analoges und Verbindendes zu zwei ideologischen Kontroversen, in: Ders. (Hrsg.), Technokratie als Ideologie. Sozialphilosophische Beiträge zu einem politischen Dilemma, Stuttgart, S. 154—172.

Lenzen, D., (Hrsg.), (1980): Pädagogik und Alltag, Stuttgart.

Lewis, R./Maude, A., (1952): Professional People, London.

Levi-Strauss, C., (1975): Das wilde Denken, Frankfurt am Main.

Levy, R., (1983): Alltagsleben — Forschungsproblem oder Problem der Forscher?, in: Schweiz. Zeitschrift für Soziologie, Vol. 9, No. 1, S. 85—98.

Liessmann, K., (1983): Prolegomena für eine hermeneutische Soziologie der Vernunft, in: Österreichische Zeitschrift für Soziologie, Heft 2, S. 188—203.

Lindesmith, A. R./Strauss, A. L., (1968): Social Psychology, New York.

Lippitz, W., (1978): Der phänomenologische Begriff der „Lebenswelt" — Seine Relevanz für die Sozialwissenschaften, in: Zeitschrift für philosophische Forschung, S. 416—435.

Ders., (1980): Lebenswelt oder die Rehabilitierung der vorwissenschaftlichen Erfahrung, Weinheim.

Ders., (1984): Lebenswelt oder Wissenschaft. Eine problematische Alternative, in: Bildung und Erziehung, 37. Jg., Heft 2, S. 169—177.

Lockwood, D., (1984): Social Integration and System Integration, in: Zollschan, G. K./ Hirsch, W., (Ed.), Explorations in Social Change, London, S. 244—257.

Lorenzen, P./Schwemmer, O., (1975): Konstruktive Logik, Ethik und Wissenschaftstheorie. Mannheim/Zürich/Wien.

Lubove, R., (1973). The Professional Altruist. The Emergence of Social Work as a Career 1880—1930, New York.

Luckmann, Th., (1972): Die Konstitution der Sprache in der Welt des Alltags, in: Badura, B./Gloy, K. (Hrsg.), Soziologie der Kommunikation, Stuttgart/ Bad Cannstatt, S. 218—237.

Ders., (1973): Philosophie, Sozialwissenschaft und Alltagsleben, in: Soziale Welt, 24. Jg., Heft 2, S. 137—168.

Ders., (1977): Vorüberlegungen zum Verhältnis von Alltagswissen und Wissenschaft, (unveröff. Ms.), München.

Ders., (1980): Lebenswelt und Gesellschaft. Grundstrukturen und geschichtliche Wandlungen, Paderborn.

Ders., (1981): Einige Überlegungen zu Alltagswissen und Wissenschaft, in: Pädagogische Rundschau 35, S. 91—109.

Ders./Berger, P. L., (1980): Soziale Mobilität und persönliche Identität, in: Luckmann, Th., Lebenswelt und Gesellschaft, Paderborn.

Ders./Gross, P., (1977): Analyse unmittelbarer Kommunikation und Interaktion als Zugang zum Problem der Entstehung sozialwissenschaftlicher Daten, in: Bielefeld, H.-U., u. a., (Hrsg.): Soziolinguistik und Empirie, Wiesbaden.

Lübbe, H., (1977): Legitimationskrise der Wissenschaft. Über einige Ursachen anwachsender Wissenschaftsfeindschaft, in: IBM Nachrichten 27, Heft 234, S. 3—9.

Ders., (1981): Wissenschaft und Staat — Zur Situation der intellektuellen Arbeit und ihrer staatlichen Organisation in den 80er Jahren, in: (Hrsg.), Bodo von Greiff im Auftrag des Präsidenten der Freien Universität Berlin, Das Orwellsche Jahrzehnt und die Zukunft der Wissenschaft, Opladen, S. 80—89.

Ders., (1982): Feindschaft gegenüber Wissenschaft und Technik. Zur Kritik gegenwärtiger Zivilisationskritik, in: FAZ vom 12. Juni 1982.

Lüschen, G., (1979): Anmerkungen zur Entwicklung und zum Praxisbezug der deutschen Soziologie, in: Ders. (Hrsg.), Deutsche Soziologie seit 1945, Sonderheft 21 der KZfSS, S. 20 ff.

Luhmann, N., (1972): Soziologische Aufklärung, in: Ders., Soziologische Aufklärung — Aufsätze zur Theorie sozialer Systeme, Köln/Opladen, S. 66—91.

Ders., (1973): Formen des Helfens im Wandel gesellschaftlicher Bedingungen, in: Otto, H.-U./Schneider, S. (Hrsg.): Gesellschaftliche Perspektiven der Sozialarbeit. Erster Halbband, Neuwied/Berlin, S. 21—43.

Ders., (1977): Theoretische und praktische Probleme der anwendungsbezogenen Sozialwissenschaften, in: Wissenschaftszentrum Berlin (Hrsg.), S. 16 ff.

Ders., (1981): Soziologische Aufklärung, 3. Band, Soziales System, Gesellschaft, Organisation, Opladen.

Ders., (1986): Systeme verstehen Systeme, in: Luhmann, N./Schorr, K. E. (Hrsg.), Zwischen Intransparenz und Verstehen. Fragen an die Pädagogik, Frankfurt am Main, S. 72—116.

Ders./Schorr, K.-E., (1976): Ausbildung für Professionen — Überlegungen zum Curriculum der Lehrerausbildung, in: Haller, H.-D./Lenzen, D. (Hrsg.), Lehrjahre in der Bildungsreform — Resignation oder Rekonstruktion?, Stuttgart, S. 237—277.

Ders./Schorr, K.-E., (1979): Reflexionsprobleme im Erziehungssystem, Stuttgart.

Ders./Schorr, K.-E., (1982): Das Technologiedefizit der Erziehung und die Pädagogik, in: Dies., (Hrsg.), Zwischen Technologie und Selbstreferenz. Fragen an die Pädagogik, Frankfurt am Main, S. 11—40.

MacIver, R. M., (1922): The Social Significance of Professional Ethics, in: The Annals of the American Academy, Vol. 101, p. 5—11.

Lyotard, J. F., (1982): Das postmoderne Wissen, Bremen.

Ders., (1985): Grabmal des Intellektuellen, Graz/Wien.

Mader, W., (1976): Alltagswissen, Diagnose, Deutung: Zur Wirksamkeit von Wissensbeständen in Beratunssituationen, in: Zeitschrift für Pädagogik, 22. Jg., S. 699—714.

Maindok, H., (1977): Soziologie als Profession. (Dissertation, Johann-Wolfgang-von-Goethe-Universität), Frankfurt am Main.

Mannheim, K., (1926): Ideologische und soziologische Interpretation der geistigen Gebilde, Jahrbuch für Soziologie 2, S. 424—440, in: Ders., 1970.

Ders., (1932): Die Gegenwartsaufgaben der Soziologie — Ihre Lehrgestalt, Tübingen.

Ders., (1964): Wissenssoziologie, Auswahl aus dem Werk, eingel. und hrsg. von K. H. Wolff, Neuwied/Berlin 1970.

Ders., (1980): Strukturen des Denkens, hrsg. von D. Kettler/Meja, V./Stehr, N., Frankfurt am Main.

March, J./Simon, H. A., (1958): Organizations, New York.

Marshall, T.H., (1939): The Recent History of Professionalism in Relation to Social Policy, in: The Canadian Journal of Economics and Political Science, Vol. 5, S. 325—340 (wiederabgedruckt: 1963).

Matthes, J., (1973): Sozialarbeit als soziale Kontrolle?, in: Otto, H.-U./Schneider, S. (Hrsg.), Gesellschaftliche Perspektiven der Sozialarbeit, Neuwied/Berlin, S. 107—128.

Ders., (1976): Interaktionstheoretische Soziologie (unveröff. Manuskript), Bielefeld.

Ders., (1980): „Das schlechte Gewissen der Soziologie. Schlüsselwissenschaft unserer Zeit und ihre künstliche Wirklichkeit". FAZ vom 29. November 1980.

Ders., (1983): Die Soziologen und ihre Zukunft, in: Eröffnungsvortrag zum 21. Deutschen Soziologentag in Bamberg 1982, abgedr. in: Ders. (Hrsg.), Krise der Arbeitsgesellschaft, Frankfurt am Main.

Matthiesen, U., (1983): Das Dickicht der Lebenswelt und die Theorie des kommunikativen Handelns, München.

McKinlay, J.B., (1973): On the Professional Regulation of Change, in: Halmos, P. (Hrsg.), Professionalization and Social Change, The Sociological Review Monograph, No. 20, S. 61—84.

Maslach, Ch., (1982): The Cost of Caring, New Jersey.

McKnight, J., (1979): Professionelle Dienstleistung und entmündigende Hilfe, in: Illich u. a., (Hrsg.), Entmündigung durch Experten, Reinbek, S. 37—56.

Mead, G.H., (1968): Geist, Identität und Gesellschaft, Frankfurt am Main.

Ders., (1969): Die objektive Realität der Perspektiven, in: Philosophie der Sozialität, Frankfurt am Main, S. 145—158.

Ders., (1983): „Wissenschaft und Lebenswelt“ und „Eine pragmatische Theorie der Wahrheit“, in: Ders., Gesammelte Aufsätze, Band 2, Frankfurt am Main, S. 14—87.

Ders., (1983 a): „Eine pragmatische Theorie der Wahrheit“, S. 185—210.

Mehan, H./Wood, H., (1976): Fünf Merkmale der Realität, in: Weingarten, E./Sack. F./Schenkein, J. (Hrsg.), Beiträge zu einer Soziologie des Alltagshandelns, Frankfurt am Main, S. 29—63.

Meisenhelder, Th., (1979): The Life-World, in: Sociological Inquiry, Vol. 49, S. 65—68.

Mendelsohn, E./Weingart, P./Whitley, R., (Hrsg.), (1977): The Social Production of Knowledge, Dordrecht/Boston.

Merton, R., (1957): Social Theory and Social Structure, Glencoe, Ill.

Merveldt, D. v., (1974): Soziologie der Soziologen: Eine normative Kritik soziologischer Theorie und Praxis, Stuttgart.

Miller, S. M., (1977): Technipol or Expert? in: Social Policy, Heft 7, S. 4—7.

Mills, C.W., (1963): Kritik der soziologischen Denkweise, Neuwied.

Minsel, W.R., (1975): Das therapiewirksame Beratungsgespräch mit Schülern, Eltern und Kollegen, in: Seiss, R. (Hrsg.), Beratung und Therapie im Raum der Schule, Bad Heilbrunn, S. 122—138.

Mittelstraß, J., (1979): Wissenschaft, Bildung und Religion, in: Konstanzer Universitätszeitung 62, Jg. XVII, Heft 1.

Ders., (1979a): Beratung und Kontrolle, in: Ders., (Hrsg.), Methodenprobleme der Wissenschaften vom gesellschaftlichen Handeln, Frankfurt am Main, S. 384—408.

Ders., (1981): Wissenschaften als Lebensform. Zur gesellschaftlichen Relevanz und zum bürgerlichen Begriff der Wissenschaft, in: Konstanzer Blätter für Hochschulfragen, 71—72, S. 89—109. Wiederabgedruckt in: Ders., Wissenschaft als Lebensform. Reden über philosophische Orientierungen in Wissenschaft und Universität, Frankfurt am Main, S. 11—26.

Mok, A., (1969): Alte und neue Professionen, in: KZfSS, Jg. 21, S. 770—781.

Montagna, P.D., (1973): The Public Accounting Profession — Organization, Ideology, and Social Power, in: Freidson, E., (Ed.), The Professions and their Prosjects, Beverly Hills/London, S. 135—151.

Mulkay, M., (1981): Wissen und Nutzen. Implikationen für die Wissensoziologie, in: Stehr, N./Meja, V.C. (Hrsg.), Wissenssoziologie, Sonderheft 22 der KZfSS, S. 52—72.

Nagel, K., (1975): Widersprüche bei der Beratung von Arbeiterfamilien und ihre Bedeutung für die Tätigkeit des Beraters, in: Wege zum Menschen, Heft 27, S. 306—315.

Nagel, R./Seiffer, F., (Hrsg.), (1979): Inflation der Therapieformen, Reinbek.

Napoli, D. S., (1975): The Architects of Adjustment: The Practice and Professionalization of American Psychology 1920—1945, (PhD. Diss.), University of California.

Nau, E., (1981): Professionalisierung als Konflikt, Frankfurt am Main.

Negt, O., (1971): Exemplarisches Lernen und soziologische Phantasie, Frankfurt am Main.

Neidhardt, F., (1979): Praxisverhältnisse und Anwendungsprobleme der Soziologie, in: Deutsche Soziologie seit 1945, Sonderheft 21 der KZfSS, hrsg. von G. Lüschen, S. 324—342.

Nestmann, F., (1988): Beratung. In: G. Hörmann/F. Nestmann (Hrsg.): Handbuch psychosozialer Intervention, Opladen.

Nettler, G., (1980): Sociologist as Advocate, in: Canadian Journal of Sociology, Vol. 5, S. 31—53.

Niemeyer, Ch., (1984): Die mißlungene Deprofessionalisierungsdiskussion in der Sozialarbeit/Sozialpädagogik, in: Neue Praxis, 14. Jg., Heft 2, S. 153—170.

Niessen, M., (1979): Zur Grundlegung der Pädagogik als Handlungswissenschaft. Das Problem der Alltagsorientierung der Erziehungswissenschaft, in: Zeitschrift für Pädagogik, 25. Jg., Heft 3, S. 331—344.

Nikolaus, M., (1969): The Professional Organization of Sociology, A View from Below, in: The Antioch Review, Vol. 24, S. 599—613.

Novak, P./Zipp, W., (1981): Professionalisierungs- und Deprofessionalisierungstendenzen in der psychosozialen Versorgung, in: Deppe, H.-U./Gerhardt, U./Novak, P. (Hrsg.), Medizinische Soziologie, Jahrbuch 1, Frankfurt am Main/ New York, S. 89—125.

Novotny, H., (1975): Zur gesellschaftlichen Irrelevanz der Sozialwissenschaften, in: König, R./Stehr, N. (Hrsg.), Wissenschaftssoziologie, Sonderheft 18 der KZfSS, S. 445—456.

Ders., (1983): Über den Umgang mit Unsicherheit — Überlegungen zur Zukunft der Sozialwissenschaften. Vortrag am Wissenschaftszentrum Berlin, Oktober.

Nunner-Winkler, G., u. a., (1981): Soziologie: Wissenschaft ohne Beruf, (Gespräch), in: betrifft: erziehung, Heft 4. S. 78—85.

Nunes, M. B., (1984): Professional Culture and Professional Practice, Northwestern University.

Oelkers, J., (1976): Vermittlung zwischen Theorie und Praxis in der Pädagogik, München.

Oevermann, U., (1976): Programmatische Überlegungen zu einer Theorie der Bildungsprozesse und zu einer Strategie der Sozialisationsforschung, in: Hurrelmann, K. (Hrsg.), Sozialisation und Lebenslauf, Reinbek, S. 34—52.

Ders., (1978): Problem der Professionalisierung in der berufsmäßigen Anwendung sozialwissenschaftlicher Kompetenz. Typoskript. Frankfurt am Main.

Ders., (1979): Sozialisationstheorie. Ansätze zu einer soziologischen Sozialisationstheorie und ihre Konsequenzen für die allgmeine soziologische Analyse, in: Lüschen, G. (Hrsg.), Sonderheft 21 der KZfSS.

Ders., (1980): Hermeneutische Methodologie und die Logik professionalisierten Handelns — Ist eine nichttechnokratische Anwendung sozialwissenschaftlicher Wissensbestände möglich? Vortrag gehalten auf dem 20. Deutschen Soziologentag, (unveröff. Manuskript), Bremen.

Ders., (1981): Professionalisierung der Pädagogik — Professionalisierbarkeit pädagogischen Handelns. Mitschrift eines Vortrages im SS 1981 an der FU Berlin.

Oevermann, U., (1983): Versozialwissenschaftlichung der Identitätformation und Verweigerung von Lebenspraxis: Eine aktuelle Variante der Dialektik der Aufklärung (unveröff. Manuskript), o. O.

Ders., (1984): Zur Sache — Die Bedeutung von Adornos methodologischem Selbstverständnis für die Begründung einer materialen soziologischen Strukturanalyse, in: v. Friedeburg, L./Habermas, J. (Hrsg.), Adorno-Konferenz 1983, Frankfurt am Main.

Ders., (1990): Klinische Soziologie, Typoskript, Frankfurt am Main.

Ders./Allert, T./Konau, E./Krambeck, J., (1979): Die Methodologie einer „objektiven Hermeneutik" und ihre allgemeine forschungslogische Bedeutung in den Sozialwissenschaften, in: Soeffner, H.-G., (Hrsg.), Stuttgart, S. 352—434.

Offe, C., (1977): Die kritische Funktion der Sozialwissenschaften, in: Wissenschaftszentrum Berlin, (Hrsg.), S. 321—329.

Ders., (1981): Sozialwissenschaften zwischen Auftragsforschung und sozialer Bewegung, in: Greiff, B. v. (Hrsg.), Das Orwellsche Jahrzehnt und die Zukunft der Wissenschaft, Opladen, S. 98—108.

Ders., (1982): Funktion der Soziologie und Berufspraxis (Interview), BDS-Info Nr. 2.

O'Neill, J., (1978): Vom Wechselbezug zwischen alltäglicher und wisenschaftlicher Erklärung. Ein Essay über das Vertrauen, in: Phänomenologie und Marxismus, Band 3: Sozialphilosophie, hrsg. v. Waldenfels, B./Brockmann, J. M./Pazanin, A., Frankfurt am Main, S. 45—65.

Ders., (1978a): Revolution oder Subversion, Reinbek.

Opp, K. D., (1967): Zur Anwendung sozialwissenschaftlicher Theorien für praktisches Handeln, in: Zeitschrift für die gesamte Staatswissenschaft, Band 123, S. 393—418.

Orlans, H., (1968): The Uses of Sociology. American Sociological Review, Vol. 33, S. 625 ff.

Osiel, M. J., (1984): The Politics of Professional Ethics, in: Social Policy, Vol. 15, No. 1, S. 43—48.

Ottersbach, H.-G., (1980): Der Professionalisierungsprozeß in der Psychologie. Berufliche Strategien der Psychotherapieverbände, Weinheim/Basel.

Outwhaite, W., (1975): Understanding Social Life, London.

Palmer, R. E., (1969): Hermeneutics, Evanston.

Parsons, T., (1951): The Social System, Glencoe.

Ders., (1959): Some Problems Confronting Sociology as a Profession, in: American Sociological Review, Vol. 24.

Ders., (1964): Die akademischen Berufe und die Sozialstruktur, in: Beiträge zur soziologischen Theorie, Neuwied, S. 160—179. (Orig.: The Professions and The Social Structure, in: Social Forces 17/1939, S. 457—467).

Ders., (1968): Professions. Stichwort in: International Encyclopedia of the Social Sciences, Band 12, S. 536—547.

Ders., (1978): Research with Human Subjects and the „Professional Complex", in: Ders.: Action Theory and the Human Condition, New York, S. 35—65.

Patzelt, W.J., (1984): Ein alltagsanalytisches Paradigma? Bericht über ethnomethodologische Schriften und den Forschungsgegenstand, in: Neue Politische Literatur, 29. Jg., Heft 1, S. 3—49.

Peirce, Ch. S., (1961): Die Festigung der Überzeugung, hrsg. v. F. Walther, Baden-Baden.

Ders., (1967): Schriften I. Zur Entstehung des Pragmatismus. Mit einer Einführung, hrsg. v. K.-O. Apel, Frankfurt am Main.

Peirce, Ch. S., (1970): Schriften II. Vom Pragmatismus zum Pragmatizismus. Mit einer Einführung, hrsg. von K.-O. Apel, Frankfurt am Main.

Ders., (1978): Schriften zum Pragmatismus und Pragmatizismus, Frankfurt am Main.

Peisert, H., (1977): Beitrag und Einfluß von Sozialforschung auf die gegenwärtige Kulturpolitik, in: Wissenschaftszentrum Berlin (Hrsg.), Interaktion von Wissenschaft und Politik, Frankfurt am Main/New York, S. 137—165.

Perelman, C./Olbrechts-Tyteca, L., (1969): The New Rhetoric: A Tretise on Argumentation, Paris.

Perrucci, R./Rothmann, R. A., (1969): Obsolescence of Knowledge and the Professional Career, in: Perrucci, R./Gerstl, J. E. (Hrsg.), The Engineer and the Social System, New York.

Pieper, R., (1979): Wissensformen und Rechtfertigungsstrategien — Ein Beitrag zum Vermittlungsproblem zwischen Wissenschaft, Technik und Alltag, in: Soziale Welt, Heft 1, S. 51—69.

Pike, K. L., (1971): Language in Relation to a Unified Theory of the Structure of Human Behavior, 2. revidierte Auflage, Den Haag.

Plessner, H., (1966): Soziale Rolle und menschliche Natur, in: Ders., Diesseits der Utopie. Ausgewählte Beiträge zur Kultursoziologie, Düsseldorf/Köln.

Popper, K., (1972): Objektive Erkenntnis. Ein evolutionärer Entwurf, Hamburg.

Portele, G., (1981): Krise des Studiums als Krise der Wissenschaften, in: Unter dem Pflaster liegt der Strand, Heft 8, S. 65—82.

Pozzuto, R. Ch., (1982): Scientific Sociology, Alienation and Community, University of Oregon.

Psathas, G., (1980): Approaches to the Study of the World of Everyday Life, in: Human Studies, S. 3—17.

Rabinowitz, K. R., (1984): Perception of Organizational and Clinical Social Worker Autonomy: Implications for Conflict, Organizational Alienation and Burnout, Yeshiva University.

Radtke, F.-O., (1981): Pädagogische Konventionen. Zur Topik eines Berufsstandes. Weinheim—Basel 1983.

Radtke, F.-O. (1985): Hermeneutik und soziologische Forschung, in: Bonß, W./Hartmann, H. (Hrsg.): Entzauberte Wissenschaft. — Zur Relativität und Geltung soziologischer Forschung. Soziale Welt, Sonderband 3, S. 321—349.

Raschke, P./Schliehe, F./Schneider, S., (1979): Probleme advokatorischer Handlungsorientierungen am Beispiel von Modelleinrichtungen, in: Kaufmann, F.-X. (Hrsg.), Bürgernahe Sozialpolitik, Frankfurt am Main, S. 451 ff.

Rauskolb, Ch, (1976): Lobby in Weiß: Struktur und Politik der Ärzteverbände, Frankfurt am Main.

Ridder, P., (1982): Not und Hilfe: Sozialer Wandel personenbezogener Dienste. Vorlage zum 21. Deutschen Soziologentag in Bamberg.

Riegel, K. G., (1974): Öffentliche Legitimation der Wissenschaft, Stuttgart/Berlin/Köln/Mainz.

Rosemayr, L., (1977): Soziologie auf der Suche nach konkreter Praxis. Ein Beitrag zur Selbstprüfung einer Wissenschaft, in: Baier, H. (Hrsg.), Freiheit und Sachzwang, Beiträge zu Ehren Helmut Schelskys, Opladen, S. 23 ff.

Ders., (1977): Über das Anwendbarkeitsdefizit der Soziologie, in: Becker, A. M./Reite, L. (Hrsg.), Geist und Psyche, Psychotherapie als Denken u. Handeln, München, S. 197 ff.

Rosenthal, D. E., (1974): Lawyer and Client — Who's in charge? New York, S. 1—28.
Roth, H., (1962): Die realistische Wendung in der pädagogischen Forschung, in: Neue Sammlung 2, Heft 6.
Roth, J. A., (1974): Professionalism. The Sociologist's Decoy, in: Sociology of Work and Occupations, No. 1, S. 6—23.
Rüschemeyer, D., (1980): Professionalisierung. Theoretische Probleme für die vergleichende Geschichtsforschung, in: Geschichte und Gesellschaft, 6. Jg., S. 311—325.
Russ-Mohl, St., (1983): Entzauberung der Wissenschaften — Forschung zwischen gesellschaftlichen Erwartungen und Eigendynamik, in: Universitas, 38. Jg., S. 907—916.
Sahle, R., (1985): Professionalisierung oder Technokratie? Zur Mikrologie einer Beratungsbeziehung, in: Neue Praxis, 15. Jg., Hefte 2 und 3, S. 151—170.
Saidi, N., (1983): Theories of Truth, Value and Rationality in Lukacs, Althusser and Habermas, University of Wisconsin, Madison.
Sarfatti-Larson, M., (1977): The Rise of Professionalism. A Sociological Analysis, Berkeley/Los Angeles/London.
Saks, M., (1983): Removing the Blinkers? A Critique of Recent Contributions to the Sociology of Profession, in: The Sociological Review, New Series February, S. 1—21.
Scheler, M., (1925): Die Formen des Wissens und die Bildung, Bonn.
Ders., (1926): Die Wissensformen und die Gesellschaft, Leipzig/Bern 1980.
Schelsky, H., (1957): Ist die Dauerreflexion institutionalisierbar? Zum Thema einer modernen Religionssoziologie, in: Zeitschrift für evangelische Ethik 1, S. 153—174.
Ders., (1959): Ortsbestimmung der deutschen Soziologie, Düsseldorf/Köln.
Ders., (1965): Auf der Suche nach der Wirklichkeit, Düsseldorf/Köln, S. 33—55.
Ders., (1975): Die Arbeit tun die anderen. Klassenkampf und Priesterherrschaft der Intellektuellen, Opladen.
Ders., (1976): Der selbständige und der betreute Mensch, Stuttgart.
Scheuch, E. K., (1965): Sozialer Wandel und Sozialforschung, in: KZfSS, 17. Jg., S. 1—48.
Schmitz, E., (1978): Leistung und Loyalität. Berufliche Weiterbildung und Personalpolitik in Industriebetrieben, Stuttgart.
Schmitz, E., (1981): Erziehungswissenschaft zur wissenschaftssoziologischen Analyse eines Forschungsfeldes, in: ZSE, 1. Jg. (1), S. 13—35.
Ders., (1982): Zur Struktur therapeutischen, beratenden und erwachsenenpädagogischen Handelns, in: Arbeitsberichte des Instituts für Sozialpädagogik und Erwachsenenbildung — Fachbereich12, FU Berlin.
Ders./Dewe, B., (1983): Zur Verwendung sozialwissenschaftlichen Wissens in Beratungszusammenhängen. DFG-gefördertes Projekt im Forschungsschwerpunkt „Verwendungszusammenhänge sozialwissenschaftlicher Ergebnisse" (hier: Projektantrag).
Dies., (1984): Das sozialwissenschaftliche Wissen der Professionen (unveröff. Manuskript), Bielefeld/Berlin.
Schmitz, E./Weingart, P., (1976): Knowledge, Qualifications and Credentials: Changing Patterns of Occupations — An Analysis of Six Cases of Credentialling in Germany, Report Wissenschaftsforschung 5, Bielefeld.
Schmitz, E./Thomssen, W., (1976): Verfahrensweisen sekundärer Symbolsysteme und Erfahrbarkeit von sozialer Realität, (unveröff. Manuskript), Max-Planck-Institut für Bildungsforschung, Berlin.
Schmitz, E./Bude, H./Otto, C., (1989): Beratung als Praxisform „angewandter Aufklärung", in: Beck, U./Bonß, W.: Weder Sozialtechnologie noch Aufklärung? Analysen zur Verwendung sozialwissenschaftlichen Wissens, Frankfurt am Main, S. 122—148.

Schröder, A., (1976): Professionalisierungsprobleme im Bildungssystem, (unveröff. Manuskript), Berlin.

Schütz, A., (1977): Phänomenologie und Sozialwissenschaften, in: Ders., Gesammelte Aufsätze, Band 1, S. 136—161.

Ders., (1971a): Wissenschaftliche Interpretation und Alltagsverständnis menschlichen Handelns, in: Ders., Gesammelte Aufsätze, Band 1, Den Haag, S. 3—54.

Ders., (1971b): Begriffs- und Theoriebildung in den Sozialwissenschaften, in: Ders., Gesammelte Aufsätze, Band 1, Den Haag, S. 35—76.

Ders., (1971c): Symbol, Wirklichkeit und Gesellschaft, in: Ders., Gesammelte Aufsätze, Band 1, Den Haag, S. 331—411.

Ders., (1971d): Über die mannigfaltigen Wirklichkeiten, in: Ders., Gesammelte Aufsätze, Band 1, Den Haag, S. 137—198.

Ders., (1972): Der gut informierte Bürger — Ein Versuch über die soziale Verteilung des Wissens, in: Ders., Gesammelte Aufsätze, Band 2, Den Haag, S. 85—101.

Ders., (1974): Der sinnhafte Aufbau der sozialen Welt. Eine Einleitung in die verstehende Soziologie (1932), Frankfurt am Main.

Ders., (1981): Theorie der Lebensformen, hrsg. und eingel. von I. Srubar, Frankfurt am Main.

Ders./Luckmann, Th., (1979): Strukturen der Lebenswelt, Band 1, Frankfurt am Main.

Dies., (1984): Strukturen der Lebenswelt, Band 2, Frankfurt am Main.

Schütze, F. et al., (1973): Grundlagentheoretische Voraussetzungen methodisch kontrollierten Fremdverstehens, in: Arbeitsgruppe Bielefelder Soziologen (Hrsg.), Alltagswissen, Interaktion und gesellschaftliche Wirklichkeit, Band 2, Ethnotheorie und Ethnographie des Sprechens, Reinbek, S. 433—495.

Schütze, F., (1976): Was ist kommunikative Sozialforschung (unveröff. Manuskript), Bielefeld.

Ders., (1985): Professionelles Handeln, wissenschaftliche Forschung und Supervision. Versuch einer systematischen Überlegung, (Manuskript), Kassel.

Schumann, K. F., (1971): Perspektiven soziologischer Berufstätigkeit, in: Konstanzer Blätter für Hochschulfragen 9, S. 11—16.

Sebag, L., (1970): Marxismus und Strukturalismus, Frankfurt am Main..

Seel, H.-J., (1979): Das Verständnis von Autonomie als Nicht-Bevormundung im Rahmen eines handlungstheoretischen Konzepts — Beratung als neues Paradigma in den Sozialwissenschaften, in: Ronneberger, F./Seel, H.-J./Stosberg, M. (Hrsg.), Autonomie als personale und gesellschaftliche Aufgabe, Opladen.

Ders., (1981): Wissenschaft und soziale Praxis. Zur Grundlegung eines Dialogs über die normative Implikation sozialwissenschaftlicher Methodologie, Weinheim/Basel.

Siebert, H., (1967): Zur Interregionalen Verteilung neuen technischen Wissens, in: Zeitschrift für die gesamte Staatswissenschaft 123, S. 231—263.

Siegrist, J., (1972): Erfahrungsstruktur und Konflikt bei stationären Patienten. Ein Beitrag zur Wissensoziologie im medizinischen Bereich, in: Zeitschrift für Soziologie, Heft 3, S. 271—280.

Ders., (1974): Ärzteschaft als professionelle Gruppe, in: Ders., Lehrbuch der Medizinischen Soziologie, München/Berlin/Wien S. 109—113.

Ders., (1976): Visiten bei Schwerkranken. Ansätze zu einer Theorie asymmetrischer Verbalhandlungen, Wissenschaftszentrum Berlin.

Sloterdijk, P., (1983): Kritik der zynischen Vernunft, 2 Bände, Frankfurt am Main.

Soeffner, H.-G., (1982): Statt einer Einleitung: Prämissen einer sozialwissenschaftlichen Hermeneutik, in: Ders. (Hrsg.), Beiträge zu einer empirischen Sprachsoziologie, Tübingen, S. 9—48.

Ders., (1983): Alltagsverstand und Wissenschaft — Anmerkungen zu einem alltäglichen Mißverständnis, in: Zedler, P./Moser, H. (Hrsg.), Aspekte qualitativer Sozialforschung, Opladen, S. 13—50.

Ders., (Hrsg.), (1984): Beiträge zu einer Soziologie der Interaktion, Frankfurt am Main.

Sozialwissenschaftliche Schriften, (1975): Ansätze zur neueren Diffusions- und Transferenzforschung. Vorträge anläßlich des 1. Duisburger Symposiums zur Wissenschaftssoziologie, Heft 8, Duisburg.

Soziale Welt, (1984): Heft 4: Aufsätze zur Verwendungsforschung.

Spree, R., (1980): Der Einfluß des ärztlichen Professionalisierungsprozesses auf den sozialstrukturellen Wandel in Deutschland während des späten 19. und frühen 20. Jahrhunderts, (unveröff. Manuskript), Berlin.

Sprondel, W. M., (1979): Experte und Laie: Zur Entwicklung von Typenbegriffen in der Wissenssoziologie, in: Ders./Grathoff, R., Stuttgart, S. 140—154.

Ders./Grathoff, R., (1979): Alfred Schütz und die Idee des Alltags in den Sozialwissenschaften, Stuttgart.

Stichweh, R., (1980): Rationalität bei Parsons, in: ZFS, 9. Jg., Heft 1, S. 54—78.

Ströker, E., (Hrsg.), (1979): Lebenswelt und Wissenschaft in der Philosophie Edmund Husserls, Frankfurt am Main.

Tannenbaum, P. H., (1976): Die Verbreitung wissenschaftlicher Informationen, in: Badura, B. (Hrsg.), Frankfurt am Main, S. 428—442.

Tenbruck, F. H., (1975): Der Fortschritt der Wissenschaft als Trivialisierungsprozeß, in: König, R./Stehr, N. (Hrsg.), Sonderheft 18 der KZfSS, S. 19—47.

Ders., (1976): Wissenschaft und Verwissenschaftlichung, in: Hübner, K. et al. (Hrsg.), Die politische Herausforderung der Wissenschaft. Gegen eine ideologisch verplante Forschung, Hamburg.

Ders., (1983): Die unbewältigten Sozialwissenschaften oder die Abschaffung des Menschen, Graz.

Ders., (1984): Neue Lagen, alte Fragen. Zur Lage der Wissenschaften vom Menschen: Die Soziologie, in: FAZ vom 14. September.

Terhart, E., (1981): Institution — Interpretation — Argumentation, Zeitschrift für Pädagogik 27, S. 5.

Tenorth, H. E., (1986): ‚Lehrerberuf s. Dilettantismus', in: Luhmann, N./Schorr, K. E. (Hrsg.), Zwischen Intransparenz und Verstehen. Fragen an die Pädagogik, Frankfurt am Main, S. 275—322.

Thum, K., (1983): Relevanz und Firlefanz. Ein Essay über das Anwendungsdefizit in den Sozialwissenschaften. Österreichische Zeitschrift für Soziologie, 8. Jg., Heft 8, S. 17 ff.

Topitsch, E., (Hrsg.), (1965): Logik der Sozialwissenschaften, Köln/Berlin.

Touraine, A., (1974): Soziologie als Handlungswissenschaft, Neuwied.

Ders., (1976): Was nützt die Soziologie? Frankfurt am Main.

Turner, E., (1976): Einige formale Eigenschaften des therapeutischen Gesprächs, in: Auwärter, M., u. a. (Hrsg.), Seminar: Kommunikation, Interaktion, Identität, Frankfurt am Main, S. 140—190.

Tschiedel, R., (1980): Konfliktsteuerung als Vergesellschaftungsform — Bürgerinitiativen und das Konzept einer Betroffenenorientierung von Wissenschaft, (unveröff. Manuskript), Bremen.

Ulrich, D. N., (1949): A Clinical Method in Applied Social Science, in: Phiosophy of Science, Vol. 16, S. 246—247.

Vahle, C., (1980): Ansatz einer theoretischen Grundlegung sozialpädagogischer Beratungspraxis im Rahmen der Maßnahmen staatlicher Familienpolitik, (Dissertation, unveröff.), Bielefeld.

Vierkandt, A., (1931): Handwörterbuch der Soziologie, Stuttgart.

Vogel, U., (1977): Zur unentdeckten Professionalisierung, Göttinger Abhandlungen zur Soziologie, Band 24, Stuttgart.

Wahl, K./Honig, B./Gravenhorst, I., (1982): Wissenschaft und Interessen. Zur Herstellung subjektivitätsorientierter Sozialforschung, Frankfurt am Main.

Waldenfels, B., (1978): Im Labyrinth des Alltags, in: (Hrsg.), Waldenfels, v. B./Broekmann, J. M./Pazanin, A., Frankfurt am Main, S. 18—44.

Ders., (1980): Der Spielraum des Verhaltens, Frankfurt am Main.

Ders., (1985): In den Netzen der Lebenswelt, Frankfurt am Main.

Ders./Broekmann, J. M./Pazanin, A., (Hrsg.), (1978): Phänomenologie und Marxismus, 3. Band, Frankfurt am Main.

Watkins, J. W. N., (1959): The Two Theses of Methodological Individualism, in: British Journal for the Philosophy of Science 9, S. 319—320.

Weber, G., (1972): Sozialarbeit zwischen Arbeit und Profession, in: Soziale Welt, S. 432—445.

Weber, K., (1980): Produktion, Kontrolle, Verteilung und Verwendung soziologischen Wissens, in: Schweizerische Zeitschrift für Soziologie, 6. Jg., Heft 2, S. 249—308.

Weber, M., (1913): Über einige Kategorien der verstehenden Soziologie, in: Ders., Gesammelte Aufsätze zur Wissenschaftslehre, hrsg. von J. Winckelmann, Tübingen 1973, S. 427—474.

Ders., (1919): Wissenschaft als Beruf, in: Ders., Gesammelte Aufsätze zur Wissenschaftslehre, hrsg. von J. Winckelmann, Tübingen 1973, S. 582—613.

Ders., (1921): Soziologische Grundbegriffe, in: Ders., Gesammelte Aufsätze zur Wissenschaftslehre, hrsg. von J. Winckelmann, Tübingen 1973, S. 541—581.

Ders., (1973): Die protestantische Ethik II, Kritiken und Antikritiken, in: Ders., Gesammelte Aufsätze zur Wissenschaftslehre, hrsg. von J. Winckelmann, München/Hamburg.

Ders., (1973 a): Die „Objektivität“ sozialwissenschaftlicher und sozialpolitischer Erkenntnis, in: Ders., Gesammelte Aufsätze zur Wissenschaftslehre, hrsg. von J. Winckelmann, Tübingen, S. 146—613.

Wegener, D., (Hrsg.), (1977): Gesprächsanalyse, Hamburg.

Weigert, A. J., (1970): The Immoral Rhetorik of Scientific Sociology, in: American Sociologist 5, S. 112—129.

Weingart, P., (1974): Wissenschaftlicher Wandel als Institutionalisierungsstrategie II, Determinanten wissenschaftlicher Entwicklung, Frankfurt am Main.

Ders., (1975): Verwissenschaftlichung und Reflexivität der Praxis als Stukturprinzipien von Lernprozessen, in: Neue Sammlung, Sonderheft Weiterbildung, S. 96—114.

Ders., (1976): Wissensproduktion und soziale Struktur, Frankfurt am Main.

Ders., (1978): The Relation of Science and Technology — A Sociological Explanation, in: Krohn, W./Layton, E./Weingart, P. (Hrsg.), The Dynamics of Science, II. Dordrecht, Boston.

Ders., (1979): Technik und Wissenschaft im Konflikt zur Gesellschaft — Zur De-Institutionalisierung der Wissenschaft. Beitrag zum Symposium des BWHS München „Technik und Gesellschaft", (unveröff. Manuskript), Bielefeld.

Ders., (1980): Science and Technology in a Crisis of Legitimation? (Manuskript), Bielefeld.

Ders., (1981): De-Institutionalisierung der Gesellschaft oder Verlust der Subjektivität?, in: Die Psychologie des 20. Jahrhunderts, Zürich, S. 559—566.

Ders., (1981 a): Wissenschaft im Konflikt zur Gesellschaft. Zur De-Institutionalisierung der Wissenschaft, in: Kruedner, J. v./Schubert, K. v. (Hrsg.), Technikfolgen und sozialer Wandel: Zur politischen Steuerbarkeit der Technik, Köln.

Ders., (1983): Verwissenschaftlichung der Gesellschaft — Politisierung der Wissenschaft, in: ZFS, 12. Jg., Heft 3, S. 225—241.

Ders., (1984): Anything goes — rien ne va plus. Der Bankrott der Wissenschaftstheorie, in: Kursbuch Nr. 78, S. 61—75.

Ders., (1985): Die Krise des professionellen Wissens, Vortrag „Haus Neuland", (Manuskript), Bielefeld.

Weiss, J., (1976): Der Rückgang auf die Lebenswelt in der neueren Philosophie und in den Sozialwissenschaften, in: Politische Bildung, Heft 2, S. 19—29.

Ders., (1977): Einige Differenzierungen zur gegenwärtigen Lebenswelt-Diskussion. Typoskript, Sektion Wissenschaftsforschung der DGS, München.

Weisser, G., (1961): Probleme beratender Sozialwissenschaften, in: Grei, F. F./Meyer, F. W. (Hrsg.), Wirtschaft, Gesellschaft und Kultur, Festgabe für Alfred Müller-Armack, Berlin, S. 83 ff.

Wersebe, I. v., (1978): Demokratisierung durch Professionalisierung; Zum Konzept der funktionalen Partizipation, in: ZFS, Heft 7, S. 157—174.

Wilensky, H. L., (1972): Jeder Beruf eine Profession? in: Luckmann, Th./Sprondel, W. M. (Hrsg.), Köln, S. 198—215 (Original: 1964).

Wilson, Th. P., (1982): „Qualitative" oder „quantitative" Methoden in der Sozialforschung, in: KZfSS, 34. Jg., Heft 3, S. 487—507.

Wissenschaftszentrum Berlin, (Hrsg.), (1977): Interaktion von Wissenschaft und Politik. Theoretische und praktische Probleme der anwendungsorientierten Sozialwissenschaften, Frankfurt am Main/New York.

Wunderlich, D., (1972): Pragmatik und Sprechsituation, in: Literaturwissenschaft und Linguistik, 1—2, S. 153—190.

Wurzbacher, G., (1982): Sozialwissenschaftliche Forschung und gesellschaftspolitische Praxis. Probleme und Erfahrungen zu einer Didaktik des Wissenschaftstransfers, in: KZfSS, 34. Jg., S. 767—780.

Young, G., (1955): Sociology and the Practising Professions, in: American Sociological Review, Vol. 20, No. 6, S. 641—648.

Zettenberg, H., (1962): Theorie, Forschung und Praxis in der Soziologie, in: König, R., (Hrsg.), Handbuch der empirischen Sozialforschung, Band 1, Stuttgart, S. 64—104.

Zijdeveld, A., (1972): The Problem of Adequacy. Reflections on A. Schutz, in: Archives Europeenes de Sociology, Band 5, S. 23—41.

Zilsel, E., (1976): Die sozialen Ursprünge der neuzeitlichen Wissenschaft, Frankfurt am Main.

Ziman, J. D., (1968): Public Knowledge: An Essay Concerning the Social Dimension of Science, Cambridge University Press.

Zimmerli, W. C, (Hrsg.), (1974): Wissenschaftskrise und Wissenschaftskritik, Basel/Stuttgart.

Zimmermann, H./Pollner, M., (1976): Die Alltagswelt als Phänomen, in: Weingarten, E./Sack, F./Schenkein, J. (Hrsg.), Ethnomethodologie. Beiträge zu einer Soziologie des Alltagshandelns, Frankfurt am Main, S. 64—104.

Zintl, R., (1970): Organisation und Innovation, in: Politische Vierteljahreszeitschrift, 11. Jg., S. 219—239.